建筑与市政工程施工现场专业人员职业标准培训教材

资料员岗位知识与专业技能

建筑与市政工程施工现场专业人员职业标准培训教材编审委员会
中国建设教育协会　　　组织编写
李　光　主编

中国建筑工业出版社

图书在版编目（CIP）数据

资料员岗位知识与专业技能/李光主编. —北京：中国建筑工业出版社，2013.11
建筑与市政工程施工现场专业人员职业标准培训教材
ISBN 978-7-112-15906-2

Ⅰ.①资… Ⅱ.①李… Ⅲ.①建筑工程-技术档案-档案管理-职业培训-教材 Ⅳ.①G275.3

中国版本图书馆CIP数据核字（2013）第228978号

本书为建筑与市政工程施工现场专业人员职业标准培训教材之一，主要内容分为岗位知识和专业技能两篇。上篇主要内容有：建筑工程资料管理相关的规定和标准，建筑工程竣工验收备案，建设工程文件归档管理，施工资料管理，施工前期、施工期间、竣工验收各阶段施工资料管理的知识，建筑业统计的基础知识，资料安全管理的有关规定；下篇主要内容有：编制施工资料管理计划，建立施工资料收集台账，施工资料交底，收集、审查与整理施工资料，施工资料的处理、存储、检索、传递、追溯、应用，安全保管施工资料，施工资料立卷、归档、验收与移交，建立项目施工资料计算机辅助管理平台，应用专业软件进行施工资料的处理，建筑工程资料管理专业技能案例。本书可作为相关技术人员参加资料员考试的复习用书，也可供相关专业技术人员参考。

责任编辑：朱首明　李　明
责任设计：李志立
责任校对：张　颖　刘　钰

建筑与市政工程施工现场专业人员职业标准培训教材
资料员岗位知识与专业技能
建筑与市政工程施工现场专业人员职业标准培训教材编审委员会　组织编写
中国建设教育协会
李　光　主编

*

中国建筑工业出版社出版、发行（北京西郊百万庄）
各地新华书店、建筑书店经销
北京科地亚盟排版公司制版
北京市安泰印刷厂印刷

*

开本：787×1092毫米　1/16　印张：16¼　字数：410千字
2013年10月第一版　2015年6月第六次印刷
定价：**42.00**元
ISBN 978-7-112-15906-2
（24657）

版权所有　翻印必究
如有印装质量问题，可寄本社退换
（邮政编码　100037）

建筑与市政工程施工现场专业人员职业标准培训教材编审委员会

主　任：赵　琦　李竹成

副主任：沈元勤　张鲁风　何志方　胡兴福　危道军
　　　　尤　完　赵　研　邵　华

委　员：（按姓氏笔画为序）
　　　　王兰英　王国梁　孔庆璐　邓明胜　艾永祥
　　　　艾伟杰　吕国辉　朱吉顶　刘尧增　刘哲生
　　　　孙沛平　李　平　李　光　李　奇　李　健
　　　　李大伟　杨　苗　时　炜　余　萍　沈　汛
　　　　宋岩丽　张　晶　张　颖　张亚庆　张燕娜
　　　　张晓艳　张悠荣　陈　曦　陈再捷　金　虹
　　　　郑华孚　胡晓光　侯洪涛　贾宏俊　钱大志
　　　　徐家华　郭庆阳　韩丙甲　鲁　麟　魏鸿汉

出 版 说 明

建筑与市政工程施工现场专业人员队伍素质是影响工程质量和安全生产的关键因素。我国从20世纪80年代开始，在建设行业开展关键岗位培训考核和持证上岗工作，对于提高建设行业从业人员的素质起到了积极的作用。进入21世纪，在改革行政审批制度和转变政府职能的背景下，建设行业教育主管部门转变行业人才工作思路，积极规划和组织职业标准的研发。在住房和城乡建设部人事司的主持下，由中国建设教育协会、苏州二建建筑集团有限公司等单位主编了建设行业的第一部职业标准——《建筑与市政工程施工现场专业人员职业标准》，已由住房和城乡建设部发布，作为行业标准于2012年1月1日起实施。为推动该标准的贯彻落实，进一步编写了配套的14个考核评价大纲。

该职业标准及考核评价大纲有以下特点：（1）系统分析各类建筑施工企业现场专业人员岗位设置情况，总结归纳了8个岗位专业人员核心工作职责，这些职业分类和岗位职责具有普遍性、通用性。（2）突出职业能力本位原则，工作岗位职责与专业技能相互对应，通过技能训练能够提高专业人员的岗位履职能力。（3）注重专业知识的完整性、系统性，基本覆盖各岗位专业人员的知识要求，通用知识具有各岗位的一致性，基础知识、岗位知识能够体现本岗位的知识结构要求。（4）适应行业发展和行业管理的现实需要，岗位设置、专业技能和专业知识要求具有一定的前瞻性、引导性，能够满足专业人员提高综合素质和适应岗位变化的需要。

为落实职业标准，规范建设行业现场专业人员岗位培训工作，我们依据与职业标准相配套的考核评价大纲，组织编写了《建筑与市政工程施工现场专业人员职业标准培训教材》。

本套教材覆盖《建筑与市政工程施工现场专业人员职业标准》涉及的施工员、质量员、安全员、标准员、材料员、机械员、劳务员、资料员8个岗位14个考核评价大纲。每个岗位、专业，根据其职业工作的需要，注意精选教学内容、优化知识结构、突出能力要求，对知识、技能经过合理归纳，编写为《通用与基础知识》和《岗位知识与专业技能》两本，供培训配套使用。本套教材共29本，作者基本都参与了《建筑与市政工程施工现场专业人员职业标准》的编写，使本套教材的内容能充分体现《建筑与市政工程施工现场专业人员职业标准》，促进现场专业人员专业学习和能力提高的要求。

作为行业现场专业人员第一个职业标准贯彻实施的配套教材，我们的编写工作难免存在不足，因此，我们恳请使用本套教材的培训机构、教师和广大学员多提宝贵意见，以便进一步的修订，使其不断完善。

建筑与市政工程施工现场专业人员职业标准培训教材编审委员会

前　言

《建筑与市政工程施工现场专业人员职业标准》(JGJ/T 250—2011)于2012年1月1日正式实施。资料员是此次住房和城乡建设部设立的施工现场管理八大员之一。本教材是按照住房和城乡建设部发布的《建筑与市政工程施工现场专业人员职业标准》(JGJ/T 250—2011)和中国建设教育协会配套编制的《建筑与市政工程施工现场专业人员职业培训考核大纲》中有关资料员的职业标准和考核要求编写的，并严格依据《建设工程文件归档整理规范》(GB/T 50328—2001)、《建筑工程资料管理规程》(JGJ/T 185—2009)、《建筑工程质量验收统一标准》(GB 50300—2001)及建筑工程质量专业验收规范等国家现行的有关规范、规程和技术标准。

本教材在编写过程中根据建筑施工现场从事资料档案管理工作的岗位职业标准的要求，重点突出建筑施工现场资料档案管理人员必备的岗位知识和专业技能。岗位知识主要包含了与资料员岗位工作有关的相关规定、技术标准、工作职责和岗位要求。专业技能主要体现工作内容、工作方法、工作程序及如何运用相关知识完成资料管理工作任务的能力。特别是在专业技能部分依据工程实例，按照资料管理程序，形成前期的资料管理计划的编制、中期资料技术交底的管理过程、后期资料收集、分类组卷移交的全过程管理模式，本教材的编写力求提高建筑与市政工程施工现场资料员的职业素质，规范其工作行为，提高其管理水平。

本套教材由新疆建设职业技术学院李光主编，李虎进任副主编。李光编写了岗位知识一、二、三、四、五及专业技能五、七、十；李虎进编写了岗位知识六、七及专业技能一、二、三、四、六、十；周海涛编写专业技能八、九，李顺江编写专业技能十；程玉兰、马桂珍参与编写岗位知识部分内容。

本教材由黑龙江建筑职业技术学院郭泽林主审。

本套教材的编写限于时间和能力，难免存在不足之处，敬请广大读者批评指正。

目 录

上篇 岗位知识

一、建筑工程资料管理相关的规定和标准 …………………………………………… 1
　（一）建筑工程施工质量验收统一标准 ………………………………………… 1
　（二）建设工程项目管理、工程监理及施工组织设计规范 …………………… 13
二、建筑工程竣工验收备案 …………………………………………………………… 18
　（一）建筑工程竣工验收备案管理规定 ………………………………………… 18
　（二）建筑工程竣工验收备案的范围 …………………………………………… 18
　（三）建筑工程竣工验收备案的文件 …………………………………………… 18
　（四）建筑工程竣工验收备案的程序 …………………………………………… 19
三、建设工程文件归档管理 …………………………………………………………… 21
　（一）建设工程文件归档整理规范的基本规定 ………………………………… 21
　（二）建设工程资料管理职责 …………………………………………………… 21
　（三）建设工程文件归档 ………………………………………………………… 22
　（四）建设工程资料归档的质量要求 …………………………………………… 33
　（五）建设工程资料的归档规定 ………………………………………………… 33
　（六）建设工程档案的验收与移交 ……………………………………………… 34
四、施工资料管理 ……………………………………………………………………… 36
　（一）施工资料按照《建设工程文件归档整理规范》（GB/T 50328—2001）
　　　　分类 …………………………………………………………………………… 36
　（二）施工资料按照《建筑工程资料管理规程》（JGJ/T 185—2009）分类 ………… 36
　（三）施工资料按照《建筑工程施工质量验收统一标准》（GB 50300—2001）
　　　　分类 …………………………………………………………………………… 36
　（四）建筑工程资料编号 ………………………………………………………… 44
五、施工前期、施工期间、竣工验收各阶段施工资料管理的知识 ………………… 45
　（一）施工前期资料 ……………………………………………………………… 45
　（二）施工期间工程资料 ………………………………………………………… 46
　（三）监理单位文件资料的管理 ………………………………………………… 47
　（四）施工文件资料的管理 ……………………………………………………… 55
　（五）竣工图绘制 ………………………………………………………………… 154

六、建筑业统计的基础知识 ·· 158
    （一）建筑业统计基本知识 ·· 158
    （二）施工现场统计工作内容 ·· 158
七、资料安全管理的有关规定 ·· 162
    （一）资料安全管理职责 ··· 162
    （二）资料实体安全管理 ··· 162
    （三）资料信息安全管理 ··· 163
    （四）档案库房安全管理 ··· 164
    （五）资料安全管理责任制度 ·· 164
    （六）资料安全管理的过程和保密措施 ··································· 166

下篇 专业技能

八、编制施工资料管理计划 ·· 168
    （一）编制资料管理计划 ··· 168
    （二）施工资料的分卷与分类 ·· 172
九、建立施工资料收集台账 ·· 174
    （一）工程文件接收登记制度 ·· 174
    （二）工程文件资料发放登记制度 ··· 174
十、施工资料交底 ·· 176
    （一）施工资料交底的对象 ··· 176
    （二）施工资料交底内容 ··· 176
十一、收集、审查与整理施工资料 ·· 178
    （一）一般施工资料的收集、审查与填写 ······························· 178
    （二）检验批质量验收记录表的填写与审查 ··························· 178
    （三）分项工程质量验收记录表的填写与审查 ······················· 180
    （四）分部（子分部）工程验收记录表的填写与审查 ············· 180
    （五）单位（子单位）工程质量竣工验收记录表的填写与审查 ······ 182
十二、施工资料的处理、存储、检索、传递、追溯、应用 ············ 185
    （一）资料的检索和传递 ··· 185
    （二）施工资料的追溯、应用 ·· 186
十三、安全保管施工资料 ·· 187
    （一）建立纸质资料、电子化资料的安全防护措施 ················· 187
    （二）建立信息安全管理制度和程序、信息保密制度 ············· 187
十四、施工资料立卷、归档、验收与移交 ··································· 190
    （一）施工资料立卷 ·· 190
    （二）施工文件资料的归档 ··· 192

(三) 施工资料验收、移交 ……………………………………………………… 193
十五、建立项目施工资料计算机辅助管理平台 ……………………………………… 195
 (一) 建立硬件平台 …………………………………………………………… 195
 (二) 建立软件平台 …………………………………………………………… 195
 (三) 局域网设置 ……………………………………………………………… 196
十六、应用专业软件进行施工资料的处理 …………………………………………… 198
 (一) 安装、登录与卸载施工资料管理软件 …………………………………… 198
 (二) 处理施工资料管理软件使用中的常见问题 ……………………………… 201
十七、建筑工程资料管理专业技能案例 ……………………………………………… 202
 (一) ××市第××中学教学楼施工资料管理实训背景资料 ………………… 202
 (二) ××市第××中学教学楼施工资料管理计划编制 ……………………… 205
 (三) 施工资料目录汇总表例 ………………………………………………… 235
附图 ……………………………………………………………………………………… 246
 (一) 建筑图节选 ……………………………………………………………… 246
 (二) 结构图节选 ……………………………………………………………… 249
参考文献 ………………………………………………………………………………… 252

上篇 岗位知识

一、建筑工程资料管理相关的规定和标准

建筑工程资料管理是指在建设过程中形成的有关建筑工程的各种形式信息记录,是填写、编制、审核、收集、整理、组卷、移交及归档等工作的统称。目前我国建筑工程资料管理主要是根据《建设工程文件归档整理规范》(GB/T 50328—2001)、《建筑工程资料管理规程》(JGJ/T 185—2009)的规定进行的。同时建筑工程资料的形成与工程质量验收过程有着不可分割的关系,建筑工程质量验收是依据现行的《建筑工程施工质量验收统一标准》(GB 50300—2001)和配套的建筑工程专业施工质量验收规范执行的。在工程实践中,工程资料不符合要求的,将导致无法进行工程验收。

(一)建筑工程施工质量验收统一标准

1. 建筑工程施工质量验收要求

(1) 建筑工程施工质量应符合《建筑工程施工质量验收统一标准》(GB 50300—2001)及相关专业验收规范的规定;
(2) 建筑工程施工应符合工程勘察、设计文件的要求;
(3) 参加工程施工质量验收的各方人员应具备规定的资格;
(4) 工程质量的验收均应在施工单位自行检查评定的基础上进行;
(5) 隐蔽工程在隐蔽前应由施工单位通知有关单位进行验收,并应形成验收文件;
(6) 涉及结构安全的试块、试件以及有关材料,应按规定进行见证取样检测;
(7) 检验批的质量应按主控项目和一般项目验收;
(8) 对涉及结构安全和使用功能的重要分部工程应进行抽样检测;
(9) 承担见证取样检测及有关结构安全检测的单位应具有相应资质;
(10) 工程的观感质量应由验收人员通过现场检查,并应共同确认。

2. 建筑工程施工质量验收的划分

按照《建筑工程施工质量验收统一标准》(GB 50300—2001)的规定,建筑工程质量验收应划分为单位(子单位)工程、分部(子分部)工程、分项工程和检验批。
(1) 单位工程可按照具备独立施工条件并能形成独立使用功能的建筑物及构筑物为一

个单位工程；建筑规模较大的单位工程，可将其能形成独立使用功能的部分划分为一个子单位工程。

(2) 分部工程的划分应按专业性质、建筑部位确定。当分部工程较大或较复杂时，可按材料种类、施工特点、施工程序、专业系统及类别等划分为若干子分部工程。

(3) 分项工程应按主要工种、材料、施工工艺、设备类别等进行划分，分项工程可由一个或者若干个检验批组成。

(4) 检验批可根据施工及质量控制和专业验收需要按楼层、施工段、变形缝等进行划分。

(5) 室外工程可根据专业类别和工程规模划分单位（子单位）工程。

建筑工程施工质量验收划分见表1-1。

分部（子分部）工程、分项工程、检验批划分及代号索引　　　　表1-1

分部工程代号	分部工程名称	子分部工程代号	子分部工程名称	分项工程
01	地基与基础	01	无支护土方	土方开挖、土方回填
		02	有支护土方（单独组卷）	排桩、降水、排水、地下连续墙、锚杆、土钉墙、水泥土桩、沉井与沉箱、钢及混凝土支撑
		03	地基处理（复合地基单独组卷）	灰土地基，砂和砂石地基，碎砖三合土地基，土工合成材料地基，粉煤灰地基，重锤夯实地基，强夯地基，振冲地基，砂桩地基，预压地基，高压喷射注浆地基，土和灰土挤密桩地基，注浆地基，水泥粉煤灰碎石桩地基，夯实水泥土桩地基
		04	桩基（单独组卷）	锚杆静压桩及静力压桩，预应力离心管桩，钢筋混凝土预制桩，钢桩，混凝土灌注桩（成孔、钢筋笼、清孔、水下混凝土灌注）
		05	地下防水	防水混凝土，水泥砂浆防水层，卷材防水层，涂料防水层，金属板防水层，塑料防水板防水层，细部构造，喷锚支护，地下连续墙，盾构隧道；渗排水、盲沟排水，隧道、坑道排水，塑料排水板排水；预注浆、后注浆，结构裂缝注浆
			地下防水工程检验批划分规定	1. 主体结构防水工程和细部构造防水工程应按结构层、变形缝或后浇带等施工段划分检验批； 2. 特殊施工法结构防水工程应按隧道区间、变形缝等施工段划分检验批； 3. 排水工程和注浆工程各为一个检验批
		06	混凝土基础	模板、钢筋、混凝土，后浇带混凝土，混凝土结构缝处理
		07	砌体基础	砖砌体，混凝土砌块砌体，配筋砌体，石砌体
		08	劲钢（管）混凝土	劲钢（管）焊接，劲钢（管）与钢筋的连接，混凝土
		09	钢结构（单独组卷）	焊接钢结构、栓接钢结构，钢结构制作，钢结构安装，钢结构涂装
			地基与基础其他分部工程检验批划分规定	1. 原材料、构配件、设备按批量报验送检； 2. 施工检验批按各工种、专业、楼层、施工段和变形缝划分； 3. 每个分项工程可以划分1~n个检验批； 4. 有不同层地下室的按不同层划分； 5. 有不同层楼面的划分不同检验批； 6. 同一层按变形缝、区段和施工班组综合考虑划分； 7. 小型工程一般按楼层划分

续表

分部工程代号	分部工程名称	子分部工程代号	子分部工程名称	分项工程
02	主体结构	01	混凝土结构	模板、钢筋、混凝土，预应力、现浇结构，装配式结构
			混凝土结构检验批划分规定	各分项工程可根据与施工方式相一致且便于控制施工质量的原则，按工作班、楼层、结构缝或施工段划分为若干个检验批
		02	劲钢（管）混凝土结构	劲钢（管）焊接，螺栓连接，劲钢（管）与钢筋的连接，劲钢（管）制作、安装，混凝土
		03	砌体结构	砖砌体，混凝土小型空心块砌体，石砌体，填充墙砌体，配筋砌体
			砌体结构检验批划分规定	1. 所用材料类型及同类材料的强度等级相同； 2. 不超过 250m³ 砌体； 3. 主体结构砌体一个楼层（基础砌体可按一个楼层计），填充墙砌体量少时可多个楼层合并
		04	钢结构（单独组卷）	钢结构焊接，紧固件连接，钢零部件加工，单层钢结构安装，多层及高层钢结构安装，钢结构涂装，钢构件组装，钢构件预拼装，钢网架结构安装，压型金属板
		05	木结构（单独组卷）	方木和原木结构，胶合木结构，轻型木结构，木构件防护
		06	网架和索膜结构（单独组卷）	网架制作，网架安装，索膜安装，网架防火，防腐涂料
			主体结构其他分部工程检验批划分规定	1. 原材料、构配件、设备按批量报验送检； 2. 施工检验批按各工种、专业、楼层、施工段和变形缝划分； 3. 每个分项工程可以划分 1~n 个检验批； 4. 有不同层楼面的划分不同检验批； 5. 同一层按变形缝、区段和施工班组综合考虑划分； 6. 小型工程一般按楼层划分
03	建筑装饰装修	01	地面 - 整体面层	基层：基土、灰土垫层、砂垫层和砂石垫层、碎石垫层和碎砖垫层、三合土及四合土垫层、炉渣垫层、水泥混凝土垫层和陶粒混凝土垫层，找平层，隔离层，填充层，绝热层
				面层：水泥混凝土面层，水泥砂浆面层，水磨石面层，硬化耐磨面层，防油渗面层，不发火（防爆）面层，自流平面层，涂料面层，塑胶面层、地面辐射供暖的整体面层
			地面 - 板块面层	基层：基土、灰土垫层、砂垫层和砂石垫层、碎石垫层和碎砖垫层、三合土及四合土垫层、炉渣垫层、水泥混凝土垫层和陶粒混凝土垫层，找平层，隔离层，填充层，绝热层
				面层：砖面层（陶瓷锦砖、缸砖、陶瓷地砖和水泥花砖面层），大理石面层和花岗石面层，预制板块面层（水泥混凝土板块、水磨石板块、人造石板块面层），料石面层（条石、块石面层），塑料板面层，活动地板面层，金属板面层，地毯面层、地面辐射供暖的板块面层
			地面 - 木竹面层	基层：基土、灰土垫层、砂垫层和砂石垫层、碎石垫层和碎砖垫层、三合土及四合土垫层、炉渣垫层、水泥混凝土垫层和陶粒混凝土垫层，找平层，隔离层，填充层，绝热层
				面层：实木地板、实木集成地板、竹地板面层（条材、块材面层），实木复合地板面层（条材、块材面层），浸渍纸层压木质地板面层（条材、块材面层），软木类地板面层（条材、块材面层）、地面辐射供暖的木板面层
			地面子分部检验批划分规定	基层（各构造层）和各类面层的分项工程的施工质量验收应按每一层次或每层施工段（或变形缝）作为检验批，高层建筑的标准层可按每三层（不足三层按三层计）作为检验批

续表

分部工程代号	分部工程名称	子分部工程代号	子分部工程名称	分项工程
03	建筑装饰装修		抹灰	一般抹灰，装饰抹灰，清水砌体勾缝
		02	抹灰子分部检验批划分规定	相同材料、工艺和施工条件的室外抹灰工程每500～1000m²应划分为一个检验批，不足500m²也应划分为一个检验批。 相同材料、工艺和施工条件的室内抹灰工程每50个自然间（大面积房间和走廊按抹灰面积30m²为一间）应划分为一个检验批，不足50间也应划分为一个检验批
			门窗	木门窗制作与安装，金属门窗安装，塑料门窗安装，特种门安装，门窗玻璃安装
		03	门窗子分部检验批划分规定	同一品种、类型和规格的木门窗、金属门窗、塑料门窗及门窗玻璃每100樘应划分为一个检验批，不足100樘也应划分为一个检验批。 同一品种、类型和规格的特种门每50樘应划分为一个检验批，不足50樘也应划分为一个检验批
		04	吊顶	暗龙骨吊顶，明龙骨吊顶
		05	轻质隔墙	板材隔墙，骨架隔墙，活动隔墙，玻璃隔墙
			吊顶、轻质隔墙子分部检验批划分规定	同一品种的吊顶（轻质隔墙）工程每50间（大面积房间和走廊按吊顶面积30m²为一间或轻质隔墙的墙面30m²为一间）应划分为一个检验批，不足50间也应划分为一个检验批
			饰面板（砖）	饰面板安装，饰面砖粘贴
		06	饰面板（砖）子分部检验批划分规定	相同材料、工艺和施工条件的室内饰面板（砖）工程每50间（大面积房间和走廊按施工面积30m²为一间）应划分为一个检验批，不足50间也应划分为一个检验批。 相同材料、工艺和施工条件的室外饰面板（砖）工程每500～1000m²应划分为一个检验批，不足500m²也应划分为一个检验批
			幕墙（单独组卷）	玻璃幕墙，金属幕墙，石材幕墙
		07	幕墙子分部检验批划分规定	相同设计、材料、工艺和施工条件的幕墙工程每500～1000m²应划分为一个检验批，不足500m²也应划分为一个检验批。 同一单位工程的不连续的幕墙工程应单独划分检验批。 对于异型或有特殊要求的幕墙，检验批的划分应根据幕墙的结构、工艺特点及幕墙工程规模，由监理单位（或建设单位）和施工单位协商确定
			涂饰	水性涂料涂饰，溶剂型涂料涂饰，美术涂饰
		08	涂饰子分部检验批划分规定	室外涂饰工程每一栋楼的同类涂料涂饰的墙面每500～1000m²应划分为一个检验批，不足500m²也应划分为一个检验批。 室内涂饰工程同类涂料涂饰墙面每50间（大面积房间和走廊按涂饰面积30m²为一间）应划分为一个检验批，不足50间也应划分为一个检验批
			裱糊与软包	裱糊、软包
		09	裱糊与软包子分部检验批划分规定	同一品种的裱糊或软包工程每50间（大面积房间和走廊按施工面积30m²为一间）应划分为一个检验批，不足50间也应划分为一个检验批
			细部	橱柜制作与安装，窗帘盒、窗台板和暖气罩制作与安装，门窗套制作与安装，护栏和扶手制作与安装，花饰制作与安装
		10	细部子分部检验批划分规定	同类制品每50间（处）应划分为一个检验批，不足50间（处）也应划分为一个检验批。 每部楼梯应划分为一个检验批

续表

分部工程代号	分部工程名称	子分部工程代号	子分部工程名称	分项工程
04	建筑屋面	01	基层与保护	找坡层，找平层，隔汽层，隔离层，保护层
		02	保温与隔热	板状材料保温层，纤维材料保温层，喷涂硬泡聚氨酯保温层，现浇泡沫混凝土保温层，种植隔热层，架空隔热层，蓄水隔热层
		03	防水与密封	卷材防水层，涂膜防水层，复合防水层，接缝密封防水
		04	瓦面与板面	烧结瓦和混凝土瓦铺装，沥青瓦铺装，金属板铺装，玻璃采光顶铺装
		05	细部构造	檐口，檐沟和天沟，女儿墙和山墙，水落口，变形缝，伸出屋面管道，屋面出入口，反梁过水孔，设施基座，屋脊，屋顶窗
		建筑屋面分部工程检验批划分规定		屋面工程各分项工程宜按屋面面积每 500~1000m² 划分一个检验批，不足 500m² 应按一个检验批
05	建筑给水、排水及采暖	01	室内给水系统	给水管道及配件安装，室内消火栓系统安装，给水设备安装，管道防腐、绝热
		02	室内排水系统	排水管道及配件安装，雨水管道及配件安装
		03	室内热水供应系统	管道及配件安装，辅助设备安装，防腐、绝热
		04	卫生器具安装	卫生器具安装，卫生器具给水配件安装，卫生器具排水管道安装
		05	室内采暖系统	管道及配件安装，辅助设备及散热器安装，金属辐射板安装，低温热水地板辐射采暖系统安装，系统水压试验及调试，防腐、绝热
		06	室外给水管网	给水管道安装，消防水泵接水器及室外消火栓安装，管沟及井室
		07	室外排水管网	排水管道安装，排水管沟与井池
		08	室外供热管网	管道及配件安装，系统水压试验及调试，防腐、绝热
		09	建筑中水系统及游泳池系统	建筑中水系统管道及辅助设备安装，游泳池水系统安装
		10	供热锅炉及辅助设备安装（单独组卷）	锅炉安装，辅助设备及管道安装，安全附件安装，烘炉、煮炉和试运行，换热站安装，防腐、绝热
		11	自动喷水灭火系统（单独组卷）	消防水泵和稳压泵安装，消防水箱安装和消防水池施工，消防气压给水设备安装，消防水泵接合器安装，管网安装，喷头安装，报警阀组安装，其他组件安装，系统水压试验，气压试验，冲洗，水源测试，消防水泵调试，稳压泵调试，报警阀组调试，排水装置调试，联动试验
		12	气体灭火系统（单独组卷）	灭火剂储存装置的安装、选择阀及信号反馈装置安装、阀驱动装置安装、灭火剂输送管道安装、喷嘴安装、预制灭火系统安装、控制组件安装、系统调试
		13	泡沫灭火系统（单独组卷）	消防泵的安装、泡沫液储罐的安装、泡沫比例混合器的安装、管道阀门和泡沫消火栓的安装、泡沫产生装置的安装、系统调试
		14	固定水炮灭火系统（单独组卷）	管道及配件安装、设备安装、系统水压试验、系统调试
		建筑给水、排水及采暖分部工程检验批划分规定		建筑给水、排水及采暖分部工程中的子分部中的各个分项检验批数量可按系统、区域、施工段或楼层划分

续表

分部工程代号	分部工程名称	子分部工程代号	子分部工程名称	分项工程
06	建筑电气	01	室外电气	架空线路及杆上电气设备安装,变压器、箱式变电所安装,成套配电柜、控制柜(屏、台)和动力、照明配电箱(盘)及控制柜安装,电线、电缆导管和线槽敷设,电线、电缆穿管和线槽敷线,电缆头制作、导线连接和线路电气试验,建筑物外部装饰灯具、航空障碍标志灯和庭院路灯安装,建筑照明通电试运行,接地装置安装
			室外电气子分部检验批划分规定	室外电气安装工程中分项工程的检验批,依据庭院大小、投运时间先后、功能分区不同划分
		02	变配电室(单独组卷)	变压器、箱式变电所安装,成套配电柜、控制柜(屏、台)和动力、照明配电箱(盘)及控制柜安装,裸母线、封闭母线、插接式母线安装,电缆沟内和电缆竖井内电缆敷设,电缆头制作、导线连接和线路电气试验,接地装置安装,避雷引下线和变配电室接地干线敷设
			变配电室子分部检验批划分规定	变配电室安装工程中分项工程的检验批,主变配电室为1个检验批;有数个分变配电室,且不属于子单位工程的分部工程,各为1个检验批,其验收记录汇入所有变配电室有关分项工程的验收记录中;如各分变配电室属于各子单位的子分部工程,所属分项工程各为1个检验批,其验收记录应为一个分项工程验收记录,经子分部工程验收记录汇入分部工程验收记录中
		03	供电干线	裸母线、封闭母线、插接式母线安装,桥架安装和桥架内电缆敷设,电缆沟内和电缆竖井电缆敷设,电线、电缆导管和线槽敷设,电线、电缆穿管和线槽敷线,电缆头制作、导线连接和线路电气试验
			供电干线子分部检验批划分规定	供电干线安装工程中的分项工程检验批,依据供电区段和电气线缆竖井的编号划分
		04	电气动力	成套配电柜、控制柜(屏、台)和动力、照明配电箱(盘)及控制柜安装,低压电动机、电加热器及电动执行机构检查、接线,低压气动力设备检测、试验和空载试运行,桥架安装和桥架内电缆敷设,电线、电缆导管和线槽敷设,电线、电缆穿管和线槽敷线,电缆头制作、导线连接和线路电气试验,插座、开关、风扇安装
		05	电气照明安装	成套配电柜、控制柜(屏、台)和动力、照明配电箱(盘)安装,电线、电缆导管和线槽敷设,电线、电缆穿管和线槽敷线,槽板配线,钢索配线,电缆头制作、导线连接和线路电气试验,普通灯具安装,专用灯具安装,插座、开关、风扇安装,建筑照明通电试运行
			电气动力、电气照明安装子分部检验批划分规定	电气动力和电气照明安装工程中分项工程及建筑物等电位联结分项工程的检验批,其划分的界区,应按设备、系统划分
		06	备用和不间断电源安装	成套配电柜、控制柜(屏、台)和动力、照明配电箱(盘)安装,柴油发电机安装,不间断电源的其他功能单元安装,裸母线、封闭母线、插接式母线安装,电线、电缆导管和线槽敷设,电线、电缆穿管和线槽敷线,电缆头制作、导线连接和线路电气试验,接地装置安装
			备用和不间断电源安装子分部检验批划分规定	备用和不间断电源安装工程中分项工程各自成为1个检验批

续表

分部工程代号	分部工程名称	子分部工程代号	子分部工程名称	分项工程
06	建筑电气	07	防雷及接地安装	接地装置安装，避雷引下线和变配电室接地干线敷设，建筑物等电位联结，接闪器安装
			防雷及接地安装子分部检验批划分规定	防雷及接地装置安装分项工程检验批，人工接地装置和利用建筑物基础钢筋的接地体各为1个检验批，大型基础可按区域划分成几个检验批；避雷引下线安装6层以下的建筑为1个检验批，高层建筑以均压环设置间隔的层数为1个检验批；接闪器安装同一屋面为1个检验批
07	智能建筑	01	通信网络系统（单独组卷）	通信系统，卫星及有线电视系统，公共广播系统
		02	办公自动化系统（单独组卷）	计算机网络系统，信息平台及办公自动化应用软件，网络安全系统
		03	建筑设备监控系统（单独组卷）	空调与通风系统，变配电系统，照明系统，给水排水系统，热源和热交换系统，冷冻和冷却系统，电梯和自动扶梯系统，中央管理工作站与操作分站，子系统通信接口
		04	火灾报警及消防联动系统（单独组卷）	火灾和可燃气体探测系统，火灾报警控制系统，消防联动系统
		05	安全防范系统	电视监控系统，入侵报警系统，巡更系统，出入口控制（门禁）系统，停车管理系统
		06	综合布线系统（单独组卷）	缆线敷设和终接，机柜、机架、配线架的安装，信息插座和光缆芯线终端的安装
		07	智能化集成系统	集成系统网络，实时数据库，信息安全，功能接口
		08	电源与接地	智能建筑电源，防雷及接地
		09	环境（单独组卷）	空间环境，室内空调环境，视觉照明环境，电磁环境
		10	住宅（小区）智能化系统（单独组卷）	火灾自动报警及消防联动系统，安全防范系统（含电视监控系统、入侵报警系统、巡更系统、门禁系统、楼宇对讲系统、停车管理系统），物业管理系统（多表现场计量及与远程传输系统、建筑设备监控系统、公共广播系统、小区网络及信息服务系统、物业办公自动化系统），智能家庭信息平台
			智能建筑检验批划分规定	智能建筑子分部中的各个分项工程的检验批，应按系统和实际施工情况，经与建设、监理、设计等单位商议在施工合同或协议中约定后划分检验批
08	通风与空调	01	送排风系统	风管与配件制作，部件制作，风管系统安装，空气处理设备安装，消声设备制作与安装，风管与设备防腐，风机安装，系统调试
		02	防排烟系统	风管与配件制作，部件制作，风管系统安装，防排烟风口、常闭正压风口与设备安装，风管与设备防腐，风机安装，系统调试
		03	除尘系统	风管与配件制作，部件制作，风管系统安装，除尘器与排污设备安装，风管与设备防腐，风机安装，系统调试
		04	空调风系统	风管与配件制作，部件制作，风管系统安装，空气处理设备安装，消声设备制作与安装，风管与设备防腐，风机安装，风管与设备绝热，系统调试
		05	净化空调系统	风管与配件制作，部件制作，风管系统安装，空气处理设备安装，消声设备制作与安装，风管与设备防腐，风机安装，风管与设备绝热，高效过滤器安装，系统调试
		06	制冷设备系统	制冷组安装，制冷剂管道及配件安装，制冷附属设备安装，管道及设备的防腐与绝热，系统调试

续表

分部工程代号	分部工程名称	子分部工程代号	子分部工程名称	分项工程
08	通风与空调	07	空调水系统	管道冷热（媒）水系统安装，冷却水系统安装，冷凝水系统安装，阀门及部件安装，冷却塔安装，水泵及附属设备安装，管道与设备的防腐与绝热，系统调试
			通风与空调分部工程检验批划分规定	通风空调分部工程中的子分部中的各个分项，可根据施工工程的实际情况一次验收或数次验收。分项工程质量的验收规定为根据工程量的大小、施工工期的长短或加工批，可分别采取一个分项一次验收或分数次验收的方法。并按系统和实际施工情况，经与建设、监理、设计等单位商议在施工合同或协议中约定后划分检验批
09	电梯	01	电力驱动的曳引式或强制式电梯安装（单独组卷）	设备进场验收，土建交接检验，驱动主机，导轨，门系统，轿厢，对重（平衡重），安全部件，悬挂装置，随行电缆，补偿装置，电气装置，整机安装验收
		02	液压电梯安装（单独组卷）	设备进场验收，土建交接检验，驱动主机，导轨，门系统，轿厢，对重（平衡重），安全部件，悬挂装置，随行电缆，补偿装置，整机安装验收
		03	自动扶梯、自动人行道安装（单独组卷）	设备进场验收，土建交接检验，整机安装验收
			电梯分部工程检验批划分规定	电梯工程应按系统和实际施工情况，经与建设、监理、设计等单位商议在施工合同或协议中约定后划分检验批
10	建筑节能	01	墙体节能工程	主体结构基层，保温材料、饰面层
			墙体节能工程子分部检验批划分规定	采用相同材料、工艺和施工做法的墙面，每500～1000m² 面积划分为一个检验批，不足500m²也为一个检验批。检验批的划分也可根据与施工流程相一致且方便施工与验收的原则，由施工单位与监理（建设）单位共同商定
		02	幕墙节能工程	主体结构基层、隔热材料、保温材料、隔汽层、幕墙玻璃、单元式幕墙板块、通风换气系统、遮阳设施、冷凝水收集排放系统
			幕墙节能工程子分部检验批划分规定	相同设计、材料、工艺和施工条件的幕墙工程每500～1000m² 应划分为一个检验批，不足500m²也应划分为一个检验批。同一单位工程的不连续的幕墙工程应单独分检验批。对于异型或有特殊要求的幕墙，检验批的划分应根据幕墙的结构、工艺特点及幕墙工程规模，由监理单位（或建设单位）和施工单位协商确定
		03	门窗节能工程	门窗材料，门窗玻璃，遮阳设施
			门窗节能工程子分部检验批划分规定	同一厂家的同一品种、类型、规格的门窗及门窗玻璃每100樘划分为一个检验批，不足100樘也为一个检验批。同一厂家的同一品种、类型和规格的特种门每50樘划分为一个检验批，不足50樘也为一个检验批。对于异形或有特殊要求的门窗，检验批的划分应根据其特点和数量，由监理（建设）单位和施工单位协商确定
		04	屋面节能工程	结构基层、保温隔热层、保护层、防水层、面层
			屋面节能工程检验批划分规定	按屋面不同层高划分检验批
		05	地面节能工程	结构基层、保温层、保护层、面层
			地面节能工程检验批划分规定	检验批可按施工段或变形缝划分：当面积超过200m² 时，每200m²可划分为一个检验批，不足200m²也为一个检验批；不同构造做法的地面节能工程应单独划分检验批

续表

分部工程代号	分部工程名称	子分部工程代号	子分部工程名称	分项工程
10	建筑节能	06	采暖节能工程	系统制式，散热材料，阀门与仪表，热力入口装置，保温材料，调试
			采暖节能工程检验批划分规定	采暖系统节能工程的验收，可按系统、楼层等进行，并应符合《建筑节能工程施工质量验收规范》第3.4.1条的规定
		07	通风与空气调节节能工程	系统制式，通风与空调设备，阀门与仪表，绝热材料，调试
			通风与空气调节节能工程检验批划分规定	通风与空调系统节能工程的验收，可按系统、楼层等进行，并应符合《建筑节能工程施工质量验收规范》第3.4.1条的规定
		08	空调与采暖系统的冷热及管网节能工程	系统制式，冷热源设备，辅助设备，管网，阀门与仪表，绝热材料，保温材料，调试
			空调与采暖系统的冷热及管网节能工程检验批划分规定	空调与采暖系统冷热源设备、辅助设备及其管道和管网系统节能工程的验收，可分别按冷源和热源系统及室外管网进行，并应符合《建筑节能工程施工质量验收规范》第3.4.1条的规定
		09	配电与照明节能工程	低压配电电源，照明光源、灯具，附属装置，控制功能，调试
			配电与照明节能工程检验批划分规定	建筑配电与照明节能工程验收的检验批划分应按《建筑节能工程施工质量验收规范》第3.4.1条的规定。当需要重新划分检验批时，可按照系统、楼层、建筑分区划分为若干个检验批
		10	监测与控制节能工程	冷、热源系统的监测控制系统，空调水系统的监测控制系统，通风与空调系统的监测控制系统，监测与计量装置，供配电监测控制系统，照明自动控制系统，综合控制系统等
			监测与控制节能工程检验批划分规定	子分部中的各个分项工程的检验批，应按系统和实际施工情况，经与建设、监理、设计等单位商议在施工合同或协议中约定后划分检验批

室外工程划分见表1-2。

室外工程划分 表1-2

单位工程	子单位工程	分部（子分部）工程
室外建筑环境	附属建筑	车棚，围墙，大门，挡土墙，垃圾收集站
	室外环境	建筑小品，道路，亭台，连廊，花坛，场坪绿化
室外安装	给水排水与采暖	室外给水系统，室外排水系统，室外供热系统
	电气	室外供电系统，室外照明系统

《建筑工程施工质量验收统一标准》(GB 50300—2001)（以下简称统一标准）对工程质量验收的划分有相关的规定，但需要注意的是，项目结构（实体结构即单位、子单位、分部、子分部、分项、检验批；文本结构即资料的类、章、节、项、目）的划分，在某些特殊情况下，应根据其特点和数量，在不脱离标准、规范的前提下，做到理论与实际相结合，且应由监理（建设）单位和施工单位协商确定。

(1) 建筑工程质量验收应坚持"验评分离、强化验收、完善手段、过程控制"的指导思想。验收的划分更要突出"过程控制"的方法。

(2) 地基与基础分部，按结构原理应为地下室地坪以下，按验收方法应为±0.000以下，统一验收标准中混凝土基础子分部则没有列出现浇结构分项，应按实际情况进行验收；无支护土方子分部土方开挖分项中，场地平整子分项应划分为施工前期场地平整和施工后期场地平整，否则将影响工程造价；土方开挖、土方回填分项应分层划分检验批；水平和立面水泥砂浆防潮层应归属于地下防水子分部水泥砂浆防水层分项；如果混凝土有抗渗要求的除划分混凝土基础子分部外还应划分地下防水子分部防水混凝土分项；劲钢（管）混凝土子分部中还应按混凝土子分部划分模板、钢筋等分项。

（3）统一验收标准中主体结构分部中砌体结构子分部，框剪结构陶粒填充墙砌体的验收应按规范划分为混凝土小型空心砌块砌体、配筋砌体、填充墙砌体三种检验批；构造柱、芯柱、门窗洞口的边框柱、水平系梁均按配筋砌体验收，不再划分混凝土结构的分项（模板、钢筋、混凝土、现浇结构）；如有预制构件的，在混凝土结构子分部中应划分装配式结构分项（含预制构件、结构性能检验、装配式结构施工三种检验批）。

（4）建筑装饰装修分部地面子分部含整体面层、板块面层、木竹面层三种面层，其中基层分项尚应按《建筑装饰装修工程质量验收规范》（GB 50210—2001）划分为填充层、隔离层、找平层、垫层和基土等子分项；抹灰子分部中一般抹灰、装饰抹灰分项应按底层、中层、面层划分检验批；门窗子分部应按同一品种、类型和规格划分检验批。

（5）建筑屋面分部工程中的分项工程应按不同楼层屋面、雨篷划分为不同的检验批；隔汽层为沥青玛琋脂的应做中间验收并入卷材防水层分项、为聚氨酯的应并入涂膜防水层分项、为SBS或聚乙烯丙纶（涤纶）的应并入卷材防水层分项；防水层上保护层不单列并入卷材防水层分项或涂膜防水层分项；密封材料嵌缝不论柔性屋面或是刚性屋面均并入刚性屋面子分部（注：台阶、散水虽属装饰装修分部地面子分部，如有嵌缝均按刚性屋面密封材料嵌缝检验分项验收，其结构部分应并入地基与基础分部相应子分部分项验收）。地下室顶板与主体±0.000下相交处，地下室顶板凸出主体部分若需做防水，则应按屋面防水划分检验批。

（6）供排水及采暖分部：供排水应按照进户供水管→供水立管→户内供水管及卫生器具→排水横管→排水立管→排水出户管的顺序，按系统和实际施工情况划分检验批；采暖应按照进户热水管→热水立管→户内热水管（地辐射盘管）及散热器→回水管→回水立管→回水出户管的顺序，按系统和实际施工情况划分检验批。

（7）建筑电气分部应按照进户管线（接地线）→总配电箱（总等电位箱）→分箱→抄表（刷卡）箱→用户箱→回路→开关插座（用电器具）的顺序，按系统和实际施工情况划分检验批。特别要说明的是由进户管线至用户箱的线路称为干线，其分项应并入供电干线子分部；由用户箱至开关插座间的回路称为支线，其分项应并入电气照明安装子分部。

（8）智能建筑分部、通风与空调分部、电梯分部工程如按照《建筑工程施工质量验收统一标准》（GB 50300—2001）分项工程的划分与条文不完全一致，应按系统和实际施工情况，经与建设、监理、设计等单位商议在施工合同或协议中约定后划分检验批。

（9）《建筑节能工程施工质量验收规范》（GB 50411—2007）中建筑节能分部分项工程划分，其分项工程相当于统一验收标准中的子分部，主要验收内容相当于统一验收标准中的分项工程。

3. 建筑工程施工质量验收

建筑工程质量验收分单位（子单位）、分部（子分部）、分项、检验批六个层次。

（1）检验批质量验收

检验批质量合格应符合下列规定：

1）主控项目和一般项目的质量经抽样检验合格。

2）具有完整的施工操作依据、质量检查记录。

检验批是工程验收的最小单位，是分项工程乃至整个建筑工程质量验收的基础。检验批是施工过程中条件相同并有一定数量的材料、构配件或安装项目，由于其质量基本均匀一致，因此可以作为检验的基础单位，并按批验收。检验批质量合格的条件，共两个方面：资料检查、主控项目检验和一般项目检验。

（2）分项工程质量验收

分项工程质量验收合格应符合下列规定：

1）分项工程所含的检验批均应符合合格质量的规定。

2）分项工程所含的检验批的质量验收记录应完整。

分项工程的验收在检验批的基础上进行。一般情况下，两者具有相同或相近的性质，只是批量的大小不同而已。因此，将有关的检验批汇集构成分项工程。分项工程质量合格的条件比较简单，只要构成分项工程的各检验批的验收资料文件完整，并且均已验收合格，则分项工程验收合格。

（3）分部工程质量验收

分部（子分部）工程质量验收合格应符合下列规定：

1）分部（子分部）工程所含分项工程的质量均应验收合格。

2）质量控制资料应完整。

3）地基与基础、主体结构和设备安装等分部工程有关安全及功能（按标准应称为安全功能、使用功能、主要功能）的检验和抽样检测结果应符合有关规定。

4）观感质量验收应符合要求。

分部工程验收的基本条件是：在其所含各分项工程验收的基础上进行；分部工程的各分项工程必须已验收合格且相应的质量控制资料文件必须完整，此外，由于各分项工程的性质不尽相同，须增加涉及安全和使用功能的地基基础、主体结构、有关安全及重要使用功能的安装分部工程应进行有关见证取样送样试验或抽样检测、观感质量验收两类检查项目。

（4）单位（子单位）工程质量验收

单位（子单位）工程质量验收合格应符合下列规定：

1）单位（子单位）工程所含分部（子分部）工程的质量均应验收合格。

2）质量控制资料应完整。

3）单位（子单位）工程所含分部工程有关安全和功能的检测资料应完整。

4）主要功能项目的抽查结果应符合相关专业质量验收规范的规定。

5）观感质量验收应符合要求。

单位工程质量验收也称质量竣工验收,是建筑工程投入使用前的最后一次验收,也是最重要的一次验收。验收合格的条件有五个:除构成单位工程的各分部工程应该合格,质量控制资料应完整以外,还要填写单位工程质量控制资料核查记录。

涉及安全和使用功能的分部工程应按规定进行检验资料的复查。不仅要全面检查其完整性(不得有漏检缺项),而且对分部工程验收时补充进行的见证抽样检验报告也要复核。

此外,对主要使用功能还须进行抽查。抽查项目是在检查资料文件的基础上由参加验收的各方人员商定,并由计量、计数的抽样方法确定检查部位。检查要求按有关专业工程施工质量验收标准要求进行。并填写单位工程安全和功能检验资料核查和主要功能抽查记录。

最后,还须由参加验收人员进行观感质量抽查。填写单位工程观感质量检查记录,并确认其检查结果,最后共同确定是否验收。

4. 建筑工程施工质量验收程序和组织要求

(1) 检验批及分项工程验收程序和组织要求

检验批及分项工程应由监理工程师(建设单位项目技术负责人)组织施工单位项目专业质量(技术)负责人等进行验收。

检验批和分项工程是建筑工程质量的基础,验收前,施工单位先填好"检验批和分项工程的质量验收记录"(有关监理记录和结论不填),并由项目专业质量检验员和项目专业技术负责人分别在检验批和分项工程质量检验记录相关栏中签字,然后由监理工程师组织,严格按规定程序进行验收。

(2) 分部工程验收程序和组织要求

分部工程应由总监理工程师(建设单位项目负责人)组织施工单位项目负责人和技术、质量负责人等进行验收;地基与基础、主体结构分部工程的勘察、设计单位工程项目负责人和施工单位技术、质量部门负责人也应参加相关分部工程验收。

对于分部(子分部)工程验收的组织者及参加验收的相关单位和人员规定的原因是:工程监理实行总监理工程师负责制,因此分部工程应由总监理工程师(建设单位项目负责人)组织施工单位的项目负责人和项目技术、质量负责人及有关人员进行验收。因为地基基础、主体结构的主要技术资料和质量问题是归技术部门和质量部门掌握,所以规定施工单位的技术、质量部门负责人也应参加验收。

由于地基基础、主体结构技术性能要求严格,技术性强,关系到整个工程的安全,因此规定这些分部工程的勘察、设计单位工程项目负责人也应参加相关分部工程的质量验收。

(3) 单位工程验收程序和组织要求

单位工程完工后,施工单位应自行组织有关人员进行检查评定,并向建设单位提交工程验收报告。建设单位收到工程验收报告后,应由建设单位(项目)负责人组织施工(含分包单位)、设计、监理等单位(项目)负责人进行单位(子单位)工程验收。

单位工程完成后,施工单位首先要依据质量标准、设计图纸等组织有关人员进行自检,并对检查结果进行评定,符合要求后向建设单位提交工程验收报告和完整的质量资料,请建设单位组织验收。单位工程质量验收应由建设单位负责人或项目负责人组织,设计、施工单位负责人或项目负责人及施工单位的技术、质量负责人和监理单位的总监理工程师均应参加验收（勘察单位虽然亦是责任主体，但已经参加了地基验收，故单位工程验收时，可以不参加）。

（二）建设工程项目管理、工程监理及施工组织设计规范

1. 建设工程项目管理组织与任务

（1）建设工程项目管理

建设工程项目管理，是指从事工程项目管理的企业（以下简称项目管理企业），受工程项目业主方委托，对工程建设全过程或分阶段进行专业化管理和服务活动。

（2）建设工程项目管理组织

建设工程项目管理组织泛指参与工程项目建设各方的项目管理组织，包括建设单位、设计单位、施工单位的项目管理组织，也包括工程总承包单位、代建单位、项目管理（PM）单位等参建方的项目管理组织。

（3）建设工程项目管理人员的执业资格

从事工程项目管理的专业技术人员，应当具有城市规划师、建筑师、工程师、建造师、监理工程师、造价工程师等一项或者多项执业资格。

建设工程项目管理其他的工作人员也应具有施工员、安全员、质检员、预算员、资料员、机械员、劳务员、标准员等相应的从业岗位证，并应经过专业的技能培训并取得从业资格证。

（4）建设工程项目管理的任务

项目管理的任务应包括：确定项目管理范围，编制项目管理规划大纲，建立项目管理组织，编制项目管理实施规划，项目合同管理，项目进度管理，项目质量管理，项目职业健康安全管理，项目环境管理，项目成本管理，项目资源管理，项目信息管理，项目风险管理，项目沟通，项目收尾。

（5）建设工程项目管理的程序

项目管理的程序应依次为：编制项目管理规划大纲，编制投标书并进行投标，签订施工合同，选定项目经理，项目经理接受企业法定代表人的委托组建项目经理部，企业法定代表人与项目经理签订"项目管理目标责任书"，项目经理部编制"项目管理实施规划"，进行项目开工前的准备，施工期间按"项目管理实施规划"进行管理，在项目竣工验收阶段进行竣工结算，清理各种债权债务，移交资料和工程，进行经济分析，做出项目管理总结报告并送企业管理层有关职能部门，企业管理层组织考核委员会对项目管理工作进行考核评价并兑现"项目管理目标责任书"中的奖惩承诺，项目经理部解体，在保修期满前企业管理层根据"工程质量保修书"的约定进行项目回访保修。

（6）建筑施工企业项目经理

建筑施工企业项目经理（以下简称项目经理），是指受企业法定代表人委托对工程项目施工过程全面负责的项目管理者，是建筑施工企业法定代表人在工程项目上的代表人。国发［2013］5号文规定2008年2月27日起凡持有建造师注册证书的人员，经其所在企业聘用后均可担任工程项目施工的项目经理。今后大、中型工程项目施工的项目经理必须

由取得建造师注册证书的人员担任；但取得建造师注册证书的人员是否担任工程项目施工的项目经理，由企业自主决定。

(7) 项目经理的职责

1) 项目管理目标责任书规定的职责。
2) 主持编制项目管理实施规划，并对项目目标进行系统管理。
3) 对资源进行动态管理。
4) 建立各种专业管理体系，并组织实施。
5) 进行授权范围内的利益分配。
6) 收集工程资料，准备结算资料，参与工程竣工验收。
7) 接受审计，处理项目经理部解体的善后工作。
8) 协助组织进行项目的检查、鉴定和评奖申报工作。

(8) 建设工程项目信息管理

建设工程项目信息管理是建设工程项目管理任务之一。建设工程项目信息管理是指对项目信息进行的收集、整理、分析、处置、储存和使用等活动。项目信息主要包括各类工程资料和工程实际进展信息；建设工程资料是工程从准备阶段、设计阶段、施工阶段到竣工验收阶段形成的各种形式信息记录的统称。项目信息应由信息管理人员依靠现代信息技术，在项目的实施过程中，通过收集、整理、处置、储存、传递和应用等方式进行管理。

(9) 建设工程项目信息管理计划与实施

项目信息管理计划是项目信息管理的重要环节，主要包括以下内容：

1) 项目信息管理计划的制定应以项目管理实施规划中的有关内容为依据。在项目执行过程中，应定期检查其实施效果并根据需要进行计划调整。
2) 项目信息管理计划应包括信息需求分析，信息编码系统，信息流程，信息管理制度以及信息的来源、内容、标准、时间要求、传递途径、反馈的范围、人员以及职责和工作程序等内容。
3) 项目信息需求分析应明确实施项目所必需的信息，包括信息的类型、格式、传递要求及复杂性等，并应进行信息价值分析。
4) 项目信息编码系统应有助于提高信息的结构化程度，方便使用，并且应与企业信息编码保持一致。
5) 项目信息流程应反映企业内部信息流和有关的外部信息流及各有关单位、部门和人员之间的关系，并有利于保持信息畅通。
6) 信息过程管理应包括信息的收集、加工、传输、存储、检索、输出和反馈等内容，宜使用计算机进行信息过程管理。
7) 在信息计划的实施中，应定期检查信息的有效性和信息成本，不断改进信息管理工作。

2. 建设工程监理人员、监理实施、监理资料的要求

(1) 监理实施的要求

在中华人民共和国境内从事建设工程监理活动的企业，应当按照规定取得工程监理企

业资质,并在工程监理企业资质证书许可的范围内从事工程监理活动。

依据《建设工程监理规范》(GB 50319—2000)规定:建设工程监理企业实施监理活动必须具有相应资质,接受建设单位的委托,承担其项目管理工作,并代表建设单位对承建单位的建设行为进行监控的专业化服务活动。其项目管理工作包括安全管理、投资控制、进度控制、质量控制、合同管理、信息管理和组织与协调工作。工程监理企业是指取得企业法人营业执照,具有监理资质证书的依法从事建设监理业务的经济组织。

(2) 工程监理人员有关资料管理的职责如下:

1) 总监理工程师应履行主持整理工程项目的监理资料职责。

2) 专业监理工程师根据本专业监理工作实施情况做好监理日记;负责本专业监理资料的收集、汇总及整理,参与编写监理月报;核查进场材料、设备、构配件的原始凭证、检测报告等质量证明文件及其质量情况,根据实际情况认为有必要时对进场材料、设备、构配件进行平行检验,合格时予以签认;负责本专业的工程计量工作,审核工程计量的数据和原始凭证。

3) 监理员有关资料管理应履行以下职责:检查承包单位投入工程项目的人力、材料、主要设备及其使用、运行状况,并做好检查记录;复核或从施工现场直接获取工程计量的有关数据并签署原始凭证;按设计图及有关标准,对承包单位的工艺过程或施工工序进行检查和记录,对加工制作及工序施工质量检查结果进行记录;担任旁站工作,发现问题及时指出并向专业监理工程师报告;做好监理日记和有关的监理记录。

(3) 监理资料管理

建设工程监理资料是监理单位在工程监理过程中履行各项监理职责,收集形成的资料;从监理单位进场开始,到完成竣工验收并履行完成其合同约定的监督管理职责为止。监理资料包括:监理管理资料(B1)、工程进度控制资料(B2)、工程质量控制资料(B3)、工程造价控制资料(B4)、合同管理资料(B5)和竣工验收资料(B6)6类(收集按工作过程分类,组卷按规程分类)。

(4) 监理资料管理工作流程如图1-1所示。

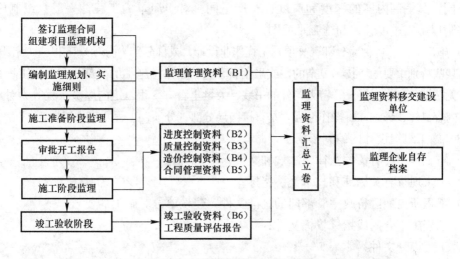

图1-1 监理资料管理工作流程图

3. 建筑施工组织设计内容与编制的要求

(1) 施工组织设计

施工组织设计是以施工项目为对象编制的，用以指导施工的技术、经济和管理的综合性文件，是对施工活动实行科学管理的重要手段，它具有战略部署和战术安排的双重作用。它体现了实现基本建设计划和设计的要求，提供了各阶段的施工准备工作内容，协调施工过程中各施工单位、各施工工种、各项资源之间的相互关系。通过施工组织设计，可以根据具体工程的特定条件，拟订施工方案，确定施工顺序、施工方法、技术组织措施，可以保证拟建工程按照预定的工期完成，可以在开工前了解到所需资源的数量及其使用的先后顺序，合理布置施工现场。根据施工组织设计编制的广度、深度和作用不同可分为：施工组织总设计、单位工程施工组织设计、施工方案。

(2) 施工组织设计的基本内容

施工组织设计应包括工程概况及施工特点；施工准备工作；施工部署与主要施工方案；分项工程检验批划分方案；施工进度计划及工期保证措施；各种主要材料、施工机械、劳动力需用量计划；分部分项工程施工方法；施工平面布置图；工程质量保证措施；项目职业健康安全管理措施；项目环境管理措施。施工组织设计的内容要结合工程对象的实际特点、施工条件和技术水平等各项因素综合考虑进行编制。

1) 施工组织总设计是以若干单位工程组成的群体工程或特大型项目为主要对象 [如一个工厂、一个机场、一个道路工程（包括桥梁）、一个居住小区等]编制的施工组织设计，对整个项目的施工过程起统筹规划、重点控制的作用。它是对整个建设工程项目施工的战略部署，是指导全局性施工的技术和经济纲要。

2) 单位工程施工组织设计是以单位工程（如一栋楼房、一个烟囱、一段道路、一座桥等）为对象编制的，在施工组织总设计的指导下，由直接组织施工的单位根据施工图设计进行编制，用以直接指导单位工程的施工活动，是施工单位编制分部（分项）工程施工组织设计和季、月、旬施工计划的依据。单位工程施工组织设计根据工程规模和技术复杂程度不同，其编制内容的深度和广度也有所不同。对于简单的工程，一般只编制施工方案，并附以施工进度计划和施工平面图。

3) 施工方案 [也称为分部（分项）工程作业设计，或称分部（分项）工程施工组织设计]是针对某些特别重要的、技术复杂的，或采用新工艺、新技术施工的分部（分项）工程，如深基础、无粘结预应力混凝土、特大构件的吊装、大量土石方工程、定向爆破工程等为对象编制的，其内容具体、详细，可操作性强，是直接指导分部（分项）工程施工的依据。

(3) 施工组织设计的编制依据

1) 与工程建设有关的法律、法规和文件；

2) 国家现行有关标准和技术经济指标；

3) 工程所在地区行政主管部门的批准文件，建设单位对施工的要求；

4) 工程施工合同或招标投标文件；

5) 工程设计文件；

6) 工程施工范围内的现场条件，工程地质及水文地质、气象等自然条件；

7）与工程有关的资源供应情况；

8）施工企业的生产能力、机具设备状况、技术水平等。

从以上可知施工组织设计的编制是根据建设工程的类型和性质、建设地区的各种自然条件和经济条件、工程项目的施工条件及施工企业的条件，因此，应尽可能在编制前向各有关部门调查和收集资料或实地勘察和调查取得。

（4）施工组织设计的编制和审批

施工组织设计的编制和审批应符合下列规定：

1）施工组织设计应由项目负责人主持编制，可根据需要分阶段编制和审批。

2）施工组织总设计应由总承包单位技术负责人审批；单位工程施工组织设计应由施工单位技术负责人或由技术负责人授权的技术人员审批；施工方案由项目技术负责人审批；重点、难点分部（分项）工程和专项工程施工方案应由施工单位技术部门组织相关专家评审，施工单位技术负责人批准。

3）由专业承包单位施工的分部（分项）工程或专项工程的施工方案，应由专业承包单位技术负责人或技术负责人授权的技术人员审批；有总承包单位时，应由总承包单位项目技术负责人核准备案。

4）规模较大的分部（分项）工程和专项工程的施工方案应按单位工程施工组织设计进行编制和审批。

施工组织设计的编制和审批除了上述规定外，对于有些分期分批建设的项目跨越时间很长，还有些项目如地基基础、主体结构、装修装饰和机电设备安装并不是由一个总承包单位完成，此外还有一些特殊情况的项目，在征得建设单位同意的情况下，施工单位可分阶段编制施工组织设计。

（5）安全专项施工方案

在《建设工程安全生产管理条例》（国务院第393号令）中规定：对达到一定规模的危险性较大的分部（分项）工程编制专项施工方案，并附具安全验算结果，经施工单位技术负责人、总监理工程师签字后实施，主要包括：基坑支护与降水工程；土方开挖工程；模板工程；起重吊装工程；脚手架工程；拆除、爆破工程；国务院建设行政主管部门或者其他有关部门规定的其他危险性较大的工程。

此外，对前面所列超过一定规模的危险性较大的分部分项工程，还应组织专家对单独编制的专项施工方案进行论证。建筑工程实行施工总承包的，专项施工方案应当由施工总承包单位组织编制。其中，起重机械安装拆卸工程、深基坑工程、附着式升降脚手架等专业工程实行分包的专项方案可由专业承包单位编制，并应由总承包单位技术负责人及相关单位技术负责人签字，专家的人数不应少于五人。

除上述《建设工程安全生产管理条例》中规定的分部（分项）工程外，施工单位还应根据项目特点和地方政府部门有关规定，对具有一定规模的重点、难点分部（分项）工程进行相关论证。

有些分部（分项）工程或专项工程，如主体结构为钢结构的大型建筑工程，其钢结构分部规模很大且在整个工程中占有重要的地位，需另行分包，遇有这种情况的分部（分项）工程或专项工程，其施工方案应按施工组织设计进行编制和审批。

二、建筑工程竣工验收备案

（一）建筑工程竣工验收备案管理规定

《建设工程质量管理条例》（国务院令第279号）规定：建设工程竣工验收工作应当由建设单位组织，勘察、设计、施工、监理单位共同参加，建设工程质量监督站进行监督，建设行政主管部门备案。规定明确了建设、勘察、设计、施工、监理单位对建设工程应负的质量责任和义务，即建设、勘察、设计、施工、监理单位是建设工程质量的责任主体。

《建筑工程施工质量验收统一标准》（GB 50300—2001）规定：单位工程质量验收合格后，建设单位应在规定时间内将工程竣工验收报告和有关文件，报建设行政管理部门备案。

建设工程竣工验收备案制度是加强政府监督管理，防止不合格工程流向社会的一个重要手段。建设单位应依据《建设工程质量管理条例》有关规定和《房屋建筑和市政基础设施工程竣工验收备案管理办法》的规定，自工程竣工验收合格之日起15日内，向工程所在地的县级以上地方人民政府建设行政主管部门（以下简称备案机关）备案。否则，不允许投入使用。

（二）建筑工程竣工验收备案的范围

凡在我国境内新建、扩建、改建各类房屋建筑工程及市政基础设施工程都实行竣工验收备案制度。

依据《房屋建筑和市政基础设施工程竣工验收备案管理办法》（住房和城乡建设部令第2号）的规定，抢险救灾工程、临时性房屋建筑工程和农民自建低层住宅工程，不适用本规定。军用房屋建筑工程竣工验收备案，按照中央军事委员会的有关规定执行。

（三）建筑工程竣工验收备案的文件

建设单位应在单位工程竣工验收合格15日内将《建设工程竣工验收报告》和有关文件，报建设工程备案机关办理竣工工程验收备案手续。建设单位办理工程竣工验收备案应当提交下列文件，见表2-1。

工程竣工验收报告应当包括工程报建日期，施工许可证号，施工图设计文件审查意见，勘察、设计、施工、工程监理等单位分别签署的质量合格文件及验收人员签署的竣工验收原始文件，市政基础设施的有关质量检测和功能性试验资料以及备案机关认为需要提供的有关资料。

建筑工程竣工验收备案提交资料表　　　　表 2-1

序号	材料名称	份数	材料形式	备注
1	建设工程竣工验收备案表	4	原件	
2	建设工程竣工验收报告	6	原件	
3	工程施工许可证	1	复印件（核对原件）	
4	工程施工质量验收申请表	1	原件	
5	单位（子单位）工程质量验收记录	1	原件	
6	工程质量评估报告	1	原件	
7	设计文件质量检查报告	1	原件	
8	勘察文件质量检查报告	1	原件	
9	施工图设计文件审查报告	1	复印件（核对原件）	
10	建设工程规划许可证及规划验收合格证	1	复印件（核对原件）	
11	建筑工程消防验收意见书	1	复印件（核对原件）	
12	建设工程竣工验收档案认可书	1	复印件（核对原件）	
13	环境保护验收意见	1	复印件（核对原件）	
14	建设工程质量验收监督意见书	1	原件	
15	燃气工程验收文件	1	复印件（核对原件）	有该项工程内容的，提供
16	电梯安装分部工程质量验收证书	1	原件	有该项工程内容的，提供
17	室内环境污染物检测报告	1	复印件（核对原件）	依照标准、规范需要实施该项工程内容的，提供
18	工程质量保修书	1	原件	
19	住宅质量保证书和住宅使用说明书	1	原件	属于商品住宅工程的，提供
20	单位工程施工安全评价书	1	复印件（核对原件）	
21	中标通知书（设计、监理、施工）	1	复印件（核对原件）	必须招标的工程，提供
22	建设施工合同	1	复印件（核对原件）	
23	工程款支付证明及发票复印件	1	复印件（核对原件）	
24	人防工程验收证明	1	复印件（核对原件）	依照标准、规范需要实施该项工程内容的，提供
25	工程质量安全监督报告	1	原件	监督站提供

（四）建筑工程竣工验收备案的程序

（1）建设工程竣工验收备案需具备的条件

1）工程竣工验收已合格，并完成工程竣工验收报告；

2）工程质量监督机构已出具工程质量监督报告；

3）已办理工程监理合同登记核销及施工合同（总包、专业分包和劳务分包合同）备案核销手续；

4）各项专项资金等已结算。

(2)建设单位向备案机关领取《房屋建设工程和市政基础设施工程竣工验收备案表》。

(3)建设单位持加盖单位公章和单位项目负责人签名的《房屋建设工程和市政基础设施工程竣工验收备案表》一式四份及上述规定的材料,向备案机关备案。

(4)备案机关在收齐、验证备案材料后15个工作日内在《房屋建设工程和市政基础设施工程竣工验收备案表》上签署备案意见(盖章),建设单位、施工单位、监督站和备案机关各持一份。

三、建设工程文件归档管理

(一) 建设工程文件归档整理规范的基本规定

建设、勘察、设计、施工、监理等单位应将工程文件的形成和积累纳入工程建设管理的各个环节和有关人员的职责范围。

建设工程归档文件是指在工程建设过程中形成的各种形式的信息记录，包括工程准备阶段文件、监理文件、施工文件、竣工图和竣工验收文件。

(1) 工程准备阶段文件是建设单位在工程开工以前，在立项、审批、征地、勘察、设计、招投标等工程准备阶段形成的文件。

(2) 监理文件是监理单位在工程设计、施工等监理过程中形成的文件。

(3) 施工文件是施工单位在工程施工过程中形成的文件。

(4) 竣工图是施工单位在工程竣工验收后，真实反映建设工程项目施工结果绘制的图样。

(5) 竣工验收文件是建设单位在建设工程项目竣工验收活动中形成的文件。

(二) 建设工程资料管理职责

《建设工程文件归档整理规范》(GB/T 50328—2001) 中明确规定：建设工程技术资料管理职责包括建设单位、监理单位、施工单位、城建档案馆在内的全部工程资料的编制和管理。工程资料不仅由施工单位提供，而且参与工程建设的建设单位、承担监理任务的监理或咨询单位，都负有收集、整理、签署、核查工程资料的责任。建设、勘察、设计、施工、监理等单位应将工程文件的形成和积累纳入工程建设管理的各个环节和有关人员的职责范围。

(1) 在工程文件与档案的整理立卷、验收移交工作中，建设单位应履行下列职责：

1) 在工程招标及与勘察、设计、施工、监理等单位签订协议、合同时，应对工程文件的套数、费用、质量、移交时间等提出明确要求。

2) 收集和整理工程准备阶段、竣工验收阶段形成的文件，并应进行立卷归档。

3) 负责组织、监督和检查勘察、设计、施工、监理等单位的工程文件的形成、积累和立卷归档工作；也可委托监理单位监督、检查工程文件的形成、积累和立卷归档工作。

4) 收集和汇总勘察、设计、施工、监理等单位立卷归档的工程档案。

5) 在组织工程竣工验收前，应提请当地的城建档案管理机构对工程档案进行预验收；未取得工程档案验收认可文件，不得组织工程竣工验收。

6) 对列入城建档案馆(室)接收范围的工程，工程竣工验收后3个月内，向当地城建档案馆(室)移交一套符合规定的工程档案。

(2) 勘察、设计、施工、监理等单位应将本单位形成的工程文件立卷后向建设单位移交。

(3) 建设工程项目实行总承包的,总包单位负责收集、汇总各分包单位形成的工程档案,并应及时向建设单位移交;各分包单位遵循《建设工程文件归档整理规范》(GB/T 50328—2001)基本规定,应将本单位形成的工程文件整理、立卷后及时移交总包单位。建设工程项目由几个单位承包的,各承包单位负责收集、整理立卷其承包项目的工程文件,并应及时向建设单位移交。

(4) 城建档案管理机构应对工程文件的立卷归档工作进行监督、检查、指导。在工程竣工验收前,应对工程档案进行预验收,验收合格后,须出具工程档案认可文件。

(三) 建设工程文件归档

建设工程参建各方宜按《建筑工程资料管理规程》(JGJ/T 185—2009)规定的内容将工程资料归档保存。工程资料的具体归档范围应符合规定,见表3-1。

工程文件归档范围和资料类别、来源及保存要求　　　　表3-1

工程资料类别		工程资料名称	工程资料来源	工程资料保存			
				施工单位	监理单位	建设单位	城建档案馆
A类		工程准备阶段文件					
A1类	决策立项文件	项目建议书	建设单位			●	●
		项目建议书的批复文件	建设行政管理部门			●	●
		可行性研究报告及附件	建设单位			●	●
		可行性研究报告的批复文件	建设行政管理部门			●	●
		关于立项的会议纪要、领导批示	建设单位			●	●
		工程立项的专家建议资料	建设单位			●	●
		项目评估研究资料	建设单位			●	●
A2类	建设用地文件	选址申请及选址规划意见通知书	建设单位规划部门			●	●
		建设用地批准文件	土地行政管理部门			●	●
		拆迁安置意见、协议、方案	建设单位			●	●
		建设用地规划许可证及其附件	规划行政管理部门			●	●
		国有土地使用证	土地行政管理部门			●	●
		划拨建设用地文件	土地行政管理部门			●	●
A3类	勘察设计文件	岩土工程勘察报告	勘察单位	●	●	●	●
		建设用地钉桩通知单(书)	规划行政管理部门	●		●	●
		地形测量和拨地测量成果报告	测绘单位			●	●
		审定设计方案通知书及审查意见	规划行政管理部门			●	●
		审定设计方案通知书要求征求有关部门的审查意见和要求取得的有关协议	有关部门			●	●
		初步设计图及设计说明	设计单位			●	
		消防设计审核意见	公安机关消防机构	○	○	●	
		施工图设计文件审查通知书及审查报告	施工图审查机构	○		●	●
		施工图及设计说明	设计单位	○	○	●	

续表

工程资料类别		工程资料名称	工程资料来源	工程资料保存			
				施工单位	监理单位	建设单位	城建档案馆
A4类	招投标及合同文件	勘察招投标文件	建设单位、勘察单位			●	
		勘察合同	建设单位、勘察单位			●	●
		设计招投标文件	建设单位、设计单位			●	
		设计合同	建设单位、设计单位			●	●
		监理招投标文件	建设单位、监理单位		●	●	
		委托监理合同	建设单位、监理单位		●	●	●
		施工招投标文件	建设单位、施工单位	●	○	●	
		施工合同	建设单位、施工单位	●	○	●	●
A5类	开工文件	建设项目列入年度计划的申报文件	建设单位			●	●
		建设项目列入年度计划的批复文件或年度计划项目表	建设行政管理部门			●	●
		规划审批申报表及报送的文件和图纸	建设单位、设计单位			●	
		建设工程规划许可证及其附件	规划部门			●	●
		建设工程施工许可证及其附件	建设行政管理部门	●		●	●
		工程质量安全监督注册登记	质量监督机构	○	○	●	●
		工程开工前的原貌影像资料	建设单位	●	●	●	
		施工现场移交单	建设单位	○	○	○	
A6类	商务文件	工程投资估算资料	建设单位			●	
		工程设计概算资料	建设单位			●	
		工程施工图预算资料	建设单位			●	
		A类其他资料					
B类		监理资料					
B1类	监理管理资料	监理规划	监理单位		●	●	●
		监理实施细则	监理单位	○	●	●	●
		监理月报	监理单位		●		
		监理会议纪要	监理单位		●	●	
		监理工作日志	监理单位		●		
		监理工作总结	监理单位		●	●	●
		工作联系单（表 B.1.1）	监理单位、施工单位	○	○		
		监理工程师通知（表 B.1.2）	监理单位	○	●		
		监理工程师通知回复单*（表 C.1.7）	施工单位	○	●		
		工程暂停令（表 B.1.3）	监理单位	○	○	○	●
		工程复工报审表*（表 C.3.2）	施工单位	●	●	●	●
B2类	进度控制资料	工程开工报审表*（表 C.3.1）	施工单位	●	●	●	●
		施工进度计划报审表*（表 C.3.2）	施工单位	○	●		
B3类	质量控制资料	质量事故报告及处理资料	施工单位	●	●	●	
		旁站监理记录*（表 B.3.1）	监理单位	○	●		
		见证取样和送检见证人员备案表（表 B.3.2）	监理单位或建设单位	●	●	●	
		见证记录*（表 B.3.3）	监理单位	●	●	●	
		工程技术文件报审表*（表 C.2.1）	施工单位	○	○		

续表

工程资料类别		工程资料名称	工程资料来源	工程资料保存			
				施工单位	监理单位	建设单位	城建档案馆
B4类	造价控制资料	工程款支付申请表（表C.3.6）	施工单位	○	○	●	
		工程款支付证书（表B.4.1）	施工单位	○	○	●	
		工程变更费用报审表*	监理单位	○	○	●	
		费用索赔申请表	监理单位	○	○	●	
		费用索赔审批表（表B.4.2）	施工单位	○	○	●	
B5类	合同管理资料	委托监理合同	监理单位		●	●	●
		工程延期申请表（表C.3.5）	施工单位	●	●	●	
		工程延期审批表（表B.5.1）	施工单位	●	●	●	
		分包单位资质报审表*（表C.1.3）	施工单位	●	●	●	
B6类	竣工验收资料	单位（子单位）工程竣工预验收报验表	施工单位	●	●	●	
		单位（子单位）工程质量竣工验收记录	施工单位	●	●	●	●
		单位（子单位）工程质量控制资料核查记录	施工单位	●	●	●	●
		单位（子单位）工程安全和功能检验资料核查及主要功能抽查记录	施工单位	●	●	●	●
		单位（子单位）工程观感质量检查记录	施工单位	●	●	●	●
		工程质量评估报告	监理单位	●	●	●	●
		监理费用决算资料	监理单位		○	●	
		监理资料移交书	监理单位		●	●	
		B类其他资料					
C类		施工资料					
C1类	施工管理资料	工程概况表（表C.1.1）	施工单位	●	●	●	●
		施工现场质量管理检查记录*（表C.1.2）	施工单位	○	○		
		企业资质证书及相关专业人员岗位证书	施工单位	○	○		
		分包单位资质报审表*（表C.1.3）	施工单位	●	●	●	
		建设工程质量事故调查、勘查记录（表C.1.4）	调查单位	●	●	●	●
		建设工程质量事故报告书	调查单位	●	●	●	●
		施工检测计划	施工单位	○	○		
		见证记录*	监理单位	●	●	●	
		见证试验检测汇总表（表C.1.5）	施工单位	●	●		
		施工日志（表C.1.6）	施工单位	●			
		监理工程师通知回复单*（表C.1.7）	施工单位	○	○		
C2类	施工技术资料	工程技术文件报审表*（表C.2.1）	施工单位	○	○		
		施工组织设计及施工方案	施工单位	○			
		危险性较大分部分项工程施工方案专家论证表（表C.2.2）	施工单位				
		技术交底记录（表C.2.3）	施工单位	○			
		图纸会审记录**（表C.2.4）	施工单位	●	●	●	●
		设计变更通知单**（表C.2.5）	设计单位	●	●	●	●
		工程洽商记录（技术核定单）**（表C.2.6）	施工单位	●	●	●	●

续表

工程资料类别		工程资料名称	工程资料来源	工程资料保存			
				施工单位	监理单位	建设单位	城建档案馆
C3类	进度造价资料	工程开工报审表*（表C.3.1）	施工单位	●	●	●	●
		工程复工报审表*（表C.3.2）	施工单位	●	●	●	●
		施工进度计划报审表*（表C.3.3）	施工单位	○	○		
		施工进度计划	施工单位	○	○		
		人、机、料动态表（表C.3.4）	施工单位	○			
		工程延期申请表（表C.3.5）	施工单位	●	●	●	●
		工程款支付申请表（表C.3.6）	施工单位	●	●	○	
		工程变更费用报审表*（表C.3.7）	施工单位	●	●	●	
		费用索赔申请表*（表C.3.8）	施工单位	○	○	●	
C4类	施工物质资料	出厂质量证明文件及检测报告					
		砂、石、砖、水泥、钢筋、隔热保温材料、防腐材料、轻集料出厂质量证明文件	施工单位	●	●	●	●
		其他物资出厂合格证、质量保证书、检测报告和报关单或商检证等	施工单位	●	○	○	
		材料、设备的相关检验报告、型式检测报告、3C强制认证合格证书或3C标志	检测单位	●	●	○	
		主要设备、器具的安装使用说明书	检测单位	●	●	○	
		进口的主要材料设备的商检证明文件	检测单位	●	●	●	●
		涉及消防、安全、卫生、环保、节能的材料、设备的检测报告或法定机构出具的有效证明文件	检测单位	●	●	●	
		进场检验通用表格					
		材料、构配件进场检验记录*（表C.4.1）		○	○		
		设备开箱检验记录*（表C.4.2）		○			
		设备及管道附件试验记录*（表C.4.3）		●	●	●	
		进场复试报告					
		钢材试验报告	检测单位	●	●	●	●
		水泥试验报告	检测单位	●	●	●	
		砂试验报告	检测单位	●	●	●	
		碎（卵）石试验报告	检测单位	●	●	●	
		外加剂试验报告	检测单位	●	●	○	
		防水涂料试验报告	检测单位	●	○	●	
		防水卷材试验报告	检测单位	●	○	●	
		砖（砌块）试验报告	检测单位	●	●	●	
		预应力筋复试报告	检测单位	●	●	●	
		预应力锚具、夹具和连接器复试报告	检测单位	●	●	●	
		装饰装修用门窗复试报告	检测单位	●	○	●	
		装饰装修用人造木板复试报告	检测单位	●	○	●	
		装饰装修用花岗石复试报告	检测单位	●	○	●	
		装饰装修用安全玻璃复试报告	检测单位	●	○	●	
		装饰装修用外墙面砖复试报告	检测单位	●	○	●	

续表

工程资料类别		工程资料名称	工程资料来源	工程资料保存			
				施工单位	监理单位	建设单位	城建档案馆
C4类	施工物质资料	钢结构用钢材复试报告	检测单位	●	●	●	●
		钢结构用防火涂料复试报告	检测单位	●	●	●	
		钢结构用焊接材料复试报告	检测单位	●	●	●	
		钢结构用高强度大六角头螺栓连接副复试报告	检测单位	●	●	●	
		钢结构用扭剪型高强度螺栓连接副复试报告	检测单位	●	●	●	
		幕墙用铝塑板、石材、玻璃、结构胶复试报告	检测单位	●	●	●	
		散热器、采暖系统保温材料、通风与空调工程绝热材料、风机盘管机组、低压配电系统电缆的见证取样复试报告	检测单位	●	○	●	
		节能工程材料复试报告	检测单位	●	●	●	
C5类	施工记录	通用表格					
		隐蔽工程验收记录*（表C.5.1）	施工单位	●	●	●	●
		施工检查记录（表C.5.2）	施工单位	○			
		交接检查记录（表C.5.3）	施工单位	○			
		专用表格					
		工程定位测量记录*（表C.5.4）	施工单位	●	●	●	●
		基槽验线记录	施工单位	●	●	●	
		楼层平面放线记录	施工单位	○	○		
		楼层标高抄测记录	施工单位	○	○		
		建筑物垂直度、标高观测记录*（表C.5.5）	施工单位	●	○	●	
		沉降观测记录	建设单位委托测量单位提供	●	○	●	●
		基坑支护水平位移监测记录	施工单位	○	○		
		桩基、支护测量放线记录	施工单位	○	○		
		地基验槽记录**（表C.5.6）	施工单位	●	●	●	●
		地基钎探记录	施工单位	●		●	
		混凝土浇灌申请书	施工单位	○			
		预拌混凝土运输单	施工单位	○			
		混凝土开盘鉴定	施工单位	○			
		混凝土拆模申请单	施工单位	○			
		混凝土预拌测温记录	施工单位	○			
		混凝土养护测温记录	施工单位	○			
		大体积混凝土养护测温记录	施工单位	○			
		大型构件吊装记录	施工单位	○		●	●
		焊接材料烘焙记录	施工单位	○			
		地下工程防水效果检查记录*（表C.5.7）	施工单位	○	○	●	
		防水工程试水检查记录*（表C.5.8）	施工单位	○	○	●	
		通风（烟）道、垃圾道检查记录*（表C.5.9）	施工单位	○	○	●	

三、建设工程文件归档管理　27

续表

工程资料类别		工程资料名称	工程资料来源	工程资料保存			
				施工单位	监理单位	建设单位	城建档案馆
C5类	施工记录	预应力筋张拉记录	施工单位	●	○	●	●
		有粘结预应力结构灌浆记录	施工单位	●	○	●	●
		钢结构施工记录	施工单位	●	○	●	●
		网架（索膜）施工记录	施工单位	●	○	●	●
		木结构施工记录	施工单位	●	○	●	●
		幕墙注胶检查记录	施工单位	●	○	●	●
		自动扶梯、自动人行道的相邻区域检查记录	施工单位	●	○	●	●
		电梯电气装置安装检查记录	施工单位	●	○	●	●
		自动扶梯、自动人行道电气装置检查记录	施工单位	●	○	●	●
		自动扶梯、自动人行道整机安装质量检查记录	施工单位	●	○	●	
C6类	施工试验记录及检测报告	通用表格					
		设备单机试运转记录*（表C.6.1）	施工单位	●	○	●	●
		系统试运转调试记录*（表C.6.2）	施工单位	●	○	●	●
		接地电阻测试记录*（表C.6.3）	施工单位	●	○	●	●
		绝缘电阻测试记录*（表C.6.4）	施工单位	●			
		专用表格					
		建筑与结构工程					
		锚杆试验报告	检测单位	●	○	●	●
		地基承载力检验报告	检测单位	●	○	●	●
		桩基检测报告	检测单位	●	○	●	●
		土工击实试验报告	检测单位	●	○	●	●
		回填土试验报告（应附图）	检测单位	●	○	●	●
		钢筋机械连接试验报告	检测单位	●	○	●	●
		钢筋焊接连接试验报告	检测单位	●	○	●	●
		砂浆配合比申请单、通知单	施工单位	○		●	
		砂浆抗压强度试验报告	检测单位	●	○	●	●
		砌筑砂浆试块强度统计、评定记录（表C.6.5）	施工单位	●		●	●
		混凝土配合比申请单、通知单	施工单位	○		●	
		混凝土抗压强度试验报告	检测单位	●	○	●	●
		混凝土试块强度统计、评定记录（表C.6.6）	施工单位	●		●	●
		混凝土抗渗试验报告	检测单位	●	○	●	●
		砂、石、水泥放射性指标报告	施工单位	●	○	●	●
		混凝土碱总量计算书	施工单位	●		●	●
		外墙饰面砖样板粘结强度试验报告	检测单位	●	○	●	●
		后置埋件抗拔试验报告	检测单位	●	○	●	●
		超声波探伤报告、探伤记录	检测单位	●	○	●	●
		钢构件射线探伤报告	检测单位	●	○	●	●
		磁粉探伤报告	检测单位	●	○	●	●
		高强度螺栓抗滑移系数检测报告	检测单位	●	○	●	●

续表

工程资料类别		工程资料名称	工程资料来源	工程资料保存			
				施工单位	监理单位	建设单位	城建档案馆
C6类	施工试验记录及检测报告	钢结构焊接工艺评定	检测单位	○	○		
		网架节点承载力试验报告	检测单位	●	○	●	●
		钢结构防腐、防火涂料厚度检测报告	检测单位	●	○	●	●
		木结构胶缝试验报告	检测单位	●	○	●	
		木结构构件力学性能试验报告	检测单位	●	○	●	
		木结构防腐剂试验报告	检测单位	●	○	●	
		幕墙双组分硅酮结构密封胶混匀性及拉断试验报告	检测单位	●	○	●	
		幕墙的抗风压性能、空气渗透性能、雨水渗透性能及平面内变形性能检测报告	检测单位	●	○	●	
		外门窗的抗风压性能、空气渗透性能和雨水渗透性能检测报告	检测单位	●	○	●	
		墙体节能工程保温板材与基层粘结强度现场拉拔试验	检测单位	●	○	●	●
		外墙保温浆料同条件养护试件试验报告	检测单位	●	○	●	
		结构实体混凝土强度检验记录*（表C.6.7）	施工单位	●	○	●	
		结构实体钢筋保护层厚度检验记录*（表C.6.8）	施工单位	●	○	●	
		围护结构现场实体检验	检测单位	●	○	●	
		室内环境检测报告	检测单位	●	○	●	●
		节能性能检测报告	检测单位	●	○	●	●
		给水排水及采暖工程					
		灌（满）水试验记录*（表C.6.9）	施工单位	○	○	●	
		强度严密性试验记录*（表C.6.10）	施工单位	●	○	●	
		通水试验记录*（表C.6.11）	施工单位	○	○	●	
		冲（吹）洗试验记录*（表C.6.12）	施工单位	●	○	●	
		通球试验记录	施工单位	○	○	●	
		补偿器安装记录	施工单位	○		●	
		消火栓试射记录	施工单位	●		●	
		安全附件安装检查记录	施工单位	●	○	●	
		锅炉烘炉试验记录	施工单位	●	○	●	
		锅炉煮炉试验记录	施工单位	●	○	●	
		锅炉试运行记录	施工单位	●	○	●	
		安全阀定压合格证书	检测单位	●	○	●	
		自动喷水灭火系统联动试验记录	施工单位	●	○	●	●
		建筑电气工程					
		灌（满）水试验记录*（表C.6.9）	施工单位	○	○	●	
		强度严密性试验记录*（表C.6.10）	施工单位	●	○	●	
		通水试验记录*（表C.6.11）	施工单位	○	○	●	
		冲（吹）洗试验记录*（表C.6.12）	施工单位	●	○	●	

续表

工程资料类别		工程资料名称	工程资料来源	工程资料保存			
				施工单位	监理单位	建设单位	城建档案馆
C6类	施工试验记录及检测报告	通球试验记录	施工单位	○	○	●	
		补偿器安装记录	施工单位	●	○		
		消火栓试射记录	施工单位	●	○	●	
		安全附件安装检查记录	施工单位	●	○		
		锅炉烘炉试验记录	施工单位	●			
		锅炉煮炉试验记录	施工单位	●			
		锅炉试运行记录	施工单位	●	○	●	
		安全阀定压合格证书	施工单位	●			
		自动喷水灭火系统联动试验记录	施工单位	●	○	●	●
		电气接地装置平面示意图表	施工单位	●	○	●	●
		电气器具通电安全检查记录	施工单位	○	○	●	
		电气设备空载试运行记录*（表C.6.13）	施工单位	●	○	●	
		建筑物照明通电试运行记录	施工单位	●	○	●	
		大型照明灯具承载试验记录*（表C.6.14）	施工单位	●	○	●	
		漏电开关模拟试验记录	施工单位	●	○	●	
		大容量电气线路结点测温记录	施工单位	●	○	●	
		低压配电电源质量测试记录	施工单位	●	○	●	
		建筑物照明系统照度测试记录	施工单位	○	○	●	
		智能建筑工程					
		综合布线测试记录*	施工单位	●	○	●	●
		光纤损耗测试记录*	施工单位	●	○	●	
		视频系统末端测试记录*	施工单位	●	○	●	
		子系统检测记录*（表C.6.15）	施工单位	●	○	●	
		系统试运行记录*	施工单位	●	○	●	●
		通风与空调工程					
		风管漏光检测记录*（表C.6.16）	施工单位	○	○	●	
		风管漏风检测记录*（表C.6.17）	施工单位	●	○	●	
		现场组装除尘器、空调机漏风检测记录	施工单位	○	○		
		各房间室内风量测量记录	施工单位	●	○	●	
		管网风量平衡记录	施工单位	●	○	●	
		空调系统试运转调试记录	施工单位	●	○	●	●
		空调水系统试运转调试记录	施工单位	●	○	●	
		制冷系统气密性试验记录	施工单位	●	○	●	
		净化空调系统检测记录	施工单位	●	○	●	
		防排烟系统联合试运行记录	施工单位	●	○	●	●
		电梯工程					
		轿厢平层准确度测量记录	施工单位	○	○	●	
		电梯层门安全装置检测记录	施工单位	●	○	●	
		电梯电气安全装置检测记录	施工单位	●	○	●	
		电梯整机功能检测记录	施工单位	●	○	●	

续表

工程资料类别		工程资料名称	工程资料来源	工程资料保存			
				施工单位	监理单位	建设单位	城建档案馆
C6类	施工试验记录及检测报告	电梯主要功能检测记录	施工单位	●	○	●	
		电梯负荷运行试验记录	施工单位	●	○	●	●
		电梯负荷运行试验曲线图表	施工单位	●	○	●	
		电梯噪声测试记录	施工单位	○	○	○	
		自动扶梯、自动人行道安全装置检测记录	施工单位	●	○	●	
		自动扶梯、自动人行道整机性能、运行试验记录	施工单位	●	○	●	●
C7类	施工质量验收记录	检验批质量验收记录*（表C.7.1）	施工单位	○			
		分项工程质量验收记录*（表C.7.2）	施工单位	●	●	●	
		分部（子分部）工程质量验收记录**（表C.7.3）	施工单位	●	●	●	●
		建筑节能分部工程质量验收记录**（表C.7.4）	施工单位	●	●	●	●
		自动喷水系统验收缺陷项目划分记录	施工单位	●	○	○	
		程控电话交换系统分项工程质量验收记录	施工单位	●	○	●	
		会议电视系统分项工程质量验收记录	施工单位	●	○	●	
		卫星数字电视系统分项工程质量验收记录	施工单位	●	○	●	
		有线电视系统分项工程质量验收记录	施工单位	●	○	●	
		公共广播与紧急广播系统分项工程质量验收记录	施工单位	●	○	●	
		计算机网络系统分项工程质量验收记录	施工单位	●	○	●	
		应用软件系统分项工程质量验收记录	施工单位	●	○	●	
		网络安全系统分项工程质量验收记录	施工单位	●	○	●	
		空调与通风系统分项工程质量验收记录	施工单位	●	○	●	
		变配电系统分项工程质量验收记录	施工单位	●	○	●	
		公共照明系统分项工程质量验收记录	施工单位	●	○	●	
		给水排水系统分项工程质量验收记录	施工单位	●	○	●	
		热源和热交换系统分项工程质量验收记录	施工单位	●	○	●	
		冷冻和冷却水系统分项工程质量验收记录	施工单位	●	○	●	
		电梯和自动扶梯系统分项工程质量验收记录	施工单位	●	○	●	
		数据通信接口分项工程质量验收记录	施工单位	●	○	●	
		中央管理工作站及操作分站分项工程质量验收记录	施工单位	●	○	●	
		系统实时性、可维护性、可靠性分项工程质量验收记录	施工单位	●	○	●	
		现场设备安装及检测分项工程质量验收记录	施工单位	●	○	●	
		火灾自动报警及消防联动系统分项工程质量验收记录	施工单位	●	○	●	
		综合防范功能分项工程质量验收记录	施工单位	●	○	●	
		视频安防监控系统分项工程质量验收记录	施工单位	●	○	●	
		入侵报警系统分项工程质量验收记录	施工单位	●	○	●	

续表

工程资料类别		工程资料名称	工程资料来源	工程资料保存			
				施工单位	监理单位	建设单位	城建档案馆
C7类	施工质量验收记录	出入口控制（门禁）系统分项工程质量验收记录	施工单位	●	○	●	
		巡更管理系统分项工程质量验收记录	施工单位	●	○	●	
		停车场（库）管理系统分项工程质量验收记录	施工单位	●	○	●	
		综合布线系统安装分项工程质量验收记录	施工单位	●	○	●	
		综合布线系统性能检测分项工程质量验收记录	施工单位	●	○	●	
		系统集成网络连接分项工程质量验收记录	施工单位	●	○	●	
		系统数据集成分项工程质量验收记录	施工单位	●	○	●	
		系统集成整体协调分项工程质量验收记录	施工单位	●	○	●	
		系统集成综合管理及冗余功能分项工程质量验收记录	施工单位	●	○	●	
		系统集成可维护性和安全性分项工程质量验收记录	施工单位	●	○	●	
		电源系统分项工程质量验收记录	施工单位	●	○	●	
C8类	竣工验收资料	工程竣工报告	施工单位	●	●	●	●
		单位（子单位）工程竣工预验收报验表*（表C.8.1）	施工单位	●	●	●	
		单位（子单位）工程质量竣工验收记录**（表C.8.2-1）	施工单位	●	●	●	●
		单位（子单位）工程质量控制资料核查记录*（表C.8.2-2）	施工单位	●	●	●	●
		单位（子单位）工程安全和功能检验资料核查及主要功能抽查记录*（表C.8.2-3）	施工单位	●	●	●	●
		单位（子单位）工程观感质量检查记录**（表C.8.2-4）	施工单位	●	●	●	●
		施工决算资料	施工单位	○	○	●	
		施工资料移交书	施工单位	●	●	●	
		房屋建筑工程质量保修书	施工单位	●	●	●	
C类其他资料							
D类		竣工图					
D类	竣工图	建筑与结构竣工图	建筑竣工图	编制单位	●		●	●
			结构竣工图	编制单位	●		●	●
			钢结构竣工图	编制单位	●		●	●
		建筑装饰与装修竣工图	幕墙竣工图	编制单位	●		●	●
			室内装饰竣工图	编制单位	●		●	●
		建筑给水、排水与采暖竣工图	编制单位	●		●	●
		建筑电气竣工图	编制单位	●		●	●
		智能建筑竣工图	编制单位	●		●	●
		通风与空调竣工图	编制单位	●		●	●

续表

工程资料类别	工程资料名称		工程资料来源	工程资料保存			
				施工单位	监理单位	建设单位	城建档案馆
D类	竣工图	室外给水、排水、供热、供电、照明管线等竣工图	编制单位	●		●	●
	室外工程竣工图	室外道路、园林绿化、花坛、喷泉等竣工图	编制单位	●		●	●
D类其他资料							
E类	工程竣工文件						
E1类	竣工验收文件	单位（子单位）工程质量竣工验收记录**	施工单位	●	●	●	●
		勘察单位工程质量检查报告	勘察单位	○	○	●	●
		设计单位工程质量检查报告	设计单位	○	○	●	●
		工程竣工验收报告	建设单位	●	●	●	●
		规划、消防、环保等部门出具的认可文件或准许使用文件	政府主管部门			●	●
		房屋建筑工程质量保修书	施工单位	●		●	●
		住宅质量保证书、住宅使用说明书	建设单位	●		●	●
		建设工程竣工验收备案表	建设单位	●		●	●
E2类	竣工决算文件	施工决算资料*	施工单位	○		●	
		监理费用决算资料*	监理单位		○	●	
E3类	竣工文档文件	工程竣工档案预验收意见	城建档案管理部门			●	●
		施工资料移交书*	施工单位	●		●	
		监理资料移交书*	监理单位		●	●	
		城市建设档案移交书	建设单位			●	
		工程竣工总结	建设单位			●	●
		竣工新貌影像资料	建设单位	●		●	●
E类其他资料							

注：1. 表中工程资料名称与资料保存单位所对应的栏中"●"表示"归档保存"；"○"表示"过程保存"，是否归档保存可自行确定。
2. 表中注明"*"的表示宜由施工单位和监理或建设单位共同形成；表中注明"**"的表示宜由建设、设计、监理、施工等多方共同形成。
3. 勘察单位保存资料内容应包括工程地质勘察报告、勘察招投标文件、勘察合同、勘察单位工程质量检查报告以及勘察单位签署的有关质量验收记录等。
4. 设计单位保存资料内容应包括审定设计方案通知书及审查意见、审定设计方案通知书及要求征求有关部门的审查意见和要求取得的有关协议、初步设计图及设计说明、施工图及设计说明、消防设计审核意见、施工图设计文件审查通知书及审查报告、设计招投标文件、设计合同、图纸会审记录、设计变更通知单、设计单位签署意见的工程洽商记录（包括技术核定单）、设计单位工程质量检查报告以及设计单位签署的有关质量验收记录。

移交城建档案的工程资料分为工程准备阶段文件、监理文件、施工文件、竣工图和工程竣工文件五类，在项目实施过程中归档文件分别由建设单位、监理单位、施工单位负责收集管理。项目竣工后勘察、设计、施工、监理等单位应将本单位形成的工程文件立卷后向建设单位移交（建设单位可委托相关单位实施），最终建设单位向城建档案馆移交。

（四）建设工程资料归档的质量要求

根据《建设工程文件归档整理规范》（GB/T 50328—2001）的规定，建设工程资料在归档时应满足以下质量要求：

（1）归档的工程文件应为原件。

（2）工程文件的内容及其深度必须符合国家有关工程勘察、设计、施工、监理等方面的技术规范、标准和规程。

（3）工程文件的内容必须真实、准确，与工程实际相符合。

（4）工程文件应采用耐久性强的书写材料，如碳素墨水、蓝黑墨水，不得使用易褪色的书写材料，如：红色墨水、纯蓝墨水、圆珠笔、复写纸、铅笔等。

（5）工程文件应字迹清楚，图样清晰，图表整洁，签字盖章手续完备。

（6）工程文件中文字材料幅面尺寸规格宜为 A4 幅面（297mm×210mm）。图纸宜采用国家标准图幅。

（7）工程文件的纸张应采用能够长期保存的韧力大、耐久性强的纸张。图纸一般采用蓝晒图，竣工图应是新蓝图。计算机出图必须清晰，不得使用计算机出图的复印件。

（8）所有竣工图均应加盖竣工图章。竣工图章的基本内容应包括："竣工图"字样、施工单位、编制人、审核人、技术负责人、编制日期、监理单位、现场监理、总监。竣工图章尺寸为：50mm×80mm。其中竣工图一栏 15mm×80mm，其余行间距均为 7mm，每列间距均为 20mm。竣工图章应使用不易褪色的红印泥，应盖在图标栏上方空白处。竣工图章示例如图 3-1 所示。

竣工图			
施工单位			
编制人		审核人	
技术负责人		编制日期	
监理单位			
总监		现场监理	

图 3-1 竣工图章式样

利用施工图改绘竣工图，必须标明变更修改依据；凡施工图结构、工艺、平面布置等有重大改变，或变更部分超过图面 1/3 的，应当重新绘制竣工图。不同幅面的工程图纸应按《技术制图 复制图的折叠方法》（GB/T 10609.3—2009）统一折叠成 A4 幅面（297mm×210mm），图标栏露在外面。

（五）建设工程资料的归档规定

（1）归档资料应符合的规定：归档文件必须完整、准确、系统，能够反映工程建设活动的全过程。文件材料归档范围应符合《建设工程文件归档整理规范》(GB/T 50328—2001)的规定。文件材料的质量应符合建设工程资料归档的质量要求。归档的文件必须经过分类整理,并应组成符合要求的案卷。

(2) 归档时间应符合的规定:根据建设程序和工程特点,归档可以分阶段分期进行,也可以在单位或分部工程通过竣工验收后进行。勘察、设计单位应当在任务完成时,施工、监理单位应当在工程竣工验收前,将各自形成的有关工程档案向建设单位归档。

(3) 归档顺序应符合的规定:勘察、设计、施工单位在收齐工程文件并整理立卷后,建设单位、监理单位应根据城建档案管理机构的要求对档案文件完整、准确、系统情况和案卷质量进行审查。审查合格后向建设单位移交。勘察、设计、施工、监理等单位向建设单位移交档案时,应编制移交清单,双方签字、盖章后方可交接。

(4) 归档数量应符合的规定:工程档案一般不少于两套,一套由建设单位保管,一套(原件)移交当地城建档案馆(室)。凡设计、施工及监理单位需要向本单位归档的文件,应按国家有关规定和《建设工程文件归档整理规范》附录 A 的要求单独立卷归档。

(六)建设工程档案的验收与移交

建设工程档案的验收与移交由四部分组成:工程开工和施工阶段资料的移交;竣工阶段工程资料的移交;工程资料向城建档案馆(室)的移交;停建、缓建、改建、扩建和维修工程的建设工程档案的移交。

(1) 工程开工和施工阶段资料的移交

建设单位在委托工程勘察和设计时,应向勘察、设计单位提供工程建设项目的相关批准文件,勘察、设计单位可以在查验批准文件的原件后留存影(复)印件;建设单位应向施工单位提供建设市场管理的相关工程批准文件和工程建设相关资料。工程前期移交的资料主要包括:

1) 工程地质勘察报告;
2) 地下设施分布图及有关情况的说明;
3) 工程建设项目批准文件;
4) 工程建设规划批准文件;
5) 建设用地、征地和施工临时用地批准文件;
6) 建设临时用水、用电和道路通行许可文件;
7) 建设工程质量安全监督注册登记文件;
8) 建设工程施工许可证;
9) 其他施工所需文件。

(2) 施工过程中形成的工程资料,应由各参建单位依据《建设工程文件归档整理规范》(GB/T 50328—2001)规定的收集保存单位收集并保存,须相关方签证或签署意见的应及时签证完毕,及时移交并做好移交记录。

(3) 竣工阶段工程资料的移交

1) 完成工程项目按照工程设计和合同约定的全部内容,经工程竣工验收合格后,勘察、设计、施工、监理单位分别将工程施工资料根据《建设工程资料管理规程》的规定整理后向建设单位移交。

2）建筑工程施工总承包单位负责施工资料的收集整理，分包单位负责本单位分包工程资料的收集整理，向施工总承包单位（或发包方）移交。

3）工程建设参建各方应对提交资料负责，保证资料的完整性、真实性和有效性，资料移交前应经本单位资料管理负责人审核，编制资料移交目录清单，经交接双方在资料移交清单上签字后各保存一份（作为原始凭证为今后质量纠纷、法律诉讼、经济赔偿提供依据）。

(4) 工程资料向城建档案馆的移交

1）列入城建档案馆（室）档案接收范围的工程，建设单位在组织工程竣工验收前，应提请城建档案管理机构对工程档案进行预验收。建设单位未取得城建档案管理机构出具的认可文件，不得组织工程竣工验收。

2）城建档案管理机构在进行工程档案预验收时，应重点验收以下内容：工程档案齐全、系统、完整；工程档案的内容真实、准确地反映工程建设活动和工程实际状况；工程档案已整理立卷，立卷符合《建设工程文件归档整理规范》的规定；竣工图绘制方法、图式及规格等符合专业技术要求，图面整洁，盖有竣工图章；文件的形成、来源符合实际，要求单位或个人签章的文件，其签章手续完备；文件材质、幅面、书写、绘图、用墨、托裱等符合要求。

3）列入城建档案馆（室）接收范围的工程，建设单位在工程竣工验收后3个月内，必须向城建档案馆（室）移交一套符合规定的工程档案。

4）停建、缓建建设工程的档案，暂由建设单位保管。

5）对改建、扩建和维修工程，建设单位应当组织设计、施工单位据实修改、补充和完善原工程档案。对改变的部位，应当重新编制工程档案，并在工程竣工验收后3个月内向城建档案馆（室）移交。

6）建设单位向城建档案馆（室）移交工程档案时，应办理移交手续，填写移交目录，双方签字、盖章后交接。

四、施工资料管理

由于建设工程信息管理工作涉及多部门、多环节、多专业、多渠道，工程信息量大，来源广泛，在项目实施过程中，信息处理的工作量非常大。为了更加有利于项目参与各方方便地对各种信息交换与查询和归档管理，建立统一的信息分类和编码体系是建设工程资料管理实施的一项基础工作。信息分类编码工作的核心是在对项目信息内容分析的基础上建立项目信息分类体系。

建设工程资料的分类是按照文件资料的来源、类别、形成的先后顺序以及收集和整理单位的不同进行分类的。目前施工资料按照有关标准、规范和规程有下列几种分类方法。

（一）施工资料按照《建设工程文件归档整理规范》（GB/T 50328—2001）分类

建筑工程资料按照收集和整理单位不同可分为建设单位的工程准备阶段文件、监理单位文件、施工单位文件、竣工图和工程竣工文件五大类。在表 3-1 中，依据工程资料管理责任及工程建设阶段，将工程准备阶段文件、监理资料、施工资料、竣工图、工程竣工文件五大类文件分别用 A 类、B 类、C 类、D 类、E 类命名；在每一大类中，又依据资料的属性和特点，将其划分为若干小类。在每一小类中，再细分为若干种文件、资料或表格。

施工资料按专业分为建筑安装工程和市政基础设施工程文件。建筑安装工程又分土建（建筑结构）工程；电气、给水排水、消防、采暖、通风、空调、燃气、建筑智能化、电梯工程、建筑节能、室外工程文件。

（二）施工资料按照《建筑工程资料管理规程》（JGJ/T 185—2009）分类

施工资料可分为施工管理资料、施工技术资料、施工进度及造价资料、施工物资资料、施工记录、施工试验记录及检测报告、施工质量验收记录、竣工验收资料八类。

（三）施工资料按照《建筑工程施工质量验收统一标准》（GB 50300—2001）分类

施工资料按照《建筑工程施工质量验收统一标准》可分为建筑工程施工管理资料、建筑工程质量控制资料、单位（子单位）工程安全和功能检验资料核查及主要功能抽查记录、观感质量验收资料。

（1）建筑工程施工管理资料主要包括工程概况表、开工报告、施工现场管理检查记录、建筑工程质量事故报告、施工组织设计、技术交底、施工日志、工程竣工文件。

（2）建筑工程质量控制资料的内容见表 4-1。

（3）单位（子单位）工程安全和功能检验资料核查及主要功能抽查记录，见表 4-2。

（4）观感质量验收资料见表 4-3。

（5）建筑工程施工质量验收资料包括：检验批质量验收记录见表 4-4 所列，分项工程质量验收记录见表 4-5，分部工程质量验收记录见表 4-6，单位（子单位）工程质量竣工验收记录见表 4-7。

单位、子单位工程质量控制资料核查记录表　　　　　　表 4-1

工程名称			施工单位		编号		
序号	项目	资料名称			份数	核查意见	核查人
1	建筑与结构	图纸会审，设计变更，洽商记录					
2		工程定位测量，放线记录					
3		原材料出厂合格证书及进场检（试）验报告					
4		施工试验报告及见证检测报告					
5		隐蔽工程验收记录					
6		施工记录					
7		预制构件、预拌混凝土合格证					
8		地基基础、主体结构检验及抽样检测资料					
9		分项、分部工程质量验收记录					
10		工程质量事故及事故调查处理资料					
11		新材料、新工艺施工记录					
1	给水排水与采暖	图纸会审，设计变更，洽商记录					
2		材料、配件出厂合格证书及进场检（试）验报告					
3		管道、设备强度试验、严密性试验记录					
4		隐蔽工程验收记录					
5		系统清洗、灌水、通水、通球试验记录					
6		施工记录					
7		分项、分部工程质量验收记录					
1	建筑电气	图纸会审，设计变更，洽商记录					
2		材料、配件出厂合格证书及进场检（试）验报告					
3		设备调试记录					
4		接地、绝缘电阻测试记录					
5		隐蔽工程验收记录					
6		施工记录					
7		分项、分部工程质量验收记录					

续表

序号	项目	资料名称	份数	核查意见	核查人
1	通风与空调	图纸会审，设计变更，洽商记录			
2		材料、配件出厂合格证书及进场检（试）验报告			
3		制冷、空调、水管道强度试验、严密性试验记录			
4		隐蔽工程验收记录			
5		制冷设备运行调试记录			
6		通风、空调系统调试记录			
7		施工记录			
8		分项、分部工程质量验收记录			
1	电梯	土建布置图纸会审，设计变更，洽商记录			
2		设备出厂合格证书及开箱检验记录			
3		隐蔽工程验收记录			
4		施工记录			
5		接地、绝缘电阻测试记录			
6		负荷试验、安全装置检查记录			
7		分项、分部工程质量验收记录			
1	建筑智能化	图纸会审，设计变更，洽商记录、竣工图及设计说明			
2		材料、设备出厂合格证书及进场检（试）验报告			
3		隐蔽工程验收记录			
4		系统功能测定及设备调试记录			
5		系统技术、操作和维护手册			
6		系统管理、操作人员培训记录			
7		系统检测报告			
8		分项、分部工程质量验收报告			
1	建筑节能	图纸会审，设计变更，洽商记录、竣工图及设计说明			
2		材料、配件出厂合格证书及进场检（试）验报告			
3		隐蔽工程验收记录			
4		施工记录			
5		施工试验报告及见证检测报告			
6		分项、分部工程质量验收记录			

结论：

总监理工程师
施工单位项目经理　　年　月　日　　（建设单位项目负责人）　　年　月　日

单位（子单位）工程安全和功能检验资料核查及主要功能抽查记录　　表 4-2

工程名称			施工单位		编号		
序号	项目	资料名称	份数	核查意见	抽象结果	核查（抽查）人	
1	建筑与结构	屋面淋水试验记录（使用功能）					
2		地下室防水效果检查记录（使用功能）					
3		有防水要求的地面蓄水试验记录（使用功能）					
4		建筑物垂直度、标高、全高测量记录（安全功能）					
5		抽气（风）道检查记录（使用功能）					
6		建筑物沉降观测测量记录（安全功能）					
7		室外环境检测报告（主要功能）					
8							
1	给水排水与采暖	给水管道通水试验记录（使用功能）					
2		暖气管道、散热器压力试验记录（使用功能）					
3		卫生器具满水试验记录（使用功能）					
4		消防管道、暖气管道压力试验记录（使用功能）					
5		排水干管通球试验记录（使用功能）					
1	电气	照明全负荷试验记录（使用功能）					
2		大型灯具牢固性试验记录（安全功能）					
3		避雷接地电阻测试记录（安全功能）					
4		线路、插座、开关接地检验记录（安全功能）					
1	通风与空调	通风、空调系统调试记录（使用功能）					
2		风量、温度测试记录（主要功能）					
3		洁净室洁净度测试记录（主要功能）					
4		制冷机组试运行调试记录（使用功能）					
1	电梯	电梯运行记录（使用功能）					
2		电梯安全装置检测报告（安全功能）					
1	建筑智能化	系统试运行记录（使用功能）					
2		系统电源及接地检测报告（使用功能、安全功能）					
3							
1	建筑节能	幕墙及外窗气密性、水密性、耐风压检测报告（主要功能）					
2		节能、保温测试记录（主要功能）					

结论：

总监理工程师

施工单位项目经理　　年　月　日　　　（建设单位项目负责人）　　年　月　日

注：抽查项目由验收组协商确定。

单位（子单位）工程观感质量检查记录 表 4-3

工程名称		施工单位		编号			
序号	项目		抽查质量状况		质量评价		
					好	一般	差
1	建筑与结构	室外墙面					
2		变形缝					
3		水落管、屋面					
4		室内墙面					
5		室内顶棚					
6		室内地面					
7		楼梯、踏步、护栏					
8		门窗					
1	给水排水与采暖	管道接口、坡度、支架					
2		卫生器具、支架、阀门					
3		检查口、扫除口、地漏					
4		散热器、支架					
1	建筑电气	配电箱、盘、板、接线盒					
2		设备器具、开关、插座					
3		防雷、接地					
1	通风与空调	风管、支架					
2		风口、风阀					
3		风机、空调设备					
4		阀门、支架					
5		水泵、冷却塔					
6		绝热					
1	电梯	运行、平层、开关门					
2		层门、信号系统					
3		机房					
1	智能建筑	机房设备安装及布局					
2		现场设备安装					
3							
	观感质量综合评价						
检查结论	施工总承包单位项目经理 年 月 日			总监理工程师（建设单位项目负责人） 年 月 日				

注：质量评价为差的项目，应进行返修。

检验批质量验收记录

表 4-4

工程名称		分项工程名称		验收部位	
施工单位				项目经理	
施工执行标准名称及编号				专业工长	
分包单位		分包项目经理		施工班组长	

		质量验收规范的规定	施工单位检查评定记录	监理（建设）单位验收记录
主控项目	1			
	2			
	3			
	4			
	5			
	6			
	7			
	8			
	9			
一般项目	1			
	2			
	3			
	4			
	5			
	6			

施工单位检查评定结果	
	项目专业质量检查员：　　　　　　　　　　年　　月　　日

监理（建设）单位验收结论	
	监理工程师： （建设单位项目专业技术负责人）　　　　年　　月　　日

_____ 分项工程质量验收记录　　　　　　　　表 4-5

工程名称		结构类型		检验批数	
施工单位		项目经理		项目技术负责人	
分包单位		分包单位负责人		分包项目经理	
序号	检验批部位、区段	施工单位检查评定结果	监理（建设）单位验收结论		
1					
2					
3					
4					
5					
6					
7					
8					
9					
10					
11					
12					
13					
14					
15					
16					
17					
18					
检查结论	项目专业技术负责人： 　　年　月　日	验收结论	监理工程师（建设单位项目专业技术负责人）： 　　年　月　日		

_____ 分部（子分部）工程验收记录　　　　　　　　表 4-6

工程名称		结构类型		层数	
施工单位		技术部门负责人		质量部门负责人	
分包单位		分包单位负责人		分包技术负责人	
序号	分项工程名称	检验批数	施工单位检查评定		验收意见
1					
2					
3					
4					
5					
6					
7					

续表

序号	分项工程名称	检验批数	施工单位检查评定	验收意见
8				
9				
	质量控制资料			
	安全和功能检验（检测）报告			
	观感质量验收			
验收单位	分包单位		项目经理 年 月 日	
	施工单位		项目经理 年 月 日	
	勘察单位		项目负责人 年 月 日	
	设计单位		项目负责人 年 月 日	
	监理（建设）单位		总监理工程师（建设单位项目专业负责人） 年 月 日	

单位（子单位）工程质量竣工验收记录　　　　　表4-7

工程名称		结构类型		层数/建筑面积	
施工单位		技术负责人		开工日期	
项目经理		项目技术负责人		竣工日期	
序号	项目	验收记录		验收结论	
1	分部工程	共 分部，经查 分部，符合标准及设计要求 分部			
2	质量控制资料核查	共 项，经审查符合要求 项，经核定符合规范要求 项			
3	安全和主要使用功能核查及抽查结果	共核查 项，符合要求 项，共抽查 项，符合要求 项，经返工处理符合要求 项			
4	观感质量验收	共抽查 项，符合要求 项，不符合要求 项			
5	综合验收结论				
参加验收单位	建设单位	监理单位		施工单位	设计单位
	（公章）单位（项目）负责人 年 月 日	（公章）总监理工程师 年 月 日		（公章）单位负责人 年 月 日	（公章）单位（项目）负责人 年 月 日

此外，建设工程档案和建筑工程资料是有区别的。建设工程档案是指在工程建设活动中直接形成的具有归档保存价值的文字、图表、声像等各种形式的历史记录，也可简称为工程档案。

建设工程资料是指工程建设过程及结果的书面或声像记载。如规划文件资料，建设文件资料，施工技术资料，竣工图、竣工测量资料和竣工验收资料，声像资料等。

资料与档案的区别在于：资料是一个相对性的概念，只要对人们研究解决某一问题有信息支持价值，无论其具体是什么，均可视为资料；档案是保存备查的历史文件，在工作活动中，总要产生和使用许多文件，由于工作的持续进行和事业发展的客观需要，人们又自然要把日后仍需考查的文件有意识地留存下来，就成为了档案；档案没有资料那样的相对性，档案可作为资料使用，资料却不能作为档案被看待并使用。

（四）建筑工程资料编号

（1）工程准备阶段文件、监理资料、工程竣工文件等宜按表 3-1 中规定的类别和形成时间顺序编号。

（2）施工资料编号宜符合下列规定：

1）施工资料编号可由分部、子分部、分类、顺序号 4 组代号组成，组与组之间应用横线隔开（图 4-1）。

$$\underset{①}{\times \times} - \underset{②}{\times \times} - \underset{③}{\times \times} - \underset{④}{\times \times \times}$$

图 4-1　施工资料编号

① 为分部工程代号，可按表 1-1 中规定执行。
② 为子分部工程代号，可按表 1-1 中规定执行。
③ 为资料的类别编号，可按表 3-1 中规定执行。
④ 为顺序号，可根据相同表格、相同检查项目，按形成时间顺序填写。

2）属于单位工程整体管理内容的资料，编号中的分部、子分部工程代号可用"00"代替。

3）同一厂家、同一品种、同一批次的施工物资用在两个分部、子分部工程中时，资料编号中的分部、子分部工程代号可按主要使用部位填写。

4）竣工图宜按表 3-1 中规定的类别和形成时间顺序编号。

5）工程资料的编号应及时填写，专用表格的编号应填写在表格右上角的编号栏中；非专用表格应在资料右上角的适当位置注明资料编号。

施工资料编制时，分部（子分部）工程代号应按表 1-1 填写，表中未明确的分部（子分部）工程代号可依据相关标准自行确定。

五、施工前期、施工期间、竣工验收各阶段施工资料管理的知识

（一）施工前期资料

施工前期资料主要为建设单位资料，建设单位A类资料分为：决策立项文件（A1）、建设用地文件（A2）、勘察设计文件（A3）、招投标与合同文件（A4）、开工文件（A5）、商务文件（A6），见表3-1。建设单位文件资料的形成过程如图5-1所示。

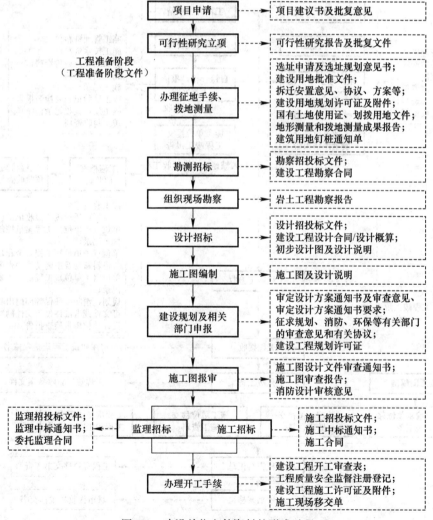

图 5-1 建设单位文件资料的形成过程

（二）施工期间工程资料

施工期间的单位工程资料主要来源于施工单位、监理单位和试验、检测单位，施工资料按照《建筑工程资料管理规程》(JGJ/T 185—2009) 可分为建筑工程施工管理、施工技术、进度造价、施工物资、施工记录、施工试验记录及检测报告、施工质量验收记录、竣工验收资料八类；按照《建筑工程施工质量验收统一标准》(GB 50300—2001) 又可分为：施工管理资料、质量控制资料、安全和功能检验与主要功能抽查资料及观感验收资料四大部分。施工期间监理资料和施工资料形成过程的步骤如图5-2所示。

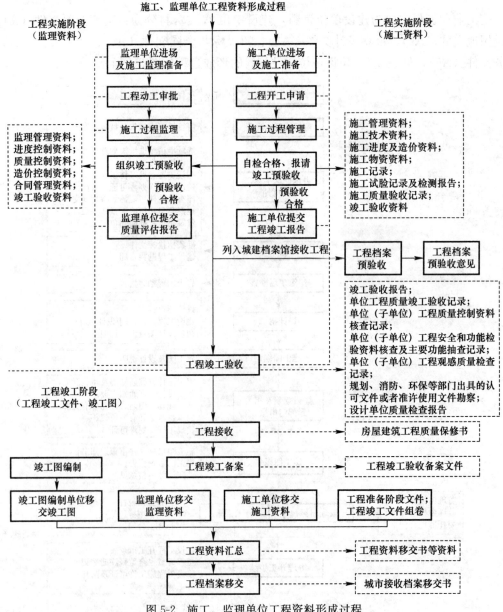

图5-2 施工、监理单位工程资料形成过程

（三）监理单位文件资料的管理

监理资料可分为监理管理资料（B1）、进度控制资料（B2）、质量控制资料（B3）、造价控制资料（B4）、合同管理资料（B5）和竣工验收资料（B6）六类。

1. 监理管理资料

（1）监理规划

监理规划是结合项目具体情况制定的指导整个项目监理工作开展的纲领性文件；监理规划在签订委托合同及收到设计文件后由总监理工程师主持，专业监理工程师共同参与编制。监理规划由总监及编制人员、监理单位技术负责人签字，并加盖单位公章。

（2）监理实施细则

监理实施细则是在监理规划指导下，由专业监理工程师针对各专业具体情况制定的具有实施性和可操作性的业务文件。监理实施细则必须由项目总监理工程师批准方可实施。

（3）监理月报

监理月报是项目施工过程中，项目监理机构就工程实施情况和监理工作定期向建设单位所作的汇报。监理月报由项目总监组织编写，签署后报送建设单位或本监理单位。

监理月报的内容包括：本月工程概况、工程形象进度、工程进度、工程质量、工程计量与工程款支付、合同其他事项的处理情况、本月监理工作小结。

（4）监理会议纪要

监理会议纪要是由项目监理部根据会议记录整理，经过总监理工程师审阅，与会各方代表会签确认完成。会议纪要的主要内容包括：例会地点与时间；会议主持人；与会人员姓名、单位、职务；例会的主要内容、事项等。

（5）监理日志

监理日志以项目监理工作为记载对象，自该项目监理工作开始之日起至该项目监理工作结束，由专人负责逐日连续记载。监理日志的主要内容包括：施工记录（施工人数、作业内容及部位；使用的主要设备、材料；主要分部、分项工程开工、完工的标记）、注意事项记载（巡检、旁站、见证记载；报验及验收结果；材料、设备、构配件和主要施工机械设备进场验收情况；施工单位资料报审及审查结果；所发监理通知书的主要内容；建设、施工单位提出的有关事宜及处理意见；工地会议的有关问题；质量事故处理方案；异常事件对施工的影响情况；设计人员现场交底的有关事宜；上级有关部门现场检查、指导意见；其他事项）。

（6）工作联系单

工作联系单用于监理单位和其他参建单位传递意见、建议、决定、通知等的联系用表，工作联系单可采用表5-1的格式。当不需回复时应有签收记录，并应注明收件人的姓名、单位和收件日期，并由有关单位各保存一份。

工作联系单 (B.1.1) 表 5-1

工程名称	××市×中学教学楼	编号	00-00-B1-002

致 ×××建筑安装有限公司 （施工单位）

事由：关于贵公司资质及项目组织机构报审事宜

内容：请×××建筑安装有限公司于××年×月×日前将贵公司的资质副本复印件及教学楼项目组织机构人员名单、人员岗位证件报送我公司现场监理部。

单　位	××市××监理有限责任公司
负责人	×××
日　期	××年×月×日

(7) 监理工程师通知单

监理工程师通知单应符合现行国家标准《建设工程监理规范》（GB 50319—2000）的有关规定。

1) 对未经监理人员验收或验收不合格的工程材料、构配件、设备，监理人员应拒绝签认，并应签发监理工程师通知单，书面通知承包单位限期将不合格的工程材料、构配件、设备撤出现场。

2) 专业监理工程师应检查进度计划的实施，并记录实际进度及其相关情况，当发现实际进度滞后于计划进度时，应签发监理工程师通知单指令承包单位采取调整措施。监理单位填写的监理工程师通知单应一式两份，并应由监理单位、施工单位各保存一份。监理工程师通知单宜采用表 5-2 的格式。

监理工程师通知单 (B.1.2) 表 5-2

工程名称	××市×中学教学楼	编号	01-01-B1-×××

致××建筑安装有限公司（施工总承包单位/专业承包单位）

事由：关于 基坑开挖边坡放坡相关事宜

内容：
1. 贵单位承建的教学楼在基坑开挖时未按施工方案进行放坡，请接通知后立即整改，按原定施工方案施工。
2. 现正当雨季，请做好边坡防护，防止边坡塌方。

监　理　单　位	××监理有限责任公司
总/专业监理工程师	×××
日　期	××年×月×日

(8) 工程暂停令

工程暂停令应符合现行国家标准《建设工程监理规范》（GB 50319—2000）的有关规定。监理人员发现施工存在重大质量隐患，可能造成质量事故或已经造成质量事故，应通过总监理工程师及时下达工程暂停令，要求承包单位停工整改。整改完毕并经监理人员复查，符合规定要求后，总监理工程师应及时签署工程开工/复工报审表（见表 5-4）。总监理工程师下达工程暂停令和签署工程开工/复工报审表，宜事先向建设单位报告。

在发生下列情况之一时，总监理工程师可签发工程暂停令：建设单位要求暂停施工，且工程需要暂停施工；为了保证工程质量而需要进行停工处理；施工出现了安全隐患，总监理工程师认为有必要停工以消除隐患；发生了必须暂时停止施工的紧急事件；承包单位未经许可擅自施工，或拒绝项目监理机构管理。

监理单位签发的工程暂停令应一式三份，并应由建设单位、监理单位、施工单位各保存一份。工程暂停令宜采用表 5-3 的格式。

工程暂停令（B.1.3） 表 5-3

工程名称	××市×中学教学楼	编号	01-01-B1-×××

致××建筑安装有限公司（施工总承包单位/专业承包单位）

由于　贵单位边坡开挖放坡坡度不够，仍断续基础施工的　原因，现通知你方必须于××年×月×日12：00时起，对本工程的 独立基础施工部位（工序）实施暂停施工，并按要求做好下述各项工作：
1. 做好基坑边的临边防护。
2. 边坡放坡不够的地方进行放坡处理，消除安全隐患。
3. 做好现场其他工作。

监　理　单　位　××监理有限责任公司
总监理工程师　　　×××
日　　　　期　　　××年×月×日

2. 监理进度控制资料

（1）工程开工/复工报审表

工程开工报审表内容应符合现行国家标准《建设工程监理规范》(GB 50319—2000) 的有关规定。即专业监理工程师应审查承包单位报送的工程开工报审表及相关资料，具备以下开工条件时，由总监理工程师签发，并报建设单位：

1) 施工许可证已获政府主管部门批准。
2) 征地拆迁工作能满足工程进度的需要。
3) 施工组织设计已获总监理工程师批准。
4) 承包单位现场管理人员已到位，机具、施工人员已进场，主要工程材料已落实。
5) 进场道路及水、电、通信等已满足开工要求。

整个项目一次开工，只填报一次，如工程项目含有多个单位工程且开工时间不同，则每个单位工程都应填报一次。工程开工/复工报审表宜采用表 5-4 的格式。

工程开工/复工报审表（C.3.1） 表 5-4

工程名称	××市×中学教学楼	编号	00-00-B2-×××

致　××监理有限责任公司　（监理单位）
　　根据合同约定，我方已完成了开工/复工条件，特此申请施工，请核查并批准开工/复工。
附件：具备的开工条件；
　　　　工程施工许可证（复印件）；
　　　　工程测量放线；
　　　　主要人员、材料、设备进场；
　　　　施工现场道路、水电、通信已达到开工条件。
施工单位名称　　××建筑安装有限公司　　　项目经理（签字）：　×××　　××年×月×日

审查意见：	
×××建筑安装有限公司所报×××工程开工资料齐全、有效，具备动工条件。 监理工程师（签字）：×××	××年×月×日
审批结论：同意××年×月×日开工。 监理单位名称：××监理有限责任公司　　　　　总监理工程师签字：×××	××年×月×日

（2）施工进度计划报审表

施工进度计划报审表是项目监理机构对承包单位所报送的工程施工进度计划的审批答复表。该表应由监理机构的监理工程师填写，并由项目总监理工程师进行签认。内容应符合现行国家标准《建设工程监理规范》（GB 50319—2000）的有关规定。施工进度计划报审表宜采用表5-5的格式。

施工进度计划报审表（C.3.3）　　　　　　　　表5-5

工程名称	××市×中学教学楼	编号	00-00-B2-×××
致　××监理有限责任公司　（监理单位） 　　由我方承包××市×中学教学楼工程的施工进度计划已编制完成，请审查确认。 附件： 　　××市×中学教学楼施工进度计划（120页）。 　　施工项目部（盖章） 　　项目经理（签字）　××× 施工单位名称　　××建筑安装有限公司　　　　　项目经理（签字）：×××　　××年×月×日			
专业监理工程师审查意见： 报审表格填写不符合要求，现予退回。请重新填表报审。 编制的施工进度计划不符合要求，现予退回。请按审查附件要求抓紧完善后再行填表报审。 √报审的施工进度计划符合要求，请总监理工程师审定。 附件：　B2-×××　号监理通知 　　　　　　　　　　　　　　　　　　　　专业监理工程师（签字）：×××　××年×月×日			
总监理工程师审定意见： 同意专业监理工程师的审查意见，并请建设单位签署意见。 　　　　　　　　　　　　　　　　　　　　　　　　　　项目监理部（盖章） 　　　　　　　　　　　　　　　　　　　　总监理工程师（签字）：×××　　××年×月×日			
建设单位意见： 同意 　　　　　　　　　　　　　　　　　　　　建设单位代表（签字）：×××　　××年×月×日			
签收人	监理单位 ××年×月×日	施工单位 ××年×月×日	建设单位 ××年×月×日

3. 监理质量控制资料

（1）旁站监理记录

监理员担任旁站工作，发现问题及时指出并向专业监理工程师报告；做好监理日记和有关的监理记录。旁站监理记录应符合现行国家标准《建设工程监理规范》（GB 50319—2000）的有关规定。监理单位填写的旁站监理记录应一式三份，并应由建设单位、监理单位、施工单位各保存一份。旁站监理记录宜采用表 5-6 的格式。

旁站监理记录（B.3.1）　　　　　　　　　　表 5-6

工程名称	××市×中学教学楼		编号	01-06-B3-×××
开始时间	××年×月×日×时	结束时间　××年×月×日×时	日期及天气	晴
监理部位或工序：独立基础及防水筏板混凝土浇筑。				
施工情况：采用 C40 商品混凝土泵送浇筑，施工过程按规范操作。				
监理情况：×××监理从混凝土浇筑开始至结束均在现场。				
发现问题：混凝土浇筑过程中商品混凝土供应不及时，局部混凝土出现初凝。				
处理结果：现场搅拌同强度等级砂浆浇在初凝接槎处。				
备注：				
监理单位名称：××监理有限责任公司 旁站监理人员（签字）：　×××		施工单位名称：××建筑安装有限公司 质检员（签字）：　×××		

（2）见证取样和送检见证人员备案表

依据《房屋建筑工程和市政基础设施工程实行见证取样和送检的规定》建建[2000]211号规定：见证人员应由建设单位或该工程的监理单位具备建筑施工试验知识的专业技术人员担任，并应由建设单位或该工程的监理单位书面通知施工单位、检测单位和负责该项工程的质量监督机构。专业监理工程师应对承包单位报送的拟进场工程材料、构配件和设备的工程材料/构配件/设备报审表及其质量证明资料进行审核，并对进场的实物按照委托监理合同约定或有关工程质量管理文件规定的比例采用平行检验或见证取样方式进行抽检。

对未经监理人员验收或验收不合格的工程材料、构配件、设备，监理人员应拒绝签认，并应签发监理工程师通知单，书面通知承包单位限期将不合格的工程材料、构配件、设备撤出现场。

监理单位填写的见证取样和送检见证人员备案表应一式五份，质量监督站、检测单位、建设单位、监理单位、施工单位各保存一份。见证取样和送检见证人员备案表宜采用表 5-7 的格式。

见证取样和送检见证人员备案表（B.3.2）　　　　表5-7

工程名称	××市×中学教学楼	编号	00-00-B3-×××
质量监督站	××市建设工程质量监督站	日期	××年×月×日
检测单位	××市××建筑材料检测中心		
施工总承包单位	×××建筑有限公司		
专业承包单位	/		
见证人员签字	××× ××× ××× ×××	见证取样和送检印章	××监理有限责任公司 见证取样和送检印章
	建设单位（章） ××市×中学	监理单位（章） ××监理有限责任公司	

（3）见证记录

依据《房屋建筑工程和市政基础设施工程实行见证取样和送检的规定》建建[2000]211号规定：涉及结构安全的试块、试件和材料见证取样和送检的比例不得低于有关技术标准中规定应取样数量的30%。下列试块、试件和材料必须实施见证取样和送检：

1) 用于承重结构的混凝土试块；
2) 用于承重墙体的砌筑砂浆试块；
3) 用于承重结构的钢筋及连接接头试件；
4) 用于承重墙的砖和混凝土小型砌块；
5) 用于拌制混凝土和砌筑砂浆的水泥；
6) 用于承重结构的混凝土中使用的掺加剂；
7) 地下、屋面、厕浴间使用的防水材料；
8) 国家规定必须实行见证取样和送检的其他试块、试件和材料。

在施工过程中，见证人员应按照见证取样和送检计划，对施工现场的取样和送检进行见证，取样人员应在试样或其包装上作出标识、封志。标识和封志应标明工程名称、取样部位、取样日期、样品名称和样品数量，并由见证人员和取样人员签字。见证人员应制作见证记录，并将见证记录归入施工技术档案。监理单位填写的见证记录应一式三份，并应由建设单位、监理单位、施工单位各保存一份。见证记录宜采用表5-8的格式。

见证记录（B.3.3）　　　　表5-8

工程名称	××市×中学教学楼		编号		01-06-B3-005
开始时间	××年×月×日	试件编号	HNT001	取样数量	3组
见证取样记录	见证取样取自6号罐车，在试块上已做出标识，注明取样部位、取样日期。				
见证取样和送检印章	××监理有限责任公司 见证取样和送检印章				
签字栏	取样人员			见证人员	
	刘××			李××	

4. 造价控制资料

(1) 工程款支付证书

《建设工程监理规范》(GB 50319—2000) 规定项目监理机构应按下列程序进行工程计量和工程款支付工作：

1) 承包单位统计经专业监理工程师质量验收合格的工程量，按施工合同的约定填报工程量清单和工程款支付申请表。

2) 专业监理工程师进行现场计量，按施工合同的约定审核工程量清单和工程款支付申请表，并报总监理工程师审定。

3) 总监理工程师签署工程款支付证书，并报建设单位。

《工程款支付证书》是与《工程款支付申请表》配套使用的表格。在工程预付款、工程进度款、工程结算款等支付时使用。监理单位填写的工程款支付证书应一式三份，建设单位、监理单位、施工单位各保存一份，工程款支付证书宜采用表 5-9 的格式。

工程款支付证书 (B.4.1)　　　　　　　　　　　　　表 5-9

工程名称	××市×中学教学楼	编号	00-00-B4-×××

致 ××市×中学　　（建设单位）
　　根据施工合同　××条××款的约定，经审核施工单位的支付申请及附件，并扣除有关款项，同意本期支付工程款共（大写）　叁佰贰拾万元整　（小写：　3200000.00　）。请按合同约定及时支付。
其中：
1. 施工单位申报款为：叁佰伍拾陆万元整
2. 经审核施工单位应得款为：叁佰贰拾万元整
3. 本期应扣款为：叁拾陆万元整
4. 本期应付款为：叁佰贰拾万元整
附件：
1. 施工单位的工程支付申请表及附件；
2. 项目监理机构审查记录。

　　　　　　　　　　　　　　　　　监 理 单 位　××监理有限责任公司
　　　　　　　　　　　　　　　　　总监理工程师　　×××
　　　　　　　　　　　　　　　　　日　　　　期　　××年×月×日

(2) 费用索赔审批表

《建设工程监理规范》(GB 50319—2000) 规定，当承包单位提出费用索赔的理由同时满足以下条件时，项目监理机构应予以受理：

1) 索赔事件造成了承包单位直接经济损失的；

2) 索赔事件是由于非承包单位的责任发生的；

3) 承包单位已按照施工合同规定的期限和程序提出费用索赔申请表，并附有索赔凭证材料。

监理单位填写的费用索赔审批表应一式三份，并应由建设单位、监理单位、施工单位各保存一份。费用索赔审批表宜采用表 5-10 的格式。

费用索赔审批表 （B. 4. 2） 表 5-10

工程名称	××市×中学教学楼	编号	00-00-B4-×××

致　×××建筑安装有限公司　（施工总承包/专业承包单位）

　　根据施工合同　×　条　××　款的约定，你方提出的费用索赔申请（第 001 号），索赔（大写）：　壹拾柒万　元，经我方审核评估：
□不同意此项索赔。
☑同意此项索赔，金额为（大写）　壹拾柒万　元。
同意/不同意索赔的理由：
　费用索赔的情况属实。
　索赔金额的计算：
　见附页。

监 理 单 位××监理有限责任公司
总监理工程师　　×××
日　　　　期　××年×月×日

5. 合同管理资料

《建设工程监理规范》（GB 50319—2000）规定：当承包单位提出工程延期要求符合施工合同文件的规定条件时，项目监理机构应予以受理。当影响工期事件具有持续性时，项目监理机构可在收到承包单位提交的阶段性工程延期申请表并经过审查后，先由总监理工程师签署工程临时延期审批表并通报建设单位。当承包单位提交最终的工程延期申请表后，项目监理机构应复查工程延期及临时延期情况，并由总监理工程师签署工程最终延期审批表。

　　监理单位填写的工程延期审批表应一式四份，并应由建设单位、监理单位、施工单位、城建档案馆各保存一份。工程延期审批表宜采用表 5-11 的格式。

工程延期审批表 （B. 5. 1） 表 5-11

工程名称	××市×中学教学楼	编号	00-00-B5-×××

致　　××建筑安装有限公司　　（施工总承包/专业承包单位）
　　根据施工合同　×　条　××　款的约定，我方对你方提出的　教学楼　工程延期申请（第　002　号）要求延长工期　5　日历天的要求，经过审核评估：
☑同意工期延长　4　日历天。使竣工日期（包括已指令延长的工期）从原来的　××　年×月×日延迟到××年×月×日。请你方执行。
□不同意延长工期，请按约定竣工日期组织施工。

说明：因下暴雨工期延长三天，材料耽误工期延长 2 天。

监 理 单 位×××监理有限责任公司
总监理工程师　　×××
日　　　　期　××年×月×日

（四）施工文件资料的管理

施工文件按照《建筑工程资料管理规程》（JGJ/T 185—2009）可分为施工管理资料（C1）、施工技术资料（C2）、施工进度及造价资料（C3）、施工物资资料（C4）、施工记录（C5）、施工试验记录及检测报告（C6）、施工质量验收记录（C7）、竣工验收资料（C8）八类。

1. 施工管理资料

施工管理资料（C1）由工程概况表、施工现场质量管理检查记录、企业资质证书及相关专业人员岗位证书、分包单位资质报审表、建设工程质量事故调查、勘查记录、建设工程质量事故报告书、施工检测计划、见证记录、见证试验检测汇总、施工日志、监理工程师通知回复单等相关资料组成。

（1）工程概况表

工程概况是对工程基本情况的简要描述，主要包括工程的一般情况、构造特征、设备系统等内容。施工单位填写的工程概况表与施工组织设计同步完成并应一式四份，并应由建设单位、监理单位、施工单位、城建档案馆各保存一份。工程概况表可采用表5-12的格式。

工程概况表（C.1.1） 表5-12

工程名称		××市×中学教学楼	编号	00-00-C1-×××
	建设单位	×××职业技术学院		
	建设用途	用于教学办公	设计单位	××勘察设计研究院
	建设地点	××市××路×号	勘察单位	××勘察设计研究院
	建筑面积	6763.18m²	监理单位	××监理有限责任公司
一般情况	工期	455 天	施工单位	××建筑安装有限公司
	计划开工日期	2012-7-1	计划竣工日期	2013-10-30
	结构类型	框架	基础类型	独立基础加防水底板
	层次	地下1层、地上5层	建筑檐高	20.4 米
	地上面积	5449.54m²	地下面积	1313.64 平方米
	人防等级	/	抗震等级	抗震设防烈度9度
	地基与基础	C30 防水底板厚 300mm，其上为 C30 独立基础加条形基础，地下室为混凝土挡土墙，强度等级 C30		
	柱、内外墙	地下室至二层构架柱混凝土强度等级为C40，地上外墙M5.0 水泥砂浆砌250mm厚MU2.5陶粒混凝土空心砌块，外贴80mm厚聚苯板保温层，内墙M5.0水泥浆砌150mm厚MU7.5陶粒混凝土空心砌块		
	梁、板、楼盖	梁、板、楼盖采用C30混凝土现浇，板为现浇空心板		
构造特征	外墙装饰	外墙外贴80mm厚聚苯板保温层，外墙饰面为防水涂料		
	内墙装饰	室内乳胶漆，过道、卫生间吊顶。详见装饰表		
	楼地面装饰	配电室为水泥砂浆地面，卫生间为防滑地面砖，其余房间地面为现浇水磨石		
	屋面构造	150mm厚保温层、30mm厚CL7.5轻集料混凝土找坡层，30mm厚C20细混凝土找平层，两层1.2mm厚自带保护层合成高分子防水卷材		
	防火设备	设置火灾报警和消防联动控制系统、消火栓灭火系统、自动喷淋灭火系统、感烟探测器、消防风机、应急照明、疏散指示标志灯、消防广播		

机电系统名称	10/0.4kV供配电系统、低压配电系统、照明与应急系统、动力配电系统、防雷接地系统、综合布线系统、有线电视系统、广播系统、火灾报警及联动系统
其他	

(2) 施工现场质量管理检查记录

施工现场质量管理检查记录是施工企业质量管理体系的具体要求，应符合《建筑工程施工质量验收统一标准》（GB 50300—2001）的有关规定；应由施工单位项目经理部在进场后、开工前按规定填写，报项目总监理工程师（或建设单位项目技术负责人）检查确认。施工单位填写的施工现场质量管理检查记录应一式两份，并应由监理单位、施工单位各保存一份。施工现场质量管理检查记录宜采用表 5-13 的格式。

施工现场质量管理检查记录（C.1.2） 表 5-13

工程名称	××市×中学教学楼		施工许可证（开工证）	××施建字20××004	编号	00-00-C1-×××
建设单位	×××市教育局		项目负责人			×××
设计单位	×××勘察设计院		项目负责人			×××
勘测单位	×××勘察设计院		项目负责人			×××
监理单位	××监理有限责任公司		总监理工程师			×××
施工单位	×××建筑安装有限公司	项目经理	×××	项目技术负责人		×××
序号	项目	内容				
1	现场质量管理制度	质量例会制度；月评比及奖罚制度；三检及交接检制度；质量与经济挂钩制度				
2	质量责任制	岗位责任制；设计交底会制；技术交底制；挂牌制度				
3	主要专业工种操作上岗证书	测量工、钢筋工、起重工、木工、混凝土工、电焊工、架子工有证				
4	分包主资质与对分包单位的管理制度	对分包方资质审查，满足施工要求、总包对分包方单位制定的管理制度可行				
5	施工图审查情况	审查报告及审查批准书×设××号				
6	地质勘察资料	地质勘探报告齐全				
7	施工组织设计、施工方案及审批	施工组织设计编制、审核、批准齐全				
8	施工技术标准	采用国家、行业标准				
9	工程质量检验制度	有原材料及施工检验制度；抽测项目的检验计划分项工程质量三检制度				
10	搅拌站及计量设置	有管理制度和计量设施精确度及控制措施				
11	现场材料、设备存放与管理	按材料、设备性能要求制定了各管理措施、制度。按施工总平面图布置				
12						
检查结论： 施工现场质量管理制度完整、齐全，符合要求，工程质量有保障。 总监理工程师（建设单位项目负责人）：×××　　　　　　　　　　　　　　　　××××年××月×日						

(3) 分包单位资质报审表

分包单位资格报审表应符合现行国家标准《建设工程监理规范》(GB 50319—2000) 的有关规定。分包工程开工前,专业监理工程师应审查承包单位报送的分包单位资格报审表和分包单位有关资质资料,符合有关规定后,由总监理工程师予以签认。对分包单位资格应审核以下内容:分包单位的企业法人营业执照、企业资质等级证书、施工企业安全生产许可证、特殊行业施工许可证、国外(境外)企业在国内承包工程许可证、外地企业承包工程登记备案资料;分包单位的业绩(指分包单位近3年完成的分包工程工作内容、类似工程及工程质量情况);拟分包工程的内容和范围;专职管理人员和特种作业人员的资格证、上岗证。

施工总承包单位填报的分包单位资质报审表应一式三份,并应由建设单位、监理单位、施工总承包单位各保存一份。分包单位资质报审表宜采用表5-14的格式。

分包单位资质报审表 (C.1.3)　　　　　　　　　表5-14

工程名称	××市×中学教学楼	施工编号	00-00-C1-×××
		监理编号	00-00-B5-×××
		日期	××年×月×日

致××监理有限责任公司(监理单位)
经考察,我方认为拟选择的　××× 装饰装修工程公司　(专业承包单位)具有承担下列工程的施工资质和施工能力,可以保证本工程项目按合同的约定进行施工。分包后,我方仍然承担总包单位的责任。请予以审查和批准。
附:
1. 分包单位资质材料;
2. 分包单位业绩材料;
3. 中标通知书。

分包工程名称(部位)	工程量	分包工程合同额	备注
装饰装修工程	5000m²	300万元	
合计			

施工总承包单位(章) ×××建筑安装有限公司
项目经理　×××

专业监理工程师审查意见:
同意资格审查。
专业监理工程师　　×××
日　期　　××年×月×日

总监理工程师审核意见:
经审查,分包单位资质、业绩材料齐全、真实有效,具有承担分包工程的施工资质和施工能力。
　　　　　　　　　　　　　监 理 单 位　××监理有限责任公司
　　　　　　　　　　　　　总监理工程师　　×××
　　　　　　　　　　　　　日　期　　××年×月×日

(4) 建设工程质量事故调查、勘查记录

《建设工程质量管理条例》国务院令第279号规定:建设工程发生质量事故,有关单位应当在24小时内向当地建设行政主管部门和其他有关部门报告。对重大质量事故,事故发生地的建设行政主管部门和其他有关部门应当按照事故类别和等级向当地人民政府和上级建设行政主管部门和其他有关部门报告。特别重大质量事故的调查程序按照国务院有关规定办理。

当工程发生质量事故后,由相关调查人员对工程质量事故进行初步了解和现场勘查后形成记录。调查单位填写的建设工程质量事故调查、勘查记录应一式五份,并应由调查单位、建设单位、监理单位、施工单位、城建档案馆各保存一份。建设工程质量事故调查、勘查记录宜采用表5-15的格式。

建设工程质量事故调查、勘查记录 (C.1.4) 表5-15

工程名称	××市×中学教学楼	编号	00-00-C1-×××
		日期	××年 ×月 ×日
调（勘）查时间	××年 ×月 ×日× 时×分至×时×分		
调（勘）查地点	地下室		
参加人员	单位	姓名	职务	电话
被调查人	××建筑安装有限公司	王××	混凝土工	132×××××××
陪同调（勘）查人员	××监理有限责任公司	吴××	专业监理工程师	167×××××××
调（勘）查笔录	地下室南面④轴至5轴交⑧轴挡土墙根部局部有蜂窝麻面现象,约30cm²。属于混凝土工的混凝土浇筑过程中漏振现象。		
现场证物照片	☑有 □无 共 4 张共 4 页		
事故证据资料	☑有 □无 共 8 条共 2 页		
被调查人签字	王××	调（勘）查人签字	吴××

(5) 建设工程质量事故报告书

《建设工程质量管理条例》国务院令第279号规定:建设工程发生质量事故,有关单位应当在24小时内向当地建设行政主管部门和其他有关部门报告。填写质量事故报告时,应写明质量事故发生的时间,应记载年、月、日、时、分;经济损失,指因质量事故导致的返工、加固等费用,包括人工费、材料费和一定数额的管理费;事故情况,包括倒塌情况（整体倒塌或局部倒塌的部位）、损失情况（伤亡人数、损失程度、倒塌面积等）;事故原因,包括设计原因（计算错误、构造不合理等）、施工原因（施工粗制滥造,材料、构配件或设备质量低劣等）、设计与施工的共同问题、不可抗力等;处理意见,包括现场处理情况、设计和施工的技术措施、主要责任者及处理结果。建设工程质量事故报告书宜采用表5-16的格式。

建设工程质量事故报告书（参考用表） 表5-16

工程名称	××市×中学教学楼	编号	00-00-C1-×××
		建设地点	××市××区××路×××号
建设单位	××市×中学	设计单位	××建筑勘察设计院
施工单位	××建筑安装有限公司	建筑面积（m²）	6763m²
		工作量	1014万元
结构类型	框架剪力墙	事故发生时间	××××年×月×日
上报时间	××××年×月×日	经济损失	2万元

续表

事故经过、后果与原因分析： ××××年×月×日在四层框架柱混凝土施工时，由于振捣工没有按照混凝土振捣操作规程操作致使四层②～③轴、④～⑤轴交接处四根框架柱混凝土发生露筋、露石、孔洞等质量缺陷。					
事故发生后采取的措施： 经研究决定，对上述部分采取返工处理，重新进行混凝土浇筑。					
事故责任单位、责任人及处理意见： 事故责任单位：混凝土施工班组 责任人：振捣工×× 处理意见： (1) 对直接责任者进行质量意识教育，切实加强混凝土操作规程培训学习及贯彻执行，经考核合格后持证上岗，并处以适当经济处罚。 (2) 对所在班组提出批评，切实加强过程控制。 　结论：经返工处理后，结构安全可靠。					
负责人	×××	报告人	×××	日期	××××年×月×日

本表由报告人填写，各有关单位均保存一份。

(6) 见证试验检测汇总表

见证试验检测是在建设单位或监理单位人员的见证下，由施工单位有关人员对工程中涉及结构安全的试块、试件和材料在现场取样并送至具备相应资质的检测单位进行的检测。各个实验项目的见证试验检测完成后，应由施工单位填写见证试验检测汇总表一式两份，并由监理单位、施工单位各保存一份。见证试验检测汇总表宜采用表5-17的格式。

见证试验检测汇总表 (C.1.5) 表5-17

工程名称	××市×中学教学楼	编号	00-00-C1-×××
		填表日期	××年×月×日
建设单位	××市×中学	检测单位	××市材料检测中心
监理单位	××监理有限责任公司	见证人员	郭×
施工单位	×××建筑安装有限公司	取样人员	刘××

试验项目	应试验组 (次数)	见证试验组 (次数)	不合格次数	备注
混凝土试块	28	11	1	
砂浆试块	11	4	0	
钢筋原材	15	5	0	
电渣压力焊	18	13	1	
闪光对焊	16	6	0	
SBS防水卷材	3	3	0	
水泥	8	4	0	
制表人（签字）	×××			

(7) 施工日志

施工日志是施工单位在整个施工阶段有关现场施工活动和施工现场情况变化的真实综

合性记录,也是处理施工问题的备忘录和总结施工管理经验的基本文件。施工日志应以单位工程为记载对象。从工程开工起至工程竣工止,按专业指定专人负责逐日记载,并保证内容真实、连续和完整。施工日志必须保证字迹清晰、内容齐全,由各专业负责人签字。由施工单位填写的施工日志应一式一份,并应自行保存。施工日志宜采用表5-18的格式。

施工日志 (C.1.6)　　　　　　　　　　　　　表5-18

工程名称	××市×中学教学楼	编号	00-00-C1-×××
		日期	××年×月×日
施工单位		×××建筑安装有限公司	
天气状况		风力	最高/最低温度(℃)
晴		1～3级	31/21
施工情况记录(施工部位、施工内容、机械使用情况、劳动力情况、施工中存在问题等): 　　1. 土建班组:15人,一层砌筑围护墙,人工搅拌机拌砂浆。 　　2. 木工班组:25人,五层搭设满堂脚手架,架设梁底板。 　　3. 钢筋班组:10人,制作五层梁、板钢筋。 　　4. 水电暖班组:4人,一层沿墙暗敷电线线管、线盒。			
技术、质量、安全工作记录(技术、质量安全活动、检查验收、技术质量安全问题等): 　　1. 土建班组在砌筑围护墙时,出现个别有瞎缝。 　　2. 木工班组:个别人在搭设满堂脚手架时未系安全带。			
记录人(签字)		×××	

(8) 监理工程师通知回复单

监理工程师通知回复单是承包单位落实《监理工程师通知》后,报项目监理机构检查复合,涉及总监理工程师审批工作内容的回复单,应由总监理工程师审批。表中"详细内容"是施工单位针对《监理工程师通知》要求,简要说明落实的过程、结果、自检情况,必要时附证明材料;"复查意见"是专业监理工程师根据对所报材料的检查核对工作成果的复核情况签署意见,对不符合要求的应指出具体的项目和部位,并要求承包单位继续整改。施工单位填报的监理工程师通知回复单应一式两份,并应由监理单位、施工单位各保存一份,宜采用表5-19的格式。

监理工程师通知回复单 (C.1.7)　　　　　　　　表5-19

工程名称	××市×中学教学楼	施工编号	00-00-C1-×××
		监理编号	00-00-B1-×××
		日期	××××年×月×日
致××监理有限责任公司(监理单位) 我方接到编号为 00-00-B1-××× 的监理工程师通知后,已按要求完成了 基础边坡放坡和基坑围护 工作,现报上,请予以复查。 详细内容: 　　1. 基础边坡已按要求1:0.33放坡。 　　2. 基坑已用钢管搭设护栏,挂好防护网。 　　专业承包_____/_____单位　　项目经理/责任人　　___/___ 　　施工总承包单位×××建筑安装有限公司　　项目经理/责任人　　王××			

续表

复查意见：
经复查已按通知要求整改完毕。
监理单位　××监理有限责任公司 总/专业监理工程师　　××× 日　　　期　××××年×月×日

2. 施工技术资料

（1）工程技术文件报审表

《建设工程监理规范》（GB 50319—2000）规定：工程项目开工前，总监理工程师应组织专业监理工程师审查承包单位报送的施工组织设计（方案），提出审查意见，并经总监理工程师审核、签认后报建设单位。施工单位在正式施工前需要填写《工程技术文件报审表》报送监理单位审批，审批的文件有施工组织设计、施工方案、危险性较大分部分项工程施工方案专家论证表、技术交底等技术文件。工程技术文件报审有时限规定，施工和监理单位均应按照施工合同或约定的时限要求完成各自的报送和审批工作。施工单位填报的工程技术文件报审表应一式两份，并应由监理单位、施工单位各保存一份。工程技术文件报审表宜采用表 5-20 的格式。

工程技术文件报审表（C.2.1）　　　　　　表 5-20

工程名称	××市×中学教学楼	施工编号	00-00-C2-×××
		监理编号	00-00-B3-×××
		日　期	××××年××月××日

致　　××监理有限责任公司（监理单位）
我方已编制完成了　××市×中学教学楼单位工程施工组织设计　技术文件，并经相关技术负责人审查批准，请予以审定。 　附：技术文件　230　页　1　册。
施工总承包单位×××建筑安装有限公司　　　项目经理/责任人　　　王×× 专业承包单位　　　　/　　　　　　　　　项目经理/责任人　　　　/

专业监理工程师审查意见：
经审核，该施工组织设计符合合同、规范和施工图设计要求，同意按此施工组织设计组织本工程施工。
专业监理工程师　　××× 日　　　期　××××年××月××日

总监理工程师审批意见：
审定结论：☑同意　□修改后再报　□重新编制
监理单位××监理有限责任公司 总监理工程师　　××× 日　　　期　××××年××月××日

(2) 危险性较大分部分项工程施工方案专家论证表

危险性较大的分部分项工程是指建筑工程在施工过程中存在的、可能导致作业人员群死群伤或造成重大不良社会影响的分部分项工程。危险性较大的分部分项工程安全专项施工方案，是指施工单位在编制施工组织（总）设计的基础上，针对危险性较大的分部分项工程单独编制的安全技术措施文件。

附：危险性较大的分部分项工程。

1) 基坑支护、降水工程

开挖深度超过 3m（含 3m）或虽未超过 3m 但地质条件和周边环境复杂的基坑（槽）支护、降水工程。

2) 土方开挖工程

开挖深度超过 3m（含 3m）的基坑（槽）的土方开挖工程。

3) 模板工程及支撑体系

① 各类工具式模板工程：包括大模板、滑模、爬模、飞模等工程。

② 混凝土模板支撑工程：搭设高度 5m 及以上；搭设跨度 10m 及以上；施工总荷载 10kN/m 及以上；集中线荷载 15kN/m 及以上；高度大于支撑水平投影宽度且相对独立无联系构件的混凝土模板支撑工程。

③ 承重支撑体系：用于钢结构安装等满堂支撑体系。

4) 起重吊装及安装拆卸工程

① 采用非常规起重设备、方法，且单件起吊重量在 10kN 及以上的起重吊装工程；

② 采用起重机械进行安装的工程；

③ 起重机械设备自身的安装、拆卸。

5) 脚手架工程

① 搭设高度 24m 及以上的落地式钢管脚手架工程；

② 附着式整体和分片提升脚手架工程；

③ 悬挑式脚手架工程；

④ 吊篮脚手架工程；

⑤ 自制卸料平台、移动操作平台工程；

⑥ 新型及异型脚手架工程。

6) 拆除、爆破工程

① 建筑物、构筑物拆除工程；

② 采用爆破拆除的工程。

7) 其他

① 建筑幕墙安装工程；

② 钢结构、网架和索膜结构安装工程；

③ 人工挖扩孔桩工程；

④ 地下暗挖、顶管及水下作业工程；

⑤ 预应力工程；

⑥ 采用新技术、新工艺、新材料、新设备及尚无相关技术标准的危险性较大的分部

分项工程。

施工单位填报危险性较大分部分项工程施工方案专家论证表应一式两份，并应由监理单位、施工单位各保存一份。危险性较大分部分项工程施工方案专家论证表可采用表5-21的格式。

危险性较大分部分项工程施工方案专家论证表（C.2.2）　　　表5-21

工程名称	××市×中学教学楼		编号		00-00-C2-×××
施工总承包单位	×××建筑安装有限公司		项目负责人		王××
专业承包单位	/		项目负责人		/
分项工程名称	基坑支护				
专家一览表					
姓名	性别	年龄	工作单位	职务	职称	专业
李××	男	48	××勘察设计研究院	总工	高级工程师	岩土
王××	男	45	×××建筑科学研究院	总工	高级工程师	结构
张××	男	39	×××建筑科学研究院	技术部主任	高级工程师	结构
周××	男	36	××建筑工程总公司	工程部主任	高级工程师	结构
周××	女	39	××建筑工程总公司	工程部主任	高级工程师	结构
专家论证意见： 方案设计合理，计算准确符合设计规范和质量验收标准的要求，安全可靠，方案可行。 　　　　　　　　　　　　　　　　　　××××年××月××日					
签字栏	组长：李×× 　　　　　　专家：王××　张××　周××　周××				

（3）技术交底记录

技术交底是指工程开工前，由各级技术负责人将有关工程施工的各项技术要求逐级向下贯彻，直到班组作业层。技术交底可分为施工组织设计交底、专项施工方案技术交底、分项工程施工技术交底、"四新"（新材料、新产品、新技术、新工艺）技术交底和设计变更技术交底。

技术交底的主要内容有：施工方法、技术安全措施、规范要求、质量标准、设计变更等。对于重点工程、特殊工程、新设备、新工艺和新材料的技术要求，更需做详细的技术交底。

施工组织设计交底：重点及大型工程施工组织设计交底，施工单位应在开工前由施工企业技术负责人对项目主要管理人员进行交底。

专项施工方案技术交底：应由施工单位项目专业技术负责人根据专项施工方案在专项工程开工前对专业工长进行交底。

分部、分项工程施工技术交底：按分项工程分别进行。分项工程的项目划分，可根据实际情况增加或调整。分部、分项施工工艺技术交底应由专业工长对专业施工班组在分部、分项工程开工前进行。

"四新"技术交底：新材料、新产品、新技术、新工艺技术交底，应由企业技术负责人组织项目技术负责人及有关人员编制。

安全专项交底：由安全技术人员进行交底。

设计变更技术交底：项目技术负责人根据变更要求，并结合具体施工步骤、措施及注意事项等对专业工长进行交底。

施工单位填写的技术交底记录应一式一份，并由施工单位自行保存。技术交底记录宜采用表 5-22 的格式。

技术交底记录 (C.2.3) 表 5-22

工程名称	××市×中学教学楼	编号	04-01-C2-×××
		交底日期	××××年××月××日
施工单位	×××建筑安装有限公司	分项工程名称	屋面找平层
交底摘要	屋面水泥砂浆找平层施工	页数	共2页，第 页
交底内容： 屋面找平层施工 1 范围 本工艺标准适用于工业与民用建筑铺贴卷材屋面基层找平层施工。 2 施工准备 2.1 材料及要求 2.1.1 材料的质量、技术性能必须符合设计要求和施工及验收规范的规定。 2.1.2 水泥砂浆 2.1.2.1 水泥：普通硅酸盐水泥。 2.1.2.2 砂：宜用中砂，含泥量不大于3％，不含有机杂质，级配要良好。 2.2 主要机具 2.2.1 机械：砂浆搅拌机或混凝土搅拌机。 2.2.2 工具：运料手推车、铁锹、铁抹子、水平刮杠、水平尺、沥青锅、炒盘、压滚、烙铁。 2.3 作业条件 2.3.1 找平层施工前，屋面保温层应进行检查验收，并办理验收手续。 2.3.2 各种穿过屋面的预埋管件、烟囱、女儿墙、暖沟墙、伸缩缝等根部，应按设计施工图及规范要求处理好。 2.3.3 根据设计要求的标高、坡度，找好规矩并弹线（包括天沟、檐沟的坡度）。 2.3.4 施工找平层时应将原表面清理干净，进行处理，有利于基层与找平层的结合，如浇水湿润、喷涂基层处理剂等。 3 操作工艺 工艺流程： 基层清理→管根封堵→标高坡度弹线→洒水湿润→施工找平层（水泥砂浆及沥青砂找平层）→养护→验收（略） 4 质量标准（略） 5 成品保护（略） 6 应注意的质量问题（略） 7 质量记录（略）			
签字栏	交底人 陈××	审核人	吴××
	接受交底人	李××	

(4) 图纸会审记录

图纸会审应由建设单位组织设计、监理和施工单位技术负责人及有关人员参加。设计单位对各专业问题进行交底，施工单位负责将设计交底内容按专业汇总、整理，形成图纸会审记录。图纸会审记录应由建设、设计、监理和施工单位的项目相关负责人签认，形成正式图纸会审记录。

施工单位整理汇总的图纸会审记录应一式五份,并应由建设单位、设计单位、监理单位、施工单位、城建档案馆各保存一份。图纸会审记录宜采用表5-23的格式。表中设计单位签字栏应为项目专业设计负责人的签字,建设单位、监理单位、施工单位签字栏应为项目技术负责人或相关专业负责人的签字。

图纸会审记录 (C.2.4)　　　　　　　　　　　　　　　　　　　表5-23

工程名称	××市×中学教学楼		编号	00-00-C2-×××
			日期	××××年××月××日
设计单位	×××建筑设计研究院		专业名称	结构
地　点	施工现场会议室		页数	共1页,第1页
序号	图号	图纸问题	答复意见	
1	结施—1	地下室剪力墙、框架柱保护层厚度为××	剪力墙保护层外25mm,内20mm,框架柱外35mm,内30mm	
2	结施—1	结构总说明中基础混凝土的强度等级为××	C20	
…	…	…	…	
签字栏	建设单位	监理单位	设计单位	施工单位
	李××	张××	王××	陈××

(5) 设计变更通知单

设计变更是施工过程中,由于施工图纸本身差错或设计图纸与实际情况不符,施工条件变化,原材料的规格、品种、质量不符合设计要求等原因,需要对设计图纸部分内容进行修改而办理的变更设计文件。设计单位应及时下达设计变更通知单,内容翔实,必要时应附图,并逐条注明应修改图纸的图号。设计变更通知单应由设计专业负责人以及建设、监理和施工单位的相关负责人签认。

设计单位签发的设计变更通知单应一式五份,并应由建设单位、设计单位、监理单位、施工单位、城建档案馆各保存一份。设计变更通知单宜采用表5-24的格式。

设计变更通知单 (C.2.5)　　　　　　　　　　　　　　　　　　表5-24

工程名称	××市×中学教学楼		编号	01-06-C2-×××
			日期	××××年××月××日
设计单位	×××建筑设计研究院		专业名称	结构
变更摘要	基础结构		页　数	共　页,第　页
序号	图号	变更内容		
1	结施—1	底板保护层为50mm厚C15细石混凝土		
2	……	……		
签字栏	建设单位	设计单位	监理单位	施工单位
	李××	张××	王××	陈××

(6) 工程洽商记录

施工单位在签收后签认设计单位签发的设计变更通知书或设计变更图纸时，如对施工进度或施工准备情况产生影响，应及时向建设单位说明情况，并办理经济洽商。施工过程中，增发、续发、更换施工图时，应同时签办洽商记录，确定新发图纸的启用日期、应用范围基于原图的关系；如已按原图施工的情况要说明处置的意见。

工程洽商记录应分专业办理，内容翔实，必要时应附图，并逐条注明应修改图纸的图号。工程洽商记录应由设计专业负责人以及建设、监理和施工单位的相关负责人签认。设计单位如委托建设（监理）单位办理签认，应办理委托手续。

工程洽商提出单位填写的工程洽商记录应一式五份，并应由建设单位、设计单位、监理单位、施工单位城建档案馆各保存一份。工程洽商记录宜采用表5-25的格式。

工程洽商记录（技术核定单）(C.2.6) 表5-25

工程名称	××市×中学教学楼		编号	03-01-C2-×××
			日期	××××年××月××日
提出单位	×××建筑设计研究院		专业名称	结构
洽商摘要	地面做法变更		页 数	共 页，第 页
序号	图号	洽商内容		
1	建施—2	原设计走廊水泥砂浆地面，建议改为彩色水磨石地面		
2	……	……		
签字栏	建设单位	设计单位	监理单位	施工单位
	李××	张××	王××	陈××

3. 进度造价资料

(1) 工程开工报审表

《建设工程监理规范》（GB 50319—2000）规定：专业监理工程师应审查承包单位报送的工程开工报审表及相关资料。当具备规定的开工条件时，由总监理工程师签发，并报建设单位。申报程序：建设单位依据合同约定完成了前期准备工作并满足施工作业条件后，应由施工单位向建设单位提交开工申请，填报《工程开工报告》。

申报的相关资料：

1) 施工许可证已由政府主管部门批准。
2) 征地拆迁工作能满足工程进度的需要。
3) 施工组织设计（方案）已获总监理工程师批准。
4) 承包单位现场管理人员已到位，机具、施工人员已进场，主要工程材料已落实。
5) 进场道路及水、电、通信等以满足开工要求。

一个单位工程只填报一次开工报告，如该单位工程含有多个子单位工程且开工时间不同，则每个子单位工程均应单独填报开工报告。施工单位填报的工程开工报审表应一式四份，并应由建设单位、监理单位、施工单位、城建档案馆各保存一份。工程开工报审表宜采用表5-26的格式。

工程开工报审表 (C.3.1) 表 5-26

工程名称	××市×中学教学楼	施工编号	00-00-C1-001
		监理编号	00-00-B2-001
		日期	××××年××月××日

致　××监理有限责任公司　（监理单位）我方承担的工程，已完成了以下各项工作，具备了开工条件，特此申请施工，请核查并签发开工指令。
附件：
　1. 施工许可证已由建设主管部门批准下发；
　2. 施工组织设计（方案）已审批；
　3. 劳动力按计划已进场；
　4. 机械设备已进场；
　5. 水、电、路已通，具备开工条件；
　6. 开工前的各种手续已办妥。
　　　　　　　　　　　　　　　　施工总承包单位　×××建筑安装有限公司
　　　　　　　　　　　　　　　　项目经理　　　　×××

审查意见：
所报工程开工资料齐全、有效，具备开工条件，统一按计划时间开工。
　　　　　　　　　　　　　　　　监理单位　　××监理有限责任公司
　　　　　　　　　　　　　　　　总监理工程师　×××
　　　　　　　　　　　　　　　　日　　期　××××年××月××日

（2）工程复工报审表

工程复工是指工程暂停原因消失，承包单位向项目监理机构申请复工。对项目监理机构不同意复工的复工报审，承包单位按要求完成后仍用该表报审。

表格填写应明确相应停工令所暂停的工程部位，即需要复工的部位。

附件内容：工程暂停原因是由承包单位的原因引起时，承包单位应报告整改情况和预防措施；工程暂停原因是由非承包单位的原因引起时，承包单位仅提供工程暂停原因消失证明。

审查意见：总监理工程师应指定专业监理工程师对复工条件进行复核，在施工合同约定的时间内完成对复工申请的审批，符合复工条件在同意复工后，并注明同意复工的时间；不符合复工条件并注明不同意复工的原因和对承包单位的要求。

复工报审表应符合现行国家标准《建设工程监理规范》（GB 50319—2000）的有关规定。施工单位填报的工程复工报审表应一式四份，并应由建设单位、监理单位、施工单位、城建档案馆各保存一份。工程复工报审表宜采用表 5-27 的格式。

工程复工报审表 (C.3.2) 表 5-27

工程名称	××市×中学教学楼	施工编号	00-00-C1-002
		监理编号	00-00-B2-002
		日期	××××年××月××日

致××监理有限责任公司（监理单位）
　　根据　××号　《工程暂停令》，我方已按照要求完成了以下各项工作，具备了复工条件，特此申请，请核查并签发复工指令。
　附：具备复工条件的说明或证明。
　　地基处理方案通过审核后实施，附"工程技术文件报审表"。
　　专业承包单位　　　　／　　　　　　　项目经理/责任人　　　　／
　　施工总承包单位　×××建筑安装有限公司　项目经理/责任人　　李××

审查意见：	
地基处理完成，通过验收。	
	监理单位 ××监理有限责任公司
	专业监理工程师 李××
	总监理工程师 吴××
	日 期 ××××年××月××日

（3）施工进度计划报审表

施工进度计划报审表是项目监理机构对承包单位所报送的工程施工进度计划（或者调整计划）的审批答复表。由承包单位填写施工进度计划及说明，项目经理签字。《建设工程监理规范》（GB 50319—2000）规定：总监理工程师审批承包单位报送的施工总进度计划和年、季、月度进度计划；专业监理工程师对进度计划实施情况检查、分析。

施工单位填报施工进度计划报审表应一式三份，并应由建设单位、监理单位、施工单位各保存一份。施工进度计划报审表宜采用表5-28的格式。

施工进度计划报审表（C.3.3）　　　　　表5-28

工程名称	××市×中学教学楼	施工编号	00-00-C1-004
		监理编号	00-00-B2-004
		日期	××××年××月××日

致××监理有限责任公司（监理单位）
　　我方已根据施工合同的有关约定完成了 ××市×中学教学楼 工程总/年第 1 季度 3 月份工程施工进度计划的编制，请予以审查。
　　附：施工进度计划及说明。
　　施工总承包单位（章） ×××建筑安装有限公司　　　项目经理 李××

专业监理工程审查意见：
　　经审查，施工进度计划比较合理，与工程实际情况相符，符合合同工期及总控进度计划要求，同意按此进度计划施工。
　　　　　　　　　　　　　　　　　　专业监理工程师　　李××
　　　　　　　　　　　　　　　　　　日　　期 ××××年××月××日

总监理工程审查意见：
同意
　　　　　　　　　　　　　　　　　　监理单位　××监理有限责任公司
　　　　　　　　　　　　　　　　　　总监理工程师　　吴××
　　　　　　　　　　　　　　　　　　日　　期 ××××年××月××日

（4）人、机、料动态表

人、机、料动态表是根据进度计划，由施工单位向监理单位呈报的下月使用的人、机、料的情况，监理工程师收到此报表后，认真核实施工组织设计及现场的施工进度，特别对进场的机械、材料进行审查，以此对进度作出准确判断。

施工单位填报的＿＿＿＿年＿＿＿＿月人、机、料动态表应一式两份，监理单位、施工单位各保存一份。月度人、机、料动态表宜采用表 5-29 的格式。

_____年_____月人、机、料动态表（C.3.4）　　　　　表 5-29

工程名称		××市×中学教学楼		编号		00-00-C3-001
				日期		××××年××月××日

致××监理有限责任公司（监理单位）
　　根据××××年×月施工进度情况，我方现报上××××年×月人、机、料统计表。

	工种	混凝土工	模板工	钢筋工	防水工	电工	水暖工	合计
劳动力	人数	26	30	40	20	5	5	126
	持证人数	26	30	38	20	5	5	124

	机械名称	生产厂家	规格、型号	数量
主要机械	塔吊	江苏××机械厂	QTE80F	1
	振捣棒	湖北××机械厂	Hg50	10
	电焊机	山东××机械厂	Z×7-160	2

	名称	单位	上月库存量	本月进厂量	本月消耗量	本月库存量
主要材料	预拌混凝土	m³	0	800	800	0
	钢筋	t	25	120	120	25
	砌块	m³	1000	2000	2500	500

附件：塔吊安检资料及特殊工种上岗证复印件。

　　　　　　　　　　　　　　　　　　　施工单位×××建筑安装有限公司_____
　　　　　　　　　　　　　　　　　　　项目经理_____×××_____

（5）工程延期申请表

工程临时延期报审是依据《建设工程监理规范》（GB 50319—2000）的规定：当发生了施工合同约定由建设单位承担的延长工期事件后，承包单位提出的工期索赔，报项目监理机构审核确认。当影响工期事件具有持续性时，项目监理机构可在收到承包单位提交的阶段性工程延期申请表，并经过审查后先由总监理工程师签署工程临时延期审批表，并通报建设单位。当承包单位提交最终的工程延期申请表后，项目监理机构应复查工程延期及临时延期情况，并由总监理工程师签署工程最终延期审批表。总监理工程师在签认工程延期前应与建设单位、承包单位协商，宜与费用索赔一并考虑处理。总监理工程师应在施工合同约定的期限内签发《工程临时延期报审表》，或发出要求承包单位提交有关延期的进一步详细资料的通知。临时批准延期时间不能长于工程最终延期批准的时间。

施工单位填报的工程延期申请表应一式三份，并应由建设单位、监理单位、施工单位各保存一份。工程延期申请表宜采用表 5-30 的格式。

工程延期申请表（C.3.5） 表 5-30

工程名称	××市×中学教学楼	编号	00-00-C3-003
		日期	××××年××月××日

致 ××监理有限责任公司（监理单位）
　　根据施工合同____××____条____××____款的约定，由于设计单位提出工程变更单（编号：×××）的要求，基于对项目变更的施工，造成紧后关键工序拖延施工 5 天的原因，我方申请工程延期，请予以批准。
附件：
1. 工程延期的依据及工期计算
(1) 工程变更单（编号：×××）和施工图纸（图纸号：×××）；
(2) 变更项目在关键线路上（工期计算见计算书及网络图）。
合同竣工日期：××××年××月××日
申请延长竣工日期：××××年××月××日
2. 证明材料
（略）

专业承包单位 ___/___	项目经理/责任人 ___/___
施工总承包单位×××建筑安装有限公司	项目经理/责任人 ×××

（6）工程款支付申请表

工程款支付申请表由承包单位统计，经专业监理工程师质量验收合格的工程量，按施工合同的约定，填报工程量清单和工程款支付申请表；专业监理工程师进行现场计量，按施工合同的约定，审核工程量清单和工程款支付申请表，并报总监理工程师审定；总监理工程师签署工程款支付证书，并报建设单位。

工程款支付申请表应符合现行国家标准《建设工程监理规范》（GB 50319-2000）的有关规定。施工单位填报的工程款支付申请表应一式三份，并应由建设单位、监理单位、施工单位各保存一份。工程款支付申请表宜采用表 5-31 的格式。

工程款支付申请表（C.3.6） 表 5-31

工程名称	××市×中学教学楼	编号	00-00-C3-008
		日期	××××年××月××日

致 ××监理有限责任公司（监理单位）
　　我方已完成了基础土方开挖工作，按照施工合同____××____条____××____款的约定，建设单位应在××××年××月××日前支付该项工程款共（大写）____贰拾贰万元整____（小写：____220000.00 元____），现报上××市×中学教学楼工程付款申请表，请予以审查并开具工程款支付证书。
附件：
1. 工程量清单；
2. 计算方法。

施工总承包单位（章）×××建筑安装有限公司	项目经理/责任人 ×××

（7）工程变更费用报审表

依据《建设工程监理规范》（GB 50319—2000）的有关规定：由设计单位对原设计存在的缺陷提出的工程变更，应编制设计变更文件；建设单位或承包单位提出的工程变更，应提交总监理工程师，由总监理工程师组织专业监理工程师审查。审查同意后，应由建设单位转交原设计单位编制设计变更文件。当工程变更涉及安全、环保等内容时，应按规定进行有关部门审定。此外，在总监理工程师签发工程变更单之前承包单位不得实施工程变更；未经总监理工程师审查同意而实施的工程变更项目监理机构不得予以计量。

五、施工前期、施工期间、竣工验收各阶段施工资料管理的知识 71

施工单位根据审查同意的设计变更文件填报工程变更费用报审表一式三份,并应由建设单位、监理单位、施工单位各保存一份。工程变更费用报审表宜采用表 5-32 的格式。

工程变更费用报审表 (C.3.7) 　　　　　表 5-32

工程名称	××市×中学教学楼	施工编号	00-00-C3-0××
		监理编号	00-00-B2-004
		日　期	××××年××月××日

致　___×××监理有限责任公司___　（监理单位）
　兹申报第××号工程变更单, 申请费用见附表, 请予以审核。
　附件：工程变更费用计算书。
　　　　专业承包单位___/___　　　项目经理/责任人___/___
　　　　施工总承包单位×××建筑安装有限公司　　项目经理/责任人___×××___

监理工程师审核意见：
　1. 所报工程量符合工程实际；
　2. 涉及的工程内容符合《工程变更单》内容；
　3. 定额项目选用准确, 单价、合价计算正确。
同意施工单位提出的变更费用申请。
　　　　　　　　　　　　　　监理工程师___×××___
　　　　　　　　　　　　　　日　期___××××年××月××日___

总监理工程师审查意见：
同意
　　　　　　　　　　　　　　监理单位___×××监理有限责任公司___
　　　　　　　　　　　　　　总监理工程师___×××___
　　　　　　　　　　　　　　日　期___××××年××月××日___

(8) 费用索赔申请表

依据《建设工程监理规范》(GB 50319—2000) 的有关规定：当承包单位提出费用索赔的理由同时满足以下条件：索赔事件造成了承包单位直接经济损失；索赔事件是由于非承包单位的责任发生的；承包单位已按照施工合同规定的期限和程序提出费用索赔申请表, 并附有索赔凭证材料, 项目监理机构应予以受理。

费用索赔申请表应符合现行国家标准《建设工程监理规范》(GB 50319—2000) 的有关规定。施工单位填报的费用索赔申请表应一式三份, 并由建设单位、监理单位、施工单位各保存一份。费用索赔申请表宜采用表 5-33 的格式。

费用索赔申请表 (C.3.8) 　　　　　表 5-33

工程名称	××市×中学教学楼	编号	00-00-C3-0××
		日期	××××年××月××日

致×××监理有限责任公司（监理单位）
　根据施工合同___××___条___××___款的约定, 由于___工程变更（见第×××工程变更单)___致使我方造成额外费用增加的原因, 我方要求索赔金额（大写)___叁万元___, 请予以批准。
附件：
1. 索赔的详细理由及经过（略）；
2. 索赔金额的计算（略）；
3. 证明材料（略）。
　　　　专业承包单位___/___　　　项目经理/责任人___/___
　　　　施工总承包单位×××建筑安装有限公司　　项目经理/责任人___×××___

4. 施工物资资料

施工物资资料是反映工程所用物资质量和性能指标等的各种证明文件和相关配套文件的统称。《建筑工程质量管理条例》规定："施工单位必须按照工程设计要求、施工技术标准和合同约定，对建筑材料、建筑构配件、设备和商品混凝土进行检验，检验应当有书面记录和专人签字；未经检验或者检验不合格的，不得使用。"工程物资进场需工程物资供应单位提交出厂质量证明文件及检测报告，施工单位收集保存。

（1）主要物资资料文件

1）砂、石、砖、水泥、钢筋、隔热保温、防腐材料、轻集料出厂质量证明文件，文件的数量按材料进场的验收批确定：

水泥试验批量：每批不超过500t（袋装不超过200t，以同厂别、同品牌、同强度等级、同编号的为一批）。

钢筋试验批量：热轧带肋钢筋、余热处理钢筋、预应力混凝土用热处理钢筋、热轧光圆钢筋、低碳热轧圆盘条：每批不超过60t。

砖的试验批量：烧结砖每批不超过15万块；灰砂砖、粉煤灰砖每批不超过10万块；多孔砖每批不超过5万块（以同产地、同规格的为一批）。

砌块试验批量：空心砌块每批不超过3万块；粉煤灰砌块每批不超过200m^3；普通混凝土小型空心砌块、加气混凝土砌块、轻集料混凝土小型砌块每批不超过1万块。

砂、石试验批量：每批不超过400m^3或600t（以同产地、同规格、同一进场时间的为一批）。

2）质量证明文件包括：合格证或质量证明书，检验报告，供应单位随物资进场提交。

3）物资出厂合格证、质量保证书、检测报告和报关单或商检证：供应单位随物资进场提交，由施工单位负责收集附件（包括产品出厂合格证、性能检测报告、出厂试验报告、进场复试报告、材料构配件进场检验记录。产品备案文件、进口产品的中文说明和商检证等）。

4）常见的结构用材料有：半成品钢筋、焊条、焊剂和焊药、外加剂、商品混凝土、预制混凝土构件预制桩、钢桩、钢筋笼等成品或半成品桩、土工合成材料以及土、砂石料、钢结构用钢材、连接件及涂料、半成品钢构件（场外委托加工）、石材、外加剂、掺合料（粉煤灰、蛭石粉、沸石粉）；轻质隔墙材料如砌块、隔墙板；节能保温材料；防水材料如涂料、卷材、密封材料；装饰材料如天然、人造板材、门窗玻璃、幕墙材料、饰面板（砖）、涂料。

5）材料、设备的相关检验报告、型式检测报告、3C强制认证合格证书或3C（CCC）标志："3C"指中国强制性产品安全认证。供应单位或加工单位负责收集、整理和保存所供物资原材料的质量证明文件。施工单位则需收集、整理和保存供应单位或加工单位提供的质量证明文件和进场后的试（检）验报告；各单位应对各自范围内工程资料的汇集、整理结果负责，并保证工程资料的可追溯性。

6）主要设备、器具的安装使用说明书：由物资供应单位提供，施工单位收集。主要有：地下墙与梁板之间的接驳器；预应力工程物资（预应力筋、锚具、夹具和连接器、水泥、外加剂和预应力筋用螺旋管)。

7) 进口的主要材料设备的商检证明文件：进口材料和设备等应有商检证明（国家认证委员会公布的强制性（CCC）产品除外），中文版的质量证明文件、性能检测报告以及中文版的安装维修、使用、试验要求等技术文件。

8) 涉及消防、安全、卫生、环保、节能的材料、设备的检测报告或法定机构出具的有效证明文件：涉及安全、卫生、环保的物资应有相应资质等级检测单位的检测报告，如压力容器、消防设备、生活供水设备、卫生洁具等；涉及结构安全和使用功能的材料需要代换且改变了设计要求时，必须有设计单位签署的认可文件。

(2) 进场检验通用表格

1) 材料、构配件进场检验记录

材料构配件进场后，应由建设（监理）单位会同施工单位共同对进场物资进行检查验收，填写《材料、构配件进场检验记录》。检查验收的主要内容包括：

① 物资出厂质量证明文件及检验（测）报告是否齐全；
② 实际进场物资数量、规格和型号等是否满足设计和施工计划要求；
③ 物资外观质量是否满足设计要求和规范规定；
④ 按规定需进行抽检的材料、构配件是否抽检，检验结论是否齐全；
⑤ 按本规定应进场复验的物资，必须在进场验收合格后取样复试。

材料、构配件进场检验记录应符合国家现行有关标准的规定。施工单位填写的材料、构配件进场检验记录应一式两份，并应由监理单位、施工单位各保存一份。材料、构配件进场检验记录宜采用表 5-34 的格式。

材料、构配件进场检验记录 (C.4.1)　　　　　　表 5-34

工程名称		××市×中学教学楼		编　号		01-06-C4-0××	
				检验日期		××××年××月××日	
序号	名称	规格型号	进场数量(t)	生产厂家	外观检验项目	试件编号	备注
				质量证明书编号	检验结果	复验结果	
1	热轧带肋钢筋	HRB335	2.0	××钢铁有限公司		××××××××	
				××-××××	良好	合格	
2	低碳钢热轧圆盘条	HPB235	3.0	××钢铁有限公司		××××××××	
				××-××××	良好	合格	
检查意见（施工单位） 　　以上材料经外观检查良好，复验合格。规格型号及数量符合设计及规范要求，产品质量证明文件齐全。同意进场使用。 附件：共　6页							
验收意见（监理/建设单位） ☑同意　□重新检验　□退场　　　　　　　　　　　　　　　　　　　　　验收日期：							
签字栏	施工单位	×××建筑安装有限公司		专业质检员 ×××	专业工长 ×××		检验员 ×××
	监理或建设单位	×××监理有限责任公司		专业工程师	×××		

2）设备开箱检验记录

建筑工程所使用的设备进场后，应由施工单位、建设（监理）单位、供货单位共同开箱检验。施工单位填写的设备开箱检验记录应一式两份，并应由监理单位、施工单位各保存一份。设备开箱检验记录宜采用表5-35的格式。

设备开箱检验记录（C.4.2） 表5-35

工程名称	××市×中学教学楼	编号	08-02-C4-0××
		检验日期	××××年××月××日
设备名称	排烟风机	规格型号	DF-8
生产厂家	××机电设备公司	产品合格证编号	××-××××
总数量	2台	检验数量	2台
进场检验记录			
包装情况	木箱及塑料布包装		
随机文件	合格证、出厂检验报告、技术说明书齐全		
备件与附件	减振垫、螺栓齐全		
外观情况	外观喷涂均匀、无铸造缺陷情况良好		
测试情况	手动测试运转情况良好		
缺、损附备件明细			

序号	附备件	规格	单位	数量	备注
/	/	/	/	/	/

检查意见（施工单位）：经外观检验和手动测试符合设计与施工规范的要求。

附件：共 6 页。

验收意见（监理/建设单位）：

☑同意　　　□重新检验　　　□退场　　　验收日期：

供应单位	××机电设备公司	责任人	×××
施工单位	×××建筑安装有限公司	专业工长	×××
监理或建设单位	×××监理有限责任公司	专业工程师	×××

3）设备及管道附件试验记录

设备、阀门、闭式喷头、密闭水箱或水罐、风机盘管、成组散热器及其他散热设备等在安装前按规定进行试验时，均应填写设备及管道附件试验记录，并应由建设单位、监理单位、施工单位各保存一份。设备及管道附件试验记录参考采用表5-36的格式。

设备及管道附件试验记录（C.4.3） 表5-36

工程名称	××市×中学教学楼	编号	08-01-C4-0××
使用部位	风机盘管	试验日期	××××年××月××日
试验要求	风机盘管进场逐个进行打压试验，工作压力为1.6MPa，试验压力为2.4MPa。在试验压力下观察10min，压力降不应大于0.02MPa，然后降至工作压力进行检查，不渗不漏为合格。		
设备/管道附件名称	风机盘管	风机盘管	风机盘管
材质、型号	YGFC	YGFC	YGFC

续表

	规格	02-CC-3SL	02-CC-3S	04-CC-3SL		
	试验数量	1	1	1		
	试验介质	水	水	水		
	公称或工作压力（MPa）	1.6	1.6	1.6		
强度试验	试验压力（MPa）	2.4	2.4	2.4		
	试验持续时间（s）	10min	10min	10min		
	试验压力降（MPa）	0	0	0		
	渗漏情况	无	无	无		
	试验结论	合格	合格	合格		
严密性试验	试验压力（MPa）					
	试验持续时间（s）					
	试验压力降（MPa）					
	渗漏情况					
	试验结论					
签字栏	施工单位	×××建筑安装有限公司		专业技术负责人	专业质检员	专业工长
				×××	×××	×××
	监理或建设单位	×××监理有限责任公司		专业工程师		×××

4）进场复试报告

① 钢材试验报告

依据《混凝土结构工程施工质量验收规范》（GB 50204—2002）规定，钢筋进场时，应按现行国家标准《钢筋混凝土用钢 第2部分：热轧带肋钢筋》（GB 1499.2—2007）等的规定抽取试件做力学性能检验，其质量必须符合有关标准的规定。检查数量：按进场的批次和产品的抽样检验方案确定。检验方法：检查产品合格证、出厂检验报告和进场复验报告。当发现钢筋脆断、焊接性能不良或力学性能显著不正常等现象时，应对该批钢筋进行化学成分检验或其他专项检验。钢材试验报告参考采用表5-37的格式。

钢材试验报告（参考用表） 表5-37

工程名称		××市×中学教学楼			资料编号		01-06-C4-×××
					试验编号		××-×××
					委托编号		××-×××
委托单位		×××建筑安装有限公司			试件编号		×××
					试验委托人		×××
钢材种类		热轧光圆钢筋	规格、牌号		HPB235	生产厂	×××钢厂
代表数量		25t	来样日期		××年××月××日	试验日期	××年××月××日
公称直径规格（mm）	屈服点（MPa）		抗拉强度（MPa）		伸长率（%）		弯曲条件	弯曲结果
	标准要求	实测值	标准要求	实测值	标准要求	实测值		
6.5	≥235	290	≥370	445	≥25	28.5	$d/180$	合格
6.5	≥235	295	≥370	445	≥25	26.5	$d/180$	合格
化学分析结果								

续表

分析编号	化学成分（%）						其他：
	C	Si	Mn	P	S	Ceq	

检验结论：依据《钢筋混凝土用钢　第2部分：热轧带肋钢筋》（GB 1499.2—2007），HPB235钢筋所验指标合格。

批准	×××	审核	×××	试验	×××
试验单位	×××市建筑材料检测中心				
报告日期	××年××月××日				

注：本表由检测机构提供。

② 水泥试验报告（参考用表）

依据《混凝土结构工程施工质量验收规范》（GB 50204—2002）的规定，水泥进场时应对其品种、级别、包装或散装仓号、出厂日期等进行检查，并应对其强度、安定性及其他必要的性能指标进行复验，其质量必须符合现行国家标准《通用硅酸盐水泥》国家标准第1号修改单（GB 175—2007/XG1—2009）的规定。

当在使用中对水泥质量有怀疑或水泥出厂超过三个月（快硬硅酸盐水泥超过一个月）时，应进行复验，并按复验结果使用。

钢筋混凝土结构、预应力混凝土结构中，严禁使用含氯化物的水泥。

检查数量：按同一生产厂家、同一等级、同一品种、同一批号且连续进场的水泥，袋装不超过200t为一批，散装不超过500t为一批，每批抽样不少于一次。

检验方法：检查产品合格证、出厂检验报告和进场复验报告。水泥试验报告参考采用表5-38的格式。

水泥试验报告（参考用表）　　　　　表5-38

工程名称	××市×中学教学楼			资料编号	01-06-C4-×××
				试验编号	××-×××
				委托编号	××-×××
委托单位	×××建筑安装有限公司			试件编号	×××
				试验委托人	×××
品种及强度等级	P.O42.5	出厂编号及日期	出厂编号××××××年××月××日	生产厂	×××集团水泥厂
代表数量	200t	来样日期	××年××月××日	试验日期	××年××月××日
检验项目	标准要求	实测结果	检验项目	标准要求	实测结果
试验依据	《通用硅酸盐水泥》国家标准第1号修改单（GB 175—2007/XG1—2009）				
细度	0.8μm方孔筛余量（%）				
	比表面积（m²/kg）				
标准稠度用水量	27.5%				
凝结时间	初凝	220min	终凝		285min
安定性	雷氏法	/	饼法		合格
其他					
强度检验	抗折强度（MPa）			抗压强度（MPa）	
	3d	28d		3d	28d

续表

标准要求	≥2.5		≥5.5		≥10.0		≥32.5	
强度结果	单块值	平均值	单块值	平均值	单块值	平均值	单块值	平均值
	4.5	4.4	8.7	8.7	23.0	23.5	52.5	53.1
					23.8		53.2	
	4.3		8.8		23.2		52.7	
					24.1		53.8	
	4.3		8.7		23.8		53.2	
					22.9		53.1	
检验结论：依据《通用硅酸盐水泥》国家标准第1号修改单（GB 175—2007/XG1—2009）检验，各项指标合格。								
批准	×××		审核	×××		试验	×××	
试验单位	×××市建筑材料检测中心							
报告日期	××年××月××日							

③ 砂试验报告（参考用表）

依据《混凝土结构工程施工质量验收规范》（GB 50204—2002）规定，普通混凝土所用的粗、细骨料的质量应符合国家现行标准《普通混凝土用砂、石质量及检验方法标准》（JGJ 52—2006）的规定。

检查数量：按进场的批次和产品的抽样检验方案确定。

检验方法：检查进场复验报告。

砂试验报告参考采用表 5-39 的格式。

砂试验报告（参考用表） 表 5-39

工程名称			××市×中学教学楼		资料编号	01-06-C4-×××
					试验编号	××-×××
					委托编号	××-×××
委托单位			×××建筑安装有限公司		试件编号	×××
					试验委托人	×××
种类		中砂	产地		××砂石场	
代表数量		200t	来样日期	××年××月××日	试验日期	××年××月××日
试验依据			《普通混凝土用砂、石质量及检验方法标准》（JGJ 52—2006）			
试验结果	筛分析		细度模数（μf）		2.6	
			级配区域		Ⅱ区	
	含泥量		2.3%			
	泥块含量		0.3%			
	表观密度（kg/m³）					
	堆积密度（kg/m³）					
	碱活性指标		/			
	其他		/			
检验结论： 依据《普通混凝土用砂、石质量及检验方法标准》（JGJ 52—2006）含泥量、泥块含量合格，属Ⅱ区中砂，4.75mm 筛孔累计筛余小于10%，各项指标合格。						
批准	×××		审核	×××	试验	×××
试验单位			×××市建筑材料检测中心			
报告日期			××年××月××日			

④ 防水涂料试验报告（参考用表）

依据《地下防水工程质量验收规范》（GB 50208—2002）涂料防水层所用材料及配合比必须符合设计要求。

检验方法：检查出厂合格证、质量检验报告、计量措施和现场抽样试验报告。防水涂料试验报告参考采用表 5-40 的格式。

防水涂料试验报告（参考用表） 表 5-40

工程名称		××市×中学教学楼		资料编号	01-05-C4-×××
				试验编号	××-×××
				委托编号	××-×××
委托单位		×××建筑安装有限公司		试件编号	×××
				试验委托人	×××
种类、型号		聚氨酯防水涂料（双组分）	产地	××建材涂料厂	
代表数量		2t	来样日期	××年××月××日	试验日期	××年××月××日
试验依据		《聚氨酯防水涂料》（GB/T 19250—2003）			
试验结果	延伸性（mm）	/			
	拉伸强度（MPa）	2.3			
	断裂伸长率（%）	345			
	粘结性（MPa）	/			
	耐热度	温度（℃）	/	评定	
	不透水性	合格			
	柔韧性	温度（℃）	−30	评定	合格
	固体含量（%）	97			
	其他	/			
检验结论：依据《聚氨酯防水涂料》（GB/T 19250—2003）标准各项指标合格。					
批准		×××	审核	×××	试验	×××
试验单位		×××市建筑材料检测中心			
报告日期		××年××月××日			

⑤ 防水卷材试验报告（参考用表）

依据《地下防水工程质量验收规范》（GB 50208—2011）：卷材防水层所用材料及配合比必须符合设计要求。卷材防水层应采用高聚物改性沥青防水卷材和合成高分子防水卷材。高聚物改性沥青防水卷材应符合国标《弹性体改性沥青防水卷材》（GB 18242—2008）、《塑性体改性沥青防水卷材》（GB 18243—2008）和行标《改性沥青聚乙烯胎防水卷材》（GB 18967—2009）的要求。国内合成高分子防水卷材的种类很多，产品质量应符合国标《高分子防水材料 第1部分：片材》（GB 18173.1—2012）的要求。

检验方法：检查出厂合格证、质量检验报告现场抽样试验报告。防水卷材试验报告参考采用表 5-41 的格式。

防水卷材试验报告（参考用表）　　　　　　　　　　表 5-41

工程名称		××市×中学教学楼			资料编号		01-05-C4-×××
					试验编号		××-×××
					委托编号		××-×××
委托单位		×××建筑安装有限公司			试件编号		××
					试验委托人		×××
种类、等级、牌号		弹性体改性沥青防水卷材×型××牌	产地		××防水材料厂		
代表数量		450卷	来样日期	××年××月××日	试验日期		××年××月××日
试验依据		《弹性体改性沥青防水卷材》（GB 18242—2008）					
试验结果	拉力试验	拉力（N）	纵	545		横	532
		拉伸强度（MPa）	纵	/		横	/
	断裂伸长率（延伸率）（%）		纵	/		横	/
	耐热度	温度（℃）	90		评定		合格
	不透水性			合格			
	柔韧性	温度（℃）	−18		评定		合格
	其他			合格			
检验结论：依据《弹性体改性沥青防水卷材》（GB 18242—2008）各项指标合格。							
批准	×××	审核	×××		试验		×××
试验单位		×××市建筑材料检测中心					
报告日期		××年××月××日					

⑥ 砖（砌块）试验报告（参考用表）

依据《砌体结构工程施工质量验收规范》（GB 50203—2011）的规定：砖、砌块和砂浆的强度等级必须符合设计要求。每一生产厂家的砖到现场后，按烧结砖 15 万块、多孔砖 5 万块、灰砂砖及粉煤灰砖 10 万块各为一验收批，抽检数量为 1 组。砌块每一生产厂家，每 1 万块至少应抽检一组。用于多层以上建筑基础和底层的小砌块抽检数量不应少于 2 组。

检验方法：检查砖和砂浆试块试验报告。砖（砌块）试验报告参考采用表 5-42 的格式。

砖（砌块）试验报告（参考用表）　　　　　　　　　　表 5-42

工程名称		××市×中学教学楼		资料编号	02-03-C4-×××
				试验编号	××-×××
				委托编号	××-×××
委托单位		×××建筑安装有限公司		试件编号	××
				试验委托人	×××
种类		轻集料混凝土小型空型砌块	产地	××建材公司	
代表数量		10000块	密度等级	800	强度等级	MU2.5
处理日期	××年××月××日	来样日期	××年××月××日	试验日期	××年××月××日
试验依据		《轻集料混凝土小型空型砌块》（GB/T 15229—2011）			

续表

试验结果	烧结普通砖、烧结多孔砖			
	抗压强度平均值 f (MPa)	变异系数 $\delta \leqslant 0.21$ 强度标准值 f_k (MPa)		变异系数 $\delta > 0.21$ 单块最小强度值 f_k (MPa)
	/	/		/
	轻集料混凝土小型空型砌块			
	砌块抗压强度（MPa）			砌块干燥表观密度（kg/m³）
	平均值	最小值		
	2.6	2.4		/
	其他种类			
	抗压强度（MPa）			抗折强度（MPa）
	平均值 | 最小值	大面 平均值 | 最小值	条面 平均值 | 最小值	平均值 | 最小值
	/ | /	/ | /	/ | /	/ | /

检验结论：依据《轻集料混凝土小型空心砌块》（GB/T 15229—2011）各项指标合格。

批准	×××	审核	×××	试验	×××
试验单位	×××市建筑材料检测中心				
报告日期	××年××月××日				

5）其他材料试验要求见表 5-43。

其他材料试验要求 表 5-43

序号	工程资料名称	内容及注意事项
1	预应力筋复试报告	预应力混凝土用钢丝、中强度预应力混凝土用钢丝、预应力混凝土用钢棒、预应力混凝土用钢绞线同一牌号、同一规格、同一生产工艺、同一加工状态为同一验收批，每批重量不大于 60t。材料进场后，材料验收前，现场取样复试，复试时间 1~3d
2	预应力锚具、夹具和连接器复试报告	预应力筋用锚具、夹具和连接器应按设计要求采用，其性能应符合现行国家标准《预应力筋用锚具、夹具和连接器》（GB/T 14370—2007）等的规定。 检查数量：按进场批次和产品的抽样检验方案确定。 检验方法：检查产品合格证、出厂检验报告和进场复验报告。 注：对锚具用量较少的一般工程，如供货方提供有效的试验报告，可不做静载锚固性能试验。 预应力筋用锚具、夹具和连接器使用前应进行外观检查，其表面应无污物、锈蚀、机械损伤和裂纹。 检查数量：全数检查。 材料进场后，材料验收前，现场取样复试，复试时间 1~3d
3	装饰装修用门窗复试报告	同一品种、类型和规格的木门窗、金属门窗、塑料门窗及门窗玻璃每 100 樘应划分为一个检验批，不足 100 樘也应划分为一个检验批。 同一品种、类型和规格的特种门每 50 樘应划分为一个检验批，不足 50 樘也应划分为一个检验批。材料进场后，材料验收前，现场取样（抽样）复试，复试时间 3d 左右
4	装饰装修用人造木板复试报告	同一地点、同一类别、同一规格的产品为一验收批。材料进场后，材料验收前，现场取样（抽样）复试，复试时间 3d 左右
5	装饰装修用花岗石复试报告	以同一产地、同一品种、同一等级、同一类别的板材每 200m² 为一验收批，不足 200m² 的单一工程部位的板材也按一批计。材料进场后，材料验收前，现场取样（抽样）复试，复试时间 3d 左右

续表

序号	工程资料名称	内容及注意事项
6	装饰装修用安全玻璃复试报告	同一厂家生产的同一品种、同一类型的进场材料应至少抽取一组样品进行复验，复试时间 3d 左右
7	装饰装修用外墙面砖复试报告	同一生产厂、同种产品、同一级别、同一规格、实际交货量大于 5000m² 的为一批，不足 5000m² 的也按一批计。材料进场后，材料验收前，现场取样（抽样）复试，复试时间 3d 左右
8	钢结构用钢材复试报告	碳素结构钢、低合金高强度结构钢、桥梁用碳素钢及低合金钢钢板：每批不超过 60t。材料进场后，材料验收前，现场取样（抽样）复试，复试时间 3d 左右
9	钢结构用防火涂料复试报告	防火涂料：薄型每批不超过 100t，厚型每批不超过 500t 材料进场后，材料验收前，现场取样（抽样）复试，复试时间 3d 左右
10	钢结构用焊接材料复试报告	重要钢结构采用的焊接材料应进行抽样复验，材料进场后，材料验收前，现场取样（抽样）复试，复试时间 3d 左右
11	钢结构用高强度大六角头螺栓连接副复试报告	进场验收的检验批原则上应与各分项工程检验批一致，也可以根据工程规模及进料实际情况划分检验批。在施工现场待安装的检验批随机抽取。 1. 高强度大六角头螺栓连接副出厂时应分别随箱带有扭矩系数和紧固轴力（预拉力）的检验报告。材料进场后，材料验收前，现场取样（抽样）复试，复试时间 3d 时间左右。
12	钢结构用扭剪型高强度螺栓连接副复试报告	2. 扭剪型高强度螺栓连接副出厂时应分别随箱带有扭矩系数和紧固轴力（预拉力）的检验报告。在施工现场待安装的检验批随机抽取。材料进场后，材料验收前，现场取样（抽样）复试，复试时间 3d 左右
13	幕墙用铝塑板、石材、玻璃、结构胶复试报告	铝塑复合板按同一品种、同一等级、同一规格的产品每 3000m² 为一验收批；天然花岗石板材按同一产地、同一品种、同一等级、同一类别的板材每 200m² 为一验收批；天然大理石按同一产地、同一品种、同一等级、同一类别的板材每 100m² 为一验收批；材料进场后，现场取样（抽样）复试，复试时间 3d 左右
14	散热器、采暖系统保温材料、通风与空调工程绝热材料、风机盘管机组、低压配电系统电缆的见证取样复试报告	散热器用保温材料：同一厂家、同一规格的散热器按其数量的1‰见证取样送检；材料进场后，现场取样（抽样）复试，复试时间 3d 左右。 采暖系统保温材料、通风与空调用保温材料：同一生产厂家、同一品种产品当单位工程建筑面积在 20000m² 以下时各抽查不少于 3 次，20000m² 以上时各抽查不少于 6 次。材料进场后，现场取样（抽样）复试，复试时间 3d 左右
15	节能工程材料复试报告	1. 墙体节能工程采用的保温材料：同一厂家、同一品种的产品，当单位工程建筑面积在 20000m² 以下时各抽查不少于 3 次；当单位工程建筑面积在 20000m² 以上时各抽查不少于 6 次。材料进场后，现场取样（抽样）复试，复试时间 3d 左右。 2. 幕墙节能工程使用的材料、构件等进场时，进场时抽样复验，检查数量：同一厂家的同一种产品抽查不少于一组。材料进场后，现场取样（抽样）复试，复试时间 3d 左右。 3. 屋面节能工程使用的保温隔热材料，进场时应对其导热系数、密度、抗压强度或压缩强度、燃烧性能进行复验，复验应为见证取样送检。检验方法：随机抽样送检，核查复验报告。检查数量：同一厂家、同一品种的产品各抽查不少于 3 组。材料进场后，现场取样（抽样）复试，复试时间 3d 左右。 4. 地面节能工程采用的保温材料，进场时应对其导热系数、密度、抗压强度或压缩强度、燃烧性能进行复验，复验应为见证取样送检。检验方法：随机抽样送检，核查复验报告。检查数量：同一厂家、同一品种的产品各抽查不少于 3 组。材料进场后，现场取样（抽样）复试，复试时间 3d 左右

5. 施工记录

（1）隐蔽工程验收记录

依据《建筑工程施工质量验收统一标准》（GB 50300—2001）的规定：隐蔽工程在隐蔽前应由施工单位通知有关单位进行验收，并形成验收文件。隐蔽工程施工完毕后，由专业工长填写隐蔽工程验收记录，项目技术负责人组织监理旁站，施工单位专业工长、质量检查员共同参加。验收后由监理单位签署审核意见，并下审核结论。若验收存在问题，则在验收中给予明示。对存在的问题，必须按处理意见进行处理，处理后对该项进行复查，并将复查结论填入表内。凡未经过隐蔽工程验收或验收不合格的工序，不得进入下一道工序的施工。

"隐蔽工程验收"与"检验批验收"是不同的。它们的区别在于："隐蔽工程验收"仅仅针对将被隐蔽的工程部位做出验收，而"检验批验收"是对工程的所有部位、工序的验收。在施工中"隐蔽工程验收"与"检验批验收"的时间关系可以有"之前"、"之后"和"等同"三种不同情况。

隐蔽工程验收记录应符合国家相关标准的规定。施工单位填写的隐蔽工程验收记录应一式四份，并应由建设单位、监理单位、施工单位、城建档案馆各保存一份。隐蔽工程验收记录宜采用表5-44的格式。

隐蔽工程验收记录（通用）（C.5.1）　　　　表5-44

工程名称	××市×中学教学楼	编　号	01-01-C5-0××
隐检项目	土方工程	隐检日期	××××年××月××日
隐检部位	基槽层	①～⑪/Ⓐ～Ⓕ轴线	−5.200m标高

隐检依据：施工图号总施—1、结构总说明、结施—1、结施—2，设计变更/洽商/技术核定单（编号＿＿／＿＿）及有关国家现行标准等。 主要材料名称及规格/型号：＿＿／＿＿			
隐检内容： 1. 基础基地标高为−5.2m，槽底土质为园砾，无地下水； 2. 基槽土层已挖至−5.2m，基底清理到位，无杂物； 3. 基底轮廓尺寸符合图纸要求。 隐检内容已做完毕，请予以检查验收。			
检查结论： 　　经检查基底标高轮廓尺寸符合设计要求，槽底土质与地质勘察报告相符，清槽工作符合要求，无地下水，同意进行下道工序施工。 ☑同意隐蔽　　　□不同意隐蔽，修改后复查			
复查结论： 符合有关规范规定及设计要求。 复查人：　　　　　　　复查日期：			
签字栏	施工单位	×××建筑安装有限公司	专业技术负责人 ×××	专业质检员 ×××	专业工长 ×××
	监理或建设单位	×××监理有限责任公司	专业工程师	×××	

常见的隐蔽验收项目见表5-45所列。

隐蔽工程验收项目　　　　　　　　　　　表 5-45

工程名称	内容要求及注意事项
土方工程	土方基槽、土方回填前检查基底清理、基底标高情况及回填土方质量、过程等
支护工程	锚杆、土钉的品种、规格、数量、位置、插入长度、钻孔直径、深度和角度等；地下连续墙的成槽宽度、深度、倾斜度、垂直度、钢筋规格、位置、槽底清理、沉渣厚度等
桩基工程	钢筋笼规格、尺寸、沉渣厚度、清孔情况等
地下防水工程	混凝土变形缝、施工缝、后浇带、穿墙套管、预埋件等设置的形式和构造；人防出口防水做法；防水层基层、防水材料规格、厚度、铺设方式、阴阳角处理、搭接密封处理等
结构工程	用钢筋绑扎的钢筋的品种规格、数量、位置、锚固和接头位置、搭接长度、保护层厚度和除锈、除污情况、钢筋代用变更及预留、预埋钢筋处理等；钢筋焊（连）接型式、焊（连）接种类、接头位置、数量及焊条、焊剂、焊口形式、焊缝长度、厚度及表面清渣和连接质量等
预应力工程	检查预留孔道的规格、数量、位置、形状、端部的预埋垫板；预应力筋的下料长度、切断方法、竖向位置偏差、固定、护套的完整性；锚具、夹具、连接点的组装等
钢结构工程	地脚螺栓规格、位置、埋设方法、紧固；钢结构焊接的焊条、焊口形式焊缝长度、厚度及表面清渣和连接质量等
节能工程	外墙内、外保温构造节点做法
地面工程	基层（垫层、找平层、隔离层、防水层、填充层、基土、地龙骨）材料品种、规格、铺设厚度、方式、坡度、标高、表面情况、节点密封处理、粘结情况等
抹灰工程	具有加强措施的抹灰应检查其加强构造的材料品种、规格、铺设、固定、搭接等
门窗工程	预埋件和锚固件、螺栓等的数量、位置、间距、埋设方式、与框的连接方式、防腐处理、缝隙的嵌填、密封材料的粘结等
吊顶工程	吊顶龙骨及吊件材质、规格、间距、连接方式、固定、表面防火、防腐处理，外观情况，接缝和边缝情况，填充和吸声材料的品种、规格及铺设、固定等
轻质隔墙工程	预埋件、连接件、拉结筋的位置、数量、连接方法，与周边墙体及顶框的连接、龙骨连接、间距、防火、防腐处理、填充材料设置等
饰面板（砖）工程	预埋件（后置埋件）、连接件规格、数量、位置、连接方式、防腐处理等。有防水构造部位应检查找平层、防水层、找平层的构造做法，同地面基土隐蔽检查
幕墙工程	构件之间（预埋件、后置埋件）以及构件与主体结构的连接节点的安装（焊接、栓接、铆接、粘结）及防腐处理；幕墙四周、幕墙表面与主体结构之间间隙节点的安装；幕墙伸缩缝、沉降缝、防震缝及墙面转角节点的安装；幕墙防雷接地节点的安装等
细部工程	预埋件或后置埋件和连接件的数量、规格、位置连接方式、防腐处理等
建筑屋面工程	基层、找平层、保温层、防水层、隔离层情况，材料的品种、规格、厚度、铺贴方式、搭接宽度、接缝处理、粘结情况；附加层、天沟、檐沟、泛水和变形缝细部做法；分隔缝设置、密封嵌填材料及处理等
给水、排水及采暖工程	1. 不露明的管道和设备直埋于地下或结构中，暗敷于沟槽、管井、不进入吊顶内的给水、排水、采暖、消防管道和相关设备以及有防水要求的套管：检查管材、管件、阀门、设备的材料材质与型号，安装位置，标高，防水套管的定位及尺寸，管道连接做法及质量；附件使用、支架固定，以及是否已按照设计要求及施工规范规定完成强度严密性、冲洗等试验。 2. 有绝热防腐要求的给水、排水、采暖、消防、喷淋管道和相关设备：检查绝热方式、绝热材料的材质与规格、绝热管道与支吊架之间的防结露措施、防腐处理材料及做法等。 3. 埋地的采暖、热水管道，在保温层、保护层完成后，所在部位进行回填之前，应检查安装位置、标高、坡度；支架做法、保温层、保护层设置等

续表

工程名称	内容要求及注意事项
建筑电气工程	1. 埋于结构内的各种电线导管：验收导管的品种、规格、位置、弯扁度、弯曲半径、连接、跨接地线、防腐、管盒固定、管口处理、敷设情况、保护层、需焊接部位的焊接质量等。 2. 利用结构轴钢筋做的避雷引下线：验收轴线位置、钢筋数量、规格、搭接长度、焊接质量，与接地极、避雷网、均压环等连接点的焊接情况。 3. 等电位及均压环暗埋：验收使用材料的品种、规格、安装位置、连接方法、连接质量、保护层厚度等。 4. 接地极装置埋设：验收接地极的位置、间距、数量、材质、埋深、接地极的连接方法、连接质量、防腐情况。 5. 金属门窗、幕墙、与避雷引下线的连接：验收连接材料的品种、规格、连接位置的数量、连接方法和质量。 6. 不进入吊顶内的电线导管：验收导管的品种、规格、位置、弯扁度、弯曲半径、连接、跨接地线、防腐、需焊接部位的焊接质量、管盒固定、管口处理、固定方法、固定间距等。 7. 不进入吊顶内的线槽：验收使用材料的品种、规格、位置、连接、接地防腐、固定方法、固定间距及其他管线位置的关系。 8. 直埋电缆：验收电缆的品种、规格、埋设方法、埋深、弯曲半径、标桩埋设情况等。 9. 不进入电缆沟敷设电缆：验收电缆的品种、规格、弯曲半径、固定方法、固定间距、标识情况
通风与空调工程	1. 敷设于竖井内、不进入吊顶内的风道（包括各类附件、部件、设备等）：检查风道的标高、材质，接头、接口严密性，附件、部件安装位置，支、吊、托架安装、固定，活动部件是否灵活可靠，方向是否正确，风道分支、变径处理是否合理，是否符合要求，是否已按照设计要求及施工规范规定完成风管的漏光、漏风检测，空调水管道的强度严密性、冲洗等试验。 2. 有绝热、防腐要求的风管、空调水管及设备：检查绝热形式与做法、绝热材料的材质和规格、防腐处理材料及做法。绝热管道与支吊架之间应垫绝热衬垫或经防腐处理的木衬垫，其厚度应与绝热层厚度相同，表面平整，衬垫接合面的空隙应填实
电梯工程	检查电梯承重梁、起重吊环埋设，电梯钢丝绳头灌注，电梯井道内导轨、层门的支架、螺栓埋设等
智能建筑工程	1. 埋在结构内的各种电线导管：验收导管的品种、规格、位置、弯扁度、弯曲半径、连接、跨接地线、防腐、需焊接部位的焊接质量、管盒固定、管口处理、敷设情况、保护层等。 2. 不能进入吊顶内的电线导管：验收导管的品种、规格、位置、弯扁度、弯曲半径、连接、跨接地线、防腐、需焊接部位的焊接质量、管盒固定、管口处理、固定方法、固定间距。 3. 不能进入吊顶内的线槽：验收其品种、规格、位置、连接、接地、防腐、固定方法、固定间距等。 4. 直埋电缆：验收电缆的品种、规格、埋设方法、埋深、弯曲半径、标桩埋设情况等。 5. 不进入电缆沟的敷设电缆：验收电缆的品种、规格、弯曲半径、固定方法、固定间距、标识情况等

（2）施工检查记录

对于施工过程中影响质量、观感、安装、人身安全的工序应在过程中做好过程控制检查记录。

由施工单位填写的施工检查记录应一式一份，并由施工单位自行保存。施工检查记录宜采用表 5-46 的格式。

施工检查记录（通用）(C.5.2)　　　　　　　表5-46

工程名称	××市×中学教学楼	编　号	01-06-C5-0××
		检查日期	××××年××月××日
检查部位	地下一层①～⑪/Ⓐ～Ⓕ轴顶板、梁、楼梯	检查项目	模板工程

检查依据： 1. 施工图纸：结施—10、结施—11、结施—21； 2.《混凝土结构工程施工质量验收规范》(GB 50204—2002)。

检查内容： 1. 地下一层①～⑪/Ⓐ～Ⓕ轴顶板、梁、楼梯模板； 2. 模板支撑的强度、刚度、稳定性符合规范要求； 3. 标高、各部尺寸符合设计图纸要求； 4. 拼缝严密，隔离剂涂刷均匀，模内清理干净。

检查结论： 　　经检查地下一层①～⑪/Ⓐ～Ⓕ轴顶板、梁、楼梯模板安装工程已全部完成，符合设计及《混凝土结构工程施工质量验收规范》(GB 50204—2002)的规定。

复查结论： 符合规范规定及设计要求。

复查人：		复查日期：			
签字栏	施工单位	×××建筑安装有限公司	专业质检员		专业工长
	专业技术负责人	×××	×××		×××

（3）交接检查记录（通用）

《交接检查记录》适用于不同施工单位（专业工种）之间的移交检查，当前一专业工程施工质量对后续专业工程施工质量产生直接影响时，应进行交接检查。如：设备基础完工交给机电设备安装，结构工程完工交给幕墙工程等。并由前一施工单位（专业工种）填写，移交、接受和见证单位各存一份。

相关规定与要求：分项（分部）工程完成，在不同专业施工单位之间应进行工程交接，并进行专业交接检查，填写《交接检查记录》。移交单位、接收单位和见证单位共同对移交工程进行验收，并对质量情况、遗留问题、工序要求、注意事项、成品保护、注意事项等进行记录，填写《专业交接检查记录》。

交接双方共同填写的交接检查记录应一式三份，并应由移交单位、接收单位和见证单位各保存一份。交接检查记录宜采用表5-47的格式。

交接检查记录（通用）(C.5.3)　　　　　　　表5-47

工程名称	××市×中学教学楼	编　号	03-01-C5-0××
		图纸编号	××××年××月××日
移交单位	×××建筑安装有限公司	见证单位	×××监理有限责任公司
交接部位	建筑装饰工程	接收单位	×××建筑装饰有限公司

交接内容：		
1. 结构标高，轴线偏差；		
2. 结构构件尺寸偏差；		
3. 楼地面标高偏差；		
4. 门窗洞口尺寸偏差；		
5. 水、暖、电等预埋或管线是否到位。		
检查结论： 经检查结构标高，轴线偏差；结构构件尺寸偏差；楼地面标高偏差；门窗洞口尺寸偏差；水、暖、电等预埋或管线均符合规范要求，具备装饰工程施工条件。		
复查结论：（由接收单位填写）		
复查人： 复查日期：		
见证单位意见： 交接检查细致全面，各项检查均符合设计要求及规范规定，同意交接。		
签字栏	移交单位	接收单位	见证单位
	×××	×××	×××

（4）工程定位测量记录

工程定位测量记录应在工程开工前完成，记录应依据规划部门提供的红线桩、放线成果及总平面图（场地控制网）测定建筑物位置、主控轴线及尺寸、建筑物的±0.000高程，填写《工程定位测量记录》，报监理单位审核签字后，由建设单位报规划部门验线。填写工程定位测量记录注意如下要求：

1）测绘部门根据建设工程规划许可证（附件）批准的建筑工程位置及标高依据，提供放线成果、红线桩及场地（或建筑物）控制网等资料。

2）施工测量方案（用于大型、复杂的工程）企业自存。

3）建设单位报清具有相应资质的测绘部门对工程定位的验线资料向建设单位索取，企业自存。

4）工程定位测量完成后，应由建设单位报请政府具有相关资质的测绘部门申请验线，填写《建设工程验线申请表》报请政府测绘部门验线。工程定位测量记录：含建筑物的位置、主控轴线及尺寸、建筑物±0.00绝对高程，并填报《_____报验（审）申请表》报监理单位审核。

施工单位填写的工程定位测量记录应一式四份，并应由建设单位、监理单位、施工单位、城建档案馆各保存一份。工程定位测量记录宜采用表5-48的格式。

工程定位测量记录（C.5.4） 表5-48

工程名称	××市×中学教学楼	编　号	01-01-C5-0××
		图纸编号	总施-1
委托单位	×××建筑安装有限公司	施测日期	××××年××月××日
复测日期	××××年××月××日	平面坐标依据	DZS3-1
高程依据	甲方指定	使用仪器	DS3　DJ6

续表

| 允许误差 | $m_\beta=6''$ $k\leqslant1/10000$ $f_h\leqslant\pm12\sqrt{L}$ | 仪器校验日期 | ××××年××月××日 |

定位抄测示意图：

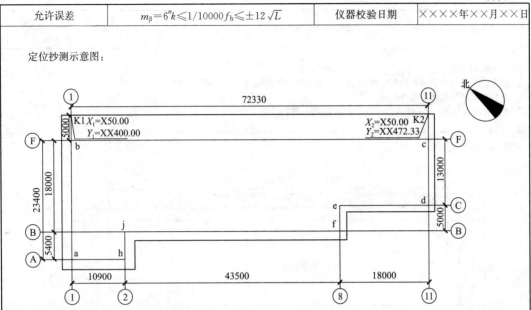

说明：1.依据规划部门（或建设单位）提供的控制点K1和K2的坐标及K1K2与Ⓕ轴间的平行距离关系可计算出教学楼各拐点的坐标。

a. X=X78.4, Y=XX400.00；b. X=X55.00, Y=XX400.00；c. X=X55.0, Y=XX472.33；d. X=X68.00, Y=XX472.33；e. X=X68.00, Y=XX454.40；f. X=X73.40, Y=XX454.00；j. X=X73.40, Y=XX410.90；h. X=X78.40, Y=XX410.90。

2.以K1以点为测站将全站仪置于其上对中整平，后视K2点，将K1、K2坐标点坐标输入全站仪，应用坐标放样将a，b，c，d，e，f，j，h教学楼拐点分别放样到地面，并用钢尺检查各两点间距离符合图纸尺寸。定位放线完成。

复查结果：
1. 平面控制网测角中误差 $m_\beta=6''$、边长相对误差 $k\leqslant1/25200$，符合《工程测量规范》（GB 50026—2007）中二级建筑物平面控制网精度及设计要求；
2. 高程控制网闭合差 $f_h=3\text{mm}$，符合《工程测量规范》（GB 50026—2007）中三等水准测量精度及设计要求

签字栏	施工单位	×××建筑安装有限公司	测量人员岗位证书号	×××	专业技术负责人	×××
	施工测量负责人	×××	复测人	×××	施测人	×××
	监理或建设单位	×××监理有限责任公司			专业工程师	×××

（5）基槽验线记录

依据《工程测量规范》（GB 50026—2007）的规定，《基槽验线记录》填写时应注意：

1）施工单位实施基槽开挖后填写含轴线、放坡边线、断面尺寸、标高、坡度等内容，报监理单位审验。收集附件"普通测量成果"及基础平面图等。

2）相关规定与要求：施工测量单位应根据主控轴线和基槽底平面图，检验建筑物基底外轮廓线、集水坑、电梯井坑、垫层底标高（高程）、基槽断面尺寸和坡度等，填写《基槽验线记录》并报监理单位审核。

3）注意事项：重点工程或大型工业厂房应有测量原始记录。

4）本表由建设单位、施工单位、城建档案馆各保存一份。基槽验线记录参考采用表5-49的格式。

基槽验线记录（参考用表）　　　　　　　　　　　　表 5-49

工程名称	××市×中学教学楼	编号	01-01-C5-0××
		日期	××××年××月××日

验线依据及内容：
1. 依据：甲方提供定位控制桩、水准点，测绘单位提供测量成果、基础平面图；
2. 内容：基地外轮廓线及外轮廓断面；
3.《工程测量规范》（GB 50026—2007）及测量方案。

基槽平面及剖面简图：

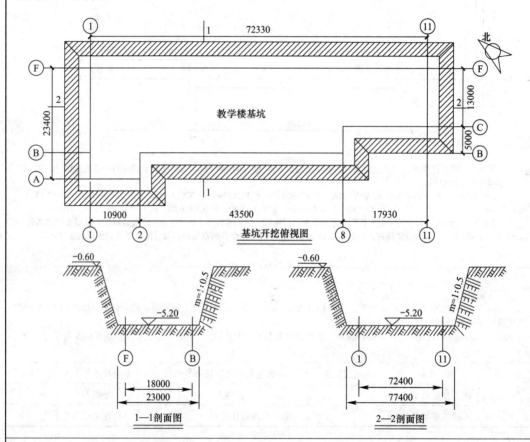

检查意见：
基地外轮廓及断面准确，垫层标高-5.400m，误差均在±5mm以内。
经检查，基坑开挖质量符合《建筑地基基础工程施工质量验收规范》（GB 50202—2002）及设计要求。

签字栏	施工单位	×××建筑安装有限公司	专业技术负责人	专业质检员	专业工长
			×××	×××	×××
	监理或建设单位	×××监理有限责任公司	专业工程师		×××

（6）建筑物垂直度、标高观测记录

施工单位在结构工程施工和工程竣工时对建筑物垂直度和全高进行实测，将结果填写到《建筑物垂直度、标高观测记录》。施工单位填写的建筑物垂直度、标高观测记录应一式三份，并应由建设单位、监理单位、施工单位各保存一份。建筑物垂直度、标高观测记录宜采用表 5-50 的格式。

建筑物垂直度、标高观测记录（C.5.5） 表 5-50

工程名称	××市×中学教学楼		编　号	00-00-C5-×××
施工阶段	工程竣工		观测日期	××××年××月××日

观测说明（附观测示意图）：
1. 用 2″精度激光垂准仪配合量距测得全高、垂直度。
2. 用计量 50m 钢尺外加比卡、温度、垂曲三项改正数的计算，量得总高偏差。
位置见附图

垂直度测量（全高）		标高测量（全高）	
观测部位	实测偏差（mm）	观测部位	实测偏差（mm）
①/Ⓐ轴	偏东 2	①/Ⓐ轴	+2
①/Ⓐ轴	偏南 5		
①/Ⓕ轴	偏北 3	①/Ⓕ轴	+3
①/Ⓕ轴	偏东 6		
⑪/Ⓐ轴	偏北 3	⑪/Ⓐ轴	+3
⑪/Ⓐ轴	偏西 4		
⑪/Ⓕ轴	偏北 4	⑪/Ⓕ轴	+2
⑪/Ⓕ轴	偏西 2		

结论：
经实测，本工程建筑垂直度（全高），偏差最大 6mm，标高（全高）偏差最大 3mm，符合《工程测量规范》（GB 50026—2007）及设计要求。

签字栏	施工单位	×××建筑安装有限公司	专业技术负责人	专业质检员	施测人
			×××	×××	×××
	监理或建设单位	×××监理有限责任公司	专业监理工程师		×××

（7）地基验槽记录

地基验槽记录应符合现行国家标准《建筑地基基础工程施工质量验收规范》（GB 50202—2002）的有关规定。验槽要求如下：

1）收集相关设计图纸、设计变更洽商及地质勘察报告等。

2）由总包单位填报，经各相关单位转签后存档。

3）所有建（构）筑物均应进行施工验槽，基槽开挖后检验要点：核对基坑的位置、平面尺寸、坑底标高；核对基坑土质和地下水的情况；空穴、古墓、古井、防空掩体及地下埋设物的位置、深度、性状。基槽检验应填写验槽记录或检验报告。

4）地基验槽检查记录应由建设、勘察、设计、监理、施工单位共同验收签认。

5）地基需处理时，应由勘察、设计部门提出处理意见。

施工单位填写的地基验槽记录应一式六份，并应由建设单位、监理单位、勘察单位、设计单位、施工单位、城建档案馆各保存一份。地基验槽记录宜采用表 5-51 的格式。

地基验槽记录（C.5.6）　　　　　　　　　　　　　表 5-51

工程名称	××市×中学教学楼	编　号	01-01-C5-0××
验槽部位	①-⑪/Ⓐ-Ⓕ轴	验槽日期	××××年××月××日

依据：施工图号施工图号总施-1、结构总说明、结施-1、结施-2、地质勘察报告（编号×××-××）
　　　设计变更/洽商/技术核定编号＿＿＿＿/＿＿＿＿及有关规范、规程。

验槽内容：
1. 基槽开挖至勘探报告第＿×＿层，持力层为＿×＿层；
2. 土质情况：基地为砂砾土质，均匀密实；
3. 基坑位置、平面尺寸：均符合规范规定；
4. 基底绝对高程和相对标高：绝对标高××.××m，相对标高××.××m。

　　　　　　　　　　　　　　　　　　　　　　　　　　　　申报人：×××

检查结论：
1. 基底标高、基地轮廓尺寸、工程定位符合设计要求；
2. 槽底土质均匀密实，与地质勘察报告（地勘××-××）相符，清槽工作到位，无地下水，同意地基验槽。

　　　☑无异常，可进行下道工序　　　　□需要地基处理

签字公章栏	施工单位	勘察单位	设计单位	监理单位	建设单位
	×××	×××	×××	×××	×××

（8）混凝土浇灌申请书

正式浇筑混凝土前，施工单位应检查各项准备工作（如钢筋、模板工程检查，水电预埋件检查，材料设备等准备检查），自检合格由施工现场工长填写本表，报请监理单位批准后方可浇筑混凝土。本表由施工单位填写并保存，并交给监理一份备案。混凝土浇灌申请书参考采用表 5-52 的格式。

混凝土浇灌申请书（参考用表）　　　　　　　　　表 5-52

工程名称	××市×中学教学楼	编号	02-01-C5-×××
		申请浇灌日期	××××年××月××日
申请浇灌部位	一层顶板楼梯	申请方量（m³）	35
技术要求	坍落度 180±20mm，初凝时间 2h	强度等级	C35
搅拌方式（搅拌站名称）	×××混凝土有限公司	申请人	×××

依据：施工图纸（施工图纸号　结施 03、04　），设计变更/洽商（编号　××××　）和有关规范、规程。

施工准备检查		专业工长（质量员）签字	备注
1. 隐检情况：☑已完成	□未完成隐检	×××	
2. 预检情况：☑已完成	□未完成预检	×××	
3. 水电预埋情况：☑已完成	□未完成并未经检查	×××	
4. 施工组织情况：☑已完备	□未完备	×××	
5. 机械设备准备情况：☑已准备	□未准备	×××	
6. 保温及有关准备：☑已完备	□未完备	×××	

五、施工前期、施工期间、竣工验收各阶段施工资料管理的知识

续表

审批意见： 原材料、机械设备及施工人员已就位； 施工方案及技术交底工作已落实； 计量设备准备完毕； 各种隐检、水电预埋工作已完成。具备浇筑条件。 审批结论：☑同意浇筑　　□整改后自行浇筑　　□不同意，整改后重新申请 审批人：×××　　　　　　　　审批日期：××××年××月××日 施工单位名称：×××建筑安装有限公司

(9) 预拌混凝土运输单（参考用表）

预拌混凝土供应单位应随车向施工单位提供《预拌混凝土运输单》，《预拌混凝土运输单》的正本由供应单位保存，副本有施工单位保存。施工单位应检验运输单项目是否齐全、准确、真实、无未了项，编号填写正确、签字盖章齐全。预拌混凝土运输单参考采用表5-53的格式。

预拌混凝土运输单（正本）（参考用表）　　　　　表5-53

工程名称及施工部位	××市×中学教学楼二层梁、板、梯		编号	01-06-C5-×××
合同编号	××××-××		任务单号	××××-×××
供应单位	××商用混凝土有限公司		生产日期	××××年××月××日
委托单位	×××建筑安装有限公司	混凝土强度等级	C30	抗渗等级	/
混凝土输送方式	泵送	其他技术要求	/		
本车供应方量（m³）	8	要求坍落度（mm）	180±20	实测坍落度（mm）	190
配合比编号	××××-××××	配合比比例	C：W：S：G=	1：××：××：××	
运距（km）	21	车号	××××××	车次	5	司机	×××
出站时间	×日×时×分	到场时间	×日×时×分	现场出罐温度（℃）	20
开始浇筑时间	×日×时×分	完成浇筑时间	×日×时×分	现场坍落度（mm）	190
签字栏	现场验收人		混凝土供应单位质量员		混凝土供应单位签发人
	×××		×××		×××
预拌混凝土运输单（副本）					
工程名称及施工部位	××市×中学教学楼二层梁、板、梯		编号	01-06-C5-×××	
合同编号	××××-××		任务单号	××××-×××	
供应单位	××商用混凝土有限公司		生产日期	××××年××月××日	
委托单位	×××建筑安装有限公司	混凝土强度等级	C30	抗渗等级	/
混凝土输送方式	泵送	其他技术要求	/		
本车供应方量（m³）	8	要求坍落度（mm）	180±20	实测坍落度（mm）	190
配合比编号	××××-××××	配合比比例	C：W：S：G=	1：××：××：××	

续表

运距（km）	21	车号	×××××	车次	5	司机	×××
出站时间		×日×时×分		到场时间	×日×时×分	现场出罐温度（℃）	20
开始浇筑时间		×日×时×分		完成浇筑时间	×日×时×分	现场坍落度（mm）	190
签字栏		现场验收人 ×××		混凝土供应单位质量员 ×××		混凝土供应单位签发人 ×××	

注：本表的正本由供应单位保存，副本由施工单位保存。

(10) 地下工程防水效果检查记录

现行国家标准《地下防水工程质量验收规范》（GB 50208—2011）规定，地下工程验收时，应对地下工程有无渗漏现象进行检查，检查内容应包括裂缝、渗漏部位、大小、渗漏情况和处理意见等。填写注意事项和要求如下：

1) 收集背水内表面结构工程展开图、相关图片、相片及说明文件等。
2) 由施工单位填写，报送建设单位和监理单位，各相关单位保存。
3) 相关要求：地下工程验收时，发现渗漏水现象应制作、标示好背水内表面结构工程展开图。
4) 注意事项："检查方法及内容"栏内按《地下防水工程质量验收规范》相关内容及技术方案填写。

填写《地下工程防水效果检查记录》应由施工单位填写一式三份，并应由建设单位、监理单位、施工单位各保存一份。地下工程防水效果检查记录宜采用表 5-54 的格式。

地下工程防水效果检查记录 (C.5.7)　　　　　表 5-54

工程名称	××市×中学教学楼	编　号	01-05-C5-0××
检查部位	地下一层	检查日期	××××年××月××日

检查方法及内容： 检察人员用手触摸混凝土墙面及用吸墨纸（或报纸）贴附背水墙面检查地下二层外墙，有无裂缝和渗水现象。			
检查结论： 地下室混凝土墙面不渗水，结构表面无湿渍现象，观感质量合格，符合设计要求和《地下防水工程质量验收规范》（GB 50208—2011）规定。			
复查结论： 符合有关规范规定及设计要求。			
复查人：　　　　　　复查日期：			
签字栏		专业技术负责人	专业质检员	施测人
	施工单位 ×××建筑安装有限公司	×××	×××	×××
	监理或建设单位 ×××监理有限责任公司	专业工程师		×××

(11) 防水工程试水检查记录

根据现行国家标准《建筑地面工程施工质量验收规范》（GB 50209—2010）的规定：地面工程中凡有防水要求的房间应有防水层及装修后的蓄水检查记录。检查内容包括蓄水方式、蓄水时间、蓄水深度、水落口及边缘的封堵情况和有无渗漏现象等。

五、施工前期、施工期间、竣工验收各阶段施工资料管理的知识　93

根据现行国家标准《屋面工程质量验收规范》(GB 50207—2012)的有关规定：屋面工程完工后，应对细部构造（屋面天沟、檐沟、檐口、泛水、水落口、变形缝、伸出屋面管道等）、接缝处和保护层进行雨期观察或淋水、蓄水检查。淋水试验持续时间不得少于2h；做蓄水检查的屋面，蓄水时间不得少于24h。

防水工程试水检查记录应由施工单位填写，防水工程试水检查记录应一式三份，并由建设单位、监理单位、施工单位各保存一份。防水工程试水检查记录宜采用表5-55的格式。

防水工程试水检查记录 (C.5.8)　　　　　　　　　　　表5-55

工程名称	××市×中学教学楼		编　　号	01-05-C5-0××
检查部位	四层卫生间		检查日期	××××年××月××日
检查方式	☑第一次蓄水　　□第二次蓄水		蓄水时间	从××××年×月×日×时 至××××年×月×日×时
	□淋水　　　　　□雨期观察			
检查方法及内容： 　　四层卫生间蓄水试验：在门口用水泥砂浆做挡水墙50mm，地漏用球塞（或棉丝）的地漏堵严密且不影响试水，然后进行放水，蓄水最浅处20mm，蓄水时间为24h。				
检查结论： 　　经检查，四层卫生间第一次蓄水24h后，蓄水最浅处仍为20mm，无渗漏现象，检查合格。				
复查结论： 　　经复查四层卫生间蓄水试验符合有关规范规定及设计要求。				
复查人：×××　　　　　复查日期：××××年××月××日				
签字栏	施工单位	×××建筑安装有限公司	专业技术负责人 ×××	专业质检员 ×××	施测人 ×××
	监理或建设单位	×××监理有限责任公司	专业工程师	×××	

（12）通风道、烟道、垃圾道检查记录

通风道、烟道、垃圾道检查记录填写时应注意：主烟（风）道可先检查，检查部位按轴线记录；副烟（风）道可按门户编号记录。由施工单位填写的通风道、烟道、垃圾道检查记录应一式三份，并应由建设单位、监理单位、施工单位各保存一份。通风道、烟道、垃圾道检查记录宜采用表5-56的格式。

通风道、烟道、垃圾道检查记录 (C.5.9)　　　　　　　　表5-56

工程名称	××市×中学教学楼			编　　号	00-00-C5-0××
				检查日期	××××年××月××日
检查部位和检查结果				检查人	复检人
检查部位	主烟（风）道	副烟（风）道	垃圾道		
1层②～⑥轴处	√			×××	
2层②～⑥轴处	√			×××	
3层②～⑥轴处	√			×××	
签字栏	施工单位		×××建筑安装有限公司		
	专业技术负责人		专业质检员		专业工长
	×××		×××		×××

其他常用施工记录填写要求见表 5-57 所列。

其他常用施工记录 表 5-57

序号	工程资料类别 C5 类		提供单位
	工程资料名称	主要内容及注意事项	
	专用表格		
1	地基处理记录	1. 附件收集：相关设计图纸、设计变更洽商及地质勘察报告等。 2. 资料流程：由总包单位填报，经各相关单位转签后存档。 3. 相关规定与要求：地基需处理时，应由勘察、设计部门提出处理意见，施工单位应依据勘察、设计单位提出的处理意见进行地基处理，完工后填写《地基处理记录》。内容包括地基处理方式、处理部位、深度及处理结果等。地基处理完成后，应报请勘察、设计、监理部门复检验收。 4. 注意事项： 当地基处理范围较大、内容较多、用文字描述困难时，应附简图示意。如勘察、设计单位委托监理单位进行复查时，应有书面的委托记录。本表由施工单位填写，建设单位、施工单位、城建档案馆各保存一份	施工单位
2	楼层平面放线记录	1. 由施工单位填写，随相应部位的测量放线报验表进入资料流程，可附平面图。 2. 相关规定与要求：楼层平面放线内容包括轴线竖向投测控制线、各层墙柱轴线、墙柱边线、门窗洞口位置线、垂直度偏差等，应由施工单位在完成楼层平面放线后，填写《楼层平面放线放线记录》，并报监理单位审核	施工单位
3	楼层标高抄测记录	1. 相关规定与要求：楼层标高抄测内容包括地下室+0.5m（或 1m）水平控制线、皮数杆标高定位等，施工单位应在完成楼层标高抄测记录后，填写《楼层标高抄测楼层放线记录》报监理单位审核。 2. 注意事项：砖砌基础、砖墙必须设置皮数杆，以此控制标高，用水准仪校核（允许误差±3mm）。 3. 本表由施工单位填写并保存	施工单位
4	沉降观测记录	由建设单位委托有资质的测量单位进行。 注：下列情况应做沉降观测，并应按《工程测量规范》（GB 50026—2007）之表 10.1.3 的规定执行： （1）设计要求时； （2）重要的建筑物； （3）20 层以上的建筑物； （4）14 层以上但造型复杂的建筑物； （5）对地基变形有特殊要求的建筑； （6）单桩承受荷载在 400kN 以上的建筑物； （7）使用灌注桩基础而设计与施工人员经验不足的建筑物； （8）因施工、使用或科研要求进行沉降观测的建筑物	建设单位委托测量单位提供
5	基坑支护水平位移监测记录	应在基坑开挖和支护结构使用期间记录，应按《工程测量规范》（GB 50026—2007）规范 10.2 的规定执行	施工单位
6	桩基、支护测量放线记录	施工单位填写的工程定位测量记录应一式四份，并应由建设单位、监理单位、施工单位、城建档案馆各保存一份	施工单位
7	地基钎探记录	1. 收集地基钎探记录原始记录（或复印件）。 2. 本表由施工单位填写，建设单位、施工单位、城建档案馆各保存一份。 3. 相关规定与要求：钎探记录用于检验浅土层（如基槽）的均匀性，确定基槽的容许承载力及检验填土质量。钎探前应绘制钎探点平面布置图，确定钎探点布置及顺序编号。按照钎图及有关规定进行钎探并记录。 4. 注意事项：地基钎探记录必须真实有效，严禁弄虚作假	施工单位

续表

序号	工程资料类别 C5 类		提供单位
	工程资料名称	主要内容及注意事项	
		专用表格	
8	混凝土开盘鉴定	1. 由施工单位填写并保存。 2. 相关规定与要求：采用预拌混凝土的，应对首次使用的混凝土配合比在混凝土出厂前，由混凝土供应单位自行组织相关人员进行开盘鉴定。采用现场搅拌混凝土的，应由施工单位组织监理单位、搅拌机组、混凝土试配单位进行开盘鉴定工作，共同认定试验室签发的混凝土配合比确定的组成材料是否与现场施工所用材料相符，以及混凝土拌合物性能是否满足设计要求和施工需要。 3. 注意事项：鉴定的内容包括浇灌部位及时间、强度等级和配合比、坍落度和保水性。表中各项都应根据实际情况填写清楚、齐全，要有明确的鉴定结果和结论，签字齐全	施工单位
9	混凝土拆模申请单	1. 收集混凝土试块抗压强度试验报告。 2. 资料流程：由施工单位填写、保存，在拆模前报送监理单位审核。 3. 相关规定与要求：在拆除现浇混凝土结构板、梁、悬臂构件等底模和柱墙侧模前，应填写混凝土拆模申请单并附同条件混凝土强度等级报告（或龄期强度推断计算书），报项目专业负责人审批后报监理单位审核，通过后方可拆模。 4. 其他： （1）拆模时混凝土强度规定：当设计有要求时，应按设计要求；当设计无要求时，应按现行规范要求。 （2）结构型式复杂（结构跨度变化较大）或平面不规则，应附拆模平面示意图	施工单位
10	混凝土预拌测温记录	1. 由施工单位填写并保存，需按时提供给监理单位。 2. 相关规定与要求： （1）冬期混凝土施工时，应记搅拌和养护的温度。 （2）混凝土冬期施工搅拌测温记录应包括大气温度、原材料温度、出罐温度、入模温度等。 （3）混凝土冬施养护测温应先绘制测温点布置图，包括测温点的部位、深度等。测温记录应包括大气温度、各测温孔的实测温度、同一时间测得的各测温孔的平均温度和间隔时间等。 3. 注意事项："备注"栏内应填写"现场搅拌"或"预拌混凝土"	施工单位
11	混凝土养护测温记录	依据《建筑工程冬期施工规程》（JGJ/T 104—2011）规定，混凝土养护期间温度测量应符合下列规定： 1. 蓄热法或综合蓄热法养护从混凝土入模开始至混凝土达到受冻临界强度，或混凝土温度降到0℃或设计温度以前应至少每隔6h测量一次。 2. 掺防冻剂的混凝土在强度未达到本规程第7.1.1条规定之前应每隔2h测量一次，达到受冻临界强度以后每隔6h测量一次。 3. 采用加热法养护混凝土时，升温和降温阶段应每隔1h测量一次，恒温阶段每隔2h测量一次。 4. 全部测温孔均应编号，并绘制布置图。测温孔应设在有代表性的结构部位和温度变化大、易冷却的部位，孔深宜为10～15cm，也可为板厚的1/2或墙厚的1/2。测温时测温仪表应采取与外界气温隔离措施，并留置在测温孔内不少于3min	施工单位

续表

序号	工程资料类别 C5 类		提供单位
	工程资料名称	主要内容及注意事项	
		专用表格	
12	大体积混凝土养护测温记录	依据《混凝土结构工程施工质量验收规范》（GB 50204—2002）的规定，混凝土浇筑完毕后，应按施工技术方案及时采取有效的养护措施，并应符合下列规定： 1. 应在浇筑完毕后的 12h 以内对混凝土加以覆盖并保湿养护。 2. 混凝土浇水养护的时间：对采用硅酸盐水泥、普通硅酸盐水泥或矿渣硅酸盐水泥拌制的混凝土，不得少于 7d；对掺用缓凝型外加剂或有抗渗要求的混凝土，不得少于 14d。 3. 浇水次数应能保持混凝土处于湿润状态；混凝土养护用水应与拌制用水相同。 4. 塑料膜覆盖养护的混凝土，其敞露的全部表面应覆盖严密，并应保持塑料面膜内有凝结水。 5. 混凝土强度达到 1.2N/mm² 前，不得在其上踩踏或安装模板及支架。 注： 1. 当日平均气温低于 5℃时，不得浇水。 2. 当采用其他品种水泥时，混凝土的养护时间应根据所采用水泥的技术性能确定。 3. 混凝土表面不便浇水或使用塑料膜时，宜涂刷养护剂。 4. 对大体积混凝土的养护，应根据气候条件按施工技术方案采取控温措施。 检查数量：全数检查。 检验方法：观察，检查施工记录。 说明：养护条件对于混凝土强度的增长有重要影响。在施工过程中，应根据原材料、配合比、浇筑部位和季节等具体情况，制定合理的施工技术方案，采取有效的养护措施，保证混凝土强度正常增长。 要求： 1. 由施工单位填写并保存，需按时提供给监理单位。 2. 相关规定与要求： （1）大体积混凝土施工应有对混凝土入模时大气温度、养护温度记录、内外温差和裂缝进行检查并记录。 （2）大体积混凝土养护测温应附测温点布置图，包括测温点的布置部位、深度等。 3. 注意事项：大体积混凝土养护测温记录应真实、及时，严禁弄虚作假	施工单位
13	大型构件吊装记录	构件吊装记录适用于大型混凝土预制构件、钢构件的安装。吊装记录的内容包括构建的名称、安装位置、搁量与搭接长度、接头处理、固定方法、标高等。填写要求： 1. 收集相关设计要求文件等。 2. 由施工单位填写并保存。 3. 相关规定与要求：预制混凝土结构构件、大型钢、木构件吊装应有《构件吊装记录》。吊装记录内容包括构件型号名称、安装位置、外观检查、楼板堵孔、清理、锚固、构件支点的搁量与搭接长度、接头处理、固定方法、标高、垂直偏差等，应符合设计和现行标准、规范要求。 4. 注意事项："备注"栏内应填写吊装过程中出现的问题、处理措施及质量情况等。对于重要部位或大型构件的吊装工程，应有专项安全交底	施工单位

续表

序号	工程资料类别 C5 类		提供单位
	工程资料名称	主要内容及注意事项	
	专用表格		
14	焊接材料烘焙记录	依据《钢结构工程施工质量验收规范》（GB 50205-2001）的规定：焊条、焊丝、焊剂、电渣焊熔嘴等焊接材料与母材的匹配应符合设计要求及国家现行行业标准《建筑钢结构焊接技术规程》（JGJ 81—2002）的规定。焊条、焊剂、药芯焊丝、熔嘴等在使用前，应按其产品说明书及焊接工艺文件的规定进行烘焙和存放。 检查数量：全数检查。 检验方法：检查质量证明书和烘焙记录。 说明：焊接材料对钢结构焊接工程的质量有重大影响。其选用必须符合设计文件和国家现行标准的要求。对于进场时经验收合格的焊接材料，产品的生产日期、保存状态、使用烘焙等也直接影响焊接质量。本条即规定了焊条的选用和使用要求，尤其强调了烘焙状态，这是保证焊接质量的必要手段。 填写要求： 1. 由施工单位填写并保存。 2. 相关规定与要求：按照规范、标准和工艺文件等规定必须进行烘焙的焊接材料应在使用前按要求进行烘焙，并填写《烘焙记录》。烘焙记录内容包括烘焙方法、烘干温度、要求烘干时间、实际烘焙时间和保温要求等	施工单位
15	支护与桩（地）基工程施工记录	1. 支护与桩（地）基工程施工记录由施工单位自行记录，或设置表格。 2. 基坑支护水平位移监测记录：在基坑开挖和支护结构使用期间，当设计有指标应以设计指标及要求为依据进行过程监测，如设计无要求，应按规范要求规定对重要的支护结构进行监测，做好并保留基坑支护水平位移监测记录。 3. 桩基施工记录：桩（地）基施工单位在施工过程中，应按规定做桩基施工记录。检查内容主要对包括孔位、孔径、孔深、桩体垂直度、桩顶标高、桩位偏差、桩顶完整性和接桩质量等进行检查并记录。 4. 桩基施工记录应由具有相应资质的专业施工单位负责提供	施工单位
16	预应力筋张拉记录	依据《混凝土结构工程施工质量验收规范》（GB 50204—2002 2010 修订版）的规定： 1. 后张法预应力工程的施工应由具有相应资质等级的预应力专业施工单位承担。 2. 预应力筋张拉机具设备及仪表，应定期维护和校验。张拉设备应配套标定，并配套使用。张拉设备的标定期限不应超过半年。当在使用过程中出现反常现象时或在千斤顶检修后，应重新标定。 注： 1. 张拉设备标定时，千斤顶活塞的运行方向应与实际张拉工作状态一致。 2. 压力表的精度不应低于1.5级，标定张拉设备用的试验机或测力计精度不应低于±2%。 3. 预应力筋张拉或放张时，混凝土强度应符合设计要求；当设计无具体要求时，不应低于设计的混凝土立方体抗压强度标准值的75%。 4. 预应力筋的张拉力、张拉或放张顺序及张拉工艺应符合设计及施工技术方案的要求，并应符合下列规定： （1）当施工需要超张拉时，最大张拉应力不应大于国家现行标准《混凝土结构设计规范》（GB 50010—2010）的规定。 （2）张拉工艺应能保证同一束中各根预应力筋的应力均匀一致。 （3）后张法施工中，当预应力筋是逐根或逐束张拉时，应保证各阶段不出现对结构不利的应力状态；同时宜考虑后批张拉预应力筋所产生的结构构件的弹性压缩对先批张拉预应力筋的影响，确定张拉力。	施工单位

续表

序号	工程资料类别 C5 类		提供单位
	工程资料名称	主要内容及注意事项	
		专用表格	
16	预应力筋张拉记录	(4) 先张法预应力筋放张时，宜缓慢放松锚固装置，使各根预应力筋同时缓慢放松。 (5) 当采用应力控制方法张拉时，应校核预应力筋的伸长值。实际伸长值与设计计算理论伸长值的相对允许偏差为±5%。 5. 预应力筋张拉锚固后实际建立的预应力值与工程设计规定检验值的相对允许偏差为±5%。 预应力筋张拉时实际建立的预应力值对结构受力性能影响很大，必须予以保证。先张法施工中可以用应力测定仪器直接测定张拉锚固后预应力筋的应力值；后张法施工中预应力筋的实际应力值较难测定，故可用见证张拉代替预加力值测定。见证张拉指监理工程师或建设单位代表现场见证下的张拉。 6. 张拉过程中应避免预应力筋断裂或滑脱；当发生断裂或滑脱时，必须符合下列规定： (1) 对后张法预应力结构构件，断裂或滑脱的数量严禁超过同一截面预应力筋总根数的3%，且每束钢丝不得超过一根；对多跨双向连续板，其同一截面应按每跨计算。 (2) 对先张法预应力构件，在浇筑混凝土前发生断裂或滑脱的预应力筋必须予以更换。 填写要求： 1. 由施工单位填写，建设单位、施工单位、城建档案馆各保存一份。 2. 相关规定与要求： (1) 预应力筋张拉记录应由专业施工人员负责填写。包括预应力施工部位、预应力筋规格、平面示意图、张拉程序、应力记录、伸长量等。 (2) 预应力筋张拉记录对每根预应力筋的张拉实测值进行记录。后张法预应力张拉施工应执行见证管理，按规定要求做见证张拉记录。 (3) 预应力张拉原始施工记录应归档保存。 3. 预应力工程施工记录应由具有相应资质的专业施工单位负责提供	施工单位
17	有粘结预应力结构灌浆记录	依据《混凝土结构工程施工质量验收规范》（GB 50204—2002 2010 修订版）的规定： 1. 后张法有粘结预应力筋张拉后应尽早进行孔道灌浆，孔道内水泥浆应饱满、密实。 2. 锚具的封闭保护应符合设计要求；当设计无具体要求时，应符合下列规定： (1) 应采取防止锚具腐蚀和遭受机械损伤的有效措施。 (2) 凸出式锚固端锚具的保护层厚度不应小于50mm。 (3) 外露预应力筋的保护层厚度：处于正常环境时，不应小于20mm；处于易受腐蚀的环境时，不应小于50mm。 3. 后张法预应力筋锚固后的外露部分宜采用机械方法切割，其外露长度不宜小于预应力筋直径的1.5倍，且不宜小于30mm。 4. 灌浆用水泥浆的水灰比不应大于0.45，搅拌后3h泌水率不宜大于2%，且不应大于3%。泌水应能在24h内全部重新被水泥吸收。 5. 灌浆用水泥浆的抗压强度不应小于30N/mm²。 检查数量：每工作班留置一组边长为70.7mm的立方体试件。 检验方法：检查水泥浆试件强度试验报告。 填写要求： 1. 由施工单位填写，建设单位、施工单位、城建档案馆各保存一份。 2. 相关规定与要求：后张法有粘结预应力筋张拉后应及时灌浆，并做灌浆记录，记录内容包括灌浆孔状况、水泥浆配合比状况、灌浆压力、灌浆量，并有灌浆点简图和编号等	施工单位

续表

序号	工程资料类别 C5 类		提供单位
	工程资料名称	主要内容及注意事项	
	专用表格		
18	钢结构施工记录	1. 钢结构工程施工记录由多项内容组成，具体形式由施工单位自行确定。 2. 钢结构工程施工记录相关说明： （1）构件吊装记录：钢结构吊装应有《构件吊装记录》，吊装记录内容包括构件名称、安装位置、搁置与搭接长度、接头处理、固定方法、标高等。 （2）焊接材料烘焙记录：焊接材料在使用前，应按规定进行烘焙，有烘焙记录。 （3）钢结构安装施工记录：钢结构主要受力构件安装完成后，应检查钢柱、钢架（梁）垂直度、侧向弯曲偏差等，并做施工记录。 （4）钢结构主体结构在形成空间刚度单元并连接固定后，应做检查整体垂直度和整体平面弯曲度的安装允许偏差检查，并做施工记录。 钢结构安装施工记录应由具有相应资质的专业施工单位负责提供	施工单位
19	网架（索膜）施工记录	1. 钢网架（索膜）结构总拼完成后及屋面工程完成后，应检查对其挠度值和对其他安装偏差进行测量，并做施工偏差检查记录。 2. 膜结构的安装过程应形成的记录文件：技术交底记录、与膜结构相连接的部位的检验记录，钢构件、拉索、附件、膜单元运抵现场后的验收记录，现场焊缝检验记录、施加预张力记录、施工过程检验记录、膜结构安装完工检验记录	施工单位
20	木结构施工记录	1. 木结构工程施工记录具体形式由施工单位自行确定。 2. 木结构工程施工记录相关说明：应对木桁架、梁和柱等构件的制作、安装、屋架安装的允许偏差和屋盖横向支撑的完整性进行检查，并做好施工记录。 3. 木结构工程施工记录应由具有相应资质的专业施工单位负责提供	施工单位
21	幕墙注胶检查记录	1. 幕墙工程施工记录具体形式由施工单位自行确定。 2. 幕墙工程施工记录相关说明：幕墙注胶检查记录，检查内容包括注胶宽度、厚度、连续性、均匀性、密实度和饱满度等。 3. 玻璃幕墙结构胶和密封胶的打注应饱满、密实、连续、均匀、无气泡，宽度和厚度应符合设计要求和技术标准的规定。检验方法：观察；尺量检查；检查施工记录。 4. 金属幕墙的板缝注胶应饱满、密实、连续、均匀、无气泡，宽度和厚度应符合设计要求和技术标准的规定。检验方法：观察；尺量检查；检查施工记录。 5. 石材幕墙的板缝注胶应饱满、密实、连续、均匀、无气泡，板缝宽度和厚度应符合设计要求和技术标准的规定。检验方法：观察；尺量检查；检查施工记录	施工单位
22	自动扶梯、自动人行道的相邻区域检查记录	检验项目：出入口畅通区；照明、防碰挡板、净空高度、防护栏、防护网、护板、扶手带外缘、标志须知等	施工单位
23	电梯电气装置安装检查记录	检验项目：主电源开关、机房照明、轿厢照明和通风电路、轿顶照明及插座、井道照明、接地保护、控制屏柜、防护罩壳、线路敷设、电线管槽、电线槽、电线管、金属软管、轿厢操作盘及显示版面防腐、导线敷设、绝缘电阻等	施工单位

续表

序号	工程资料类别 C5 类		提供单位
	工程资料名称	主要内容及注意事项	
		专用表格	
24	自动扶梯、自动人行道电气装置检查记录	检验项目：主开关；照明电路、开关、插座；防护罩壳、接地保护、线路敷设；金属软管、导线连接、绝缘电阻等	施工单位
25	自动扶梯、自动人行道整机安装质量检查记录	检验项目：一般要求、装饰板（围板）、护壁板（护栏板）、围裙板体积踏板、扶手带、桁架（机架）、驱动装置、盘车装置、应设置有防护装置的部件等	施工单位

上述表格中检查项目的施工检查记录（C.5.2通用）表格的形式，见表5-58。

施工检查记录（C.5.2通用）　　　　　表 5-58

工程名称		编 号	
检查部位		检查日期	
检查依据			
检查方法及内容：			
检查结论：			
复查结论：复查人：　　　　　　　　复查日期：			
签字栏	施工单位	专业技术负责人	专业质检员	专业工长
	监理或建设单位		专业工程师	

6. 施工试验记录与检测报告

（1）设备单机试运转记录（通用）

为保证系统安全、正常运行，设备在安装中应进行必要的单机试运转试验。设备单机试运转试验应由施工单位报请建设（监理）单位共同进行。

设备单机试运转记录应符合现行国家标准《建筑给水排水及采暖工程施工质量验收规范》（GB 50242—2002）、《通风与空调工程施工质量验收规范》（GB 50243—2002）、《建筑节能工程施工质量验收规范》（GB 50411—2007）等有关规定。

相关规定与要求：

1）水泵试运转的轴承升温必须符合设备说明书的规定。检验方法：通电、操作和温度计测温检查。水泵试运转，叶轮与泵壳不应相碰，进、出口部位的阀门应灵活。

2）锅炉风机试运转，轴承升温应符合下列规定：滑动轴承温度最高不得超过60℃；滚动轴承温度最高不得超过80℃。检验方法：用温度计测温检查。轴承径向单振幅应符合下列规定：风机转速小于100r/min时，不应超过0.10mm；风机转速为1000~1450r/min时，不应超过0.08mm。检验方法：用测振仪表检查。

注意事项：

1）以设计要求和规范规定为依据，适用条目要准确。参考规范包括：《机械设备安装工程施工及验收通用规范》（GB 50231—2009）、《制冷设备、空气分离设备安装工程施工及验收规范》（GB 50274—2010）、《风机、压缩机、泵安装工程施工及验收规范》（GB 50275—2010）等。

2）根据试运转的实际情况填写实测数据，要准确，内容齐全，不得漏项。设备单机试运转后应逐台填写记录，一台（组）设备填写一张表格。

3）设备单机试运转是系统试运转调试的基础工作，一般情况下如设备的性能达不到设计要求，系统试运转调试也不会达到要求。

4）工程采用施工总承包管理模式的，签字人员应为施工总承包单位的相关人员。

施工单位填写的设备单机试运转记录应一式四份，并应由建设单位、监理单位、施工单位、城建档案馆各保存一份。设备单机试运转记录宜采用表5-59的格式。

设备单机试运转记录（通用）（C.6.1） 表5-59

工程名称	××市×中学教学楼	编号	07-05-C5-0××
		试运转时间	××××年××月××日
设备名称	变频给水泵	设备编号	M2-43（A版）
规格型号	BA1-100×4	额定数据	$Q=54m^3/h$；$H=70.4m$；$N=18.5kW$
生产厂家	××设备公司	设备所在系统	给水系统

序号	试验项目	试验记录	试验结论
1	减振器连接状况	连接牢固、平稳、接触紧密符合减振要求	符合设计要求、施工规范规定及设备技术文件规定
2	减振效果	基础减震运行平稳，无异常振动与声响	符合设计要求、施工规范规定及设备技术文件规定
3	传动带装置	水泵安装后其纵向水平度偏差及横向水平度偏差、垂直度偏差以及联轴器两轴芯的偏差满足设计及规范要求。盘车灵活、无异常现象，润滑情况良好。运行时各固定连接部位无松动	符合设计要求、施工规范规定及设备技术文件规定
4	压力表	灵敏、准确、可靠	符合设计要求、施工规范规定及设备技术文件规定
5	电气设备	电机绕组对地绝缘电阻合格。电动机转向与泵的转向相符。电机运行电流、电压正常	符合设计要求、施工规范规定及设备技术文件规定
6	轴承温升	试运转时的环境温度25℃，连续运转2h后，水泵轴承外壳最高温度67℃	符合设计要求、施工规范规定及设备技术文件规定

试运转结论：				
经试运转给水泵的单机试运行符合设计要求、施工规范规定及设备技术文件规定。				
签字栏	施工单位	×××建筑安装有限公司	专业技术负责人 ×××	专业质检员 ×××	专业工长 ×××
	监理或建设单位	×××	专业工程师 ×××	×××

（2）系统试运转调试记录（通用）

系统试运转调试是对系统功能的最终检验，检验结果应满足设计要求。调试工作在系统投入使用前进行。

系统试运转调试记录应符合现行国家标准《建筑给水排水及采暖工程施工质量验收规范》(GB 50242—2002)、《通风与空调工程施工质量验收规范》(GB 50243—2002)、《建筑节能工程施工质量验收规范》(GB 50411—2007)的有关规定。

相关规定与要求：

1) 内采暖系统冲洗完毕应通水、加热，进行试运行和调试。检验方法：观察、测量室温应满足设计要求。

2) 供热管道冲洗完毕应通水、加热，进行试运行和调试。当不具备加热条件时，应延期进行。检验方法：测量各建筑物热力入口处供回水温度及压力。

注意事项：

1) 以设计要求和规范规定为依据，适用条目要准确。

2) 根据试运转调试的实际情况填写实测数据，要准确，内容齐全，不得漏项。

3) 工程采用施工总承包管理模式的，签字人员应为施工总承包单位的相关人员。

4) 施工单位填写的系统试运转调试记录应一式四份，并应由建设单位、监理单位、施工单位及城建档案馆各保存一份。系统试运转调试记录宜采用表 5-60 的格式。

系统试运转调试记录（通用）(C.6.2)　　　　　　　　　表 5-60

工程名称	××市×中学教学楼	编　号	05-05-C6-0××
		试运转调试时间	××××年××月××日
试运转调试项目	采暖系统试运行调试	试运转调试部位	地下一层~五层全楼

试运转调试内容：
本工程采暖系统为上供下回单管异程式供暖系统，供回水干管分别设于五层及地下室，末端高点设有集气罐。系统管道采用焊接钢管。散热器采用喷塑柱形 760 型铸铁散热器。热源为地下室换热站内的二次热水。 全楼于××××年××月××日×时开始正式通暖，至××月××日×时，全楼供热管道及散热器受热情况基本均匀，各阀门开启灵活，管道、设备、散热器等接口处均不渗不漏。 经进行室温测量，各室内温度均在 18~22℃，卫生间及走道温度在 16~18℃之间。设计温度为室内 20℃，卫生间及走道温度在 16℃之间。实测温度与设计温度相对差为 1%。

试运转调试结论：
通过本系统试运转调试结果符合设计要求及施工规范规定，试运转调试合格。

签字栏	施工单位	×××建筑安装有限公司	专业技术负责人	专业质检员	专业工长
			×××	×××	×××
	监理或建设单位	×××监理有限责任公司	专业工程师		×××

(3) 接地电阻测试记录（通用）

接地电阻测试记录应符合现行国家标准《建筑电气工程施工质量验收规范》(GB 50303—2002)、《智能建筑工程质量验收规范》(GB 50339—2003) 和《电梯工程施工质量验收规范》(GB 50310—2002) 的有关规定。依据《建筑电气工程施工质量验收规范》的规定，防雷接地系统测试：接地装置施工完成测试应合格；避雷接闪器安装完成，整个防雷接地系统连成回路，才能进行系统测试。测试记录应由建设（监理）单位及施工单位共同进行。

施工单位填写的接地电阻测试记录应一式四份，并应由建设单位、监理单位、施工单位、城建档案馆各保存一份。接地电阻测试记录宜采用表 5-61 的格式。

五、施工前期、施工期间、竣工验收各阶段施工资料管理的知识

接地电阻测试记录（通用）(C.6.3)　　　　　　　　　表5-61

工程名称	××市×中学教学楼		编　号	06-07-C6-0××
			测试日期	××××年××月××日
仪表型号	ZC-8	天气情况	晴	气温（℃）　22
接地类型	☑防雷接地　□计算机接地　□工作接地 □保护接地　□防静电接地　□逻辑接地 □重复接地　□综合接地　□医疗设备接地			
设计要求	□≤10Ω　　□≤4Ω　　☑≤1Ω □≤0.1Ω　　□≤Ω　　□			
测试部位： 1、2、3、4号接地电阻测试点。				
测试结论： 经测试计算，接地电阻值0.1Ω，符合设计要求和《建筑电气工程施工质量验收规范》(GB 50303—2002)规定。				
签字栏	施工单位	×××建筑安装有限公司		
	专业技术负责人	专业质检员	专业工长	专业测试人
	×××	×××	×××	××× ×××
	监理或建设单位	×××监理有限责任公司	专业工程师	×××

（4）绝缘电阻测试记录（通用）

电气绝缘电阻测试主要包括电气设备和动力、照明线路及其他必须遥测绝缘电阻的测试，配管及管内穿线分项质量验收前和单位工程质量竣工验收前，应分别按系统回路进行测试，不得遗漏。电器绝缘电阻的检测仪器应在检定的有效期内。

绝缘电阻测试记录应符合现行国家标准《建筑电气工程施工质量验收规范》（GB 50303—2002)、《智能建筑工程质量验收规范》（GB 50339—2003）和《电梯工程施工质量验收规范》（GB 50310—2002）的有关规定。施工单位填写的绝缘电阻测试记录应一式三份，并应由建设单位、监理单位、施工单位各保存一份。绝缘电阻测试记录宜采用表5-62的格式。

绝缘电阻测试记录（通用）(C.6.4)　　　　　　　　　表5-62

工程名称	××市×中学教学楼				编　号			06-05-C6-0××			
					测试日期			××××年××月××日			
计量单位	MΩ（兆欧）				天气情况			晴			
仪表型号	ZC-7		电压		1000V			环境温度	25℃		
层数	箱盘编号	回路号	相间			相对零			相对地			零对地
			L_1—L_2	L_2—L_3	L_3—L_1	L_1—N	L_2—N	L_3—N	L_1—PE	L_2—PE	L_3—PE	N—PE
3	3FAL	1000	1000	1000	1000	1000	1000	1000	1000	1000	1000	1000
3	照明	WL1				1000			1000			1000
3	照明	WL2					1000			1000		1000
3	照明	WL3						1000			1000	1000

续表

签字栏	施工单位		×××建筑安装有限公司	
	专业技术负责人	专业质检员	专业工长	测试人
	×××	×××	×××	×××
				×××
	监理或建设单位	×××监理有限责任公司	专业工程师	×××

测试结论：线路绝缘良好，符合设计要求和《建筑电气工程施工质量验收规范》(GB 50303—2002)的规定

(5) 砌筑砂浆试块强度统计、评定记录

根据《砌体结构工程施工质量验收规范》(GB 50203—2011)，砌筑砂浆试块强度验收时其强度合格标准必须符合以下规定：

1) 同一验收批砂浆试块抗压强度平均值必须大于或等于设计强度等级所对应的立方体抗压强度；同一验收批砂浆试块抗压强度的最小一组平均值必须大于或等于设计强度等级所对应的立方体抗压强度的 0.75 倍。

砌筑砂浆的验收批，同一类型、强度等级的砂浆试块应不少于 3 组。当同一验收批只有一组试块时，该组试块抗压强度的平均值必须大于或等于设计强度等级所对应的立方体抗压强度。

2) 砂浆强度应以标准养护，龄期为 28d 的试块抗压试验结果为准。

抽检数量：每一检验批且不超过 250m³ 砌体的各种类型及强度等级的砌筑砂浆，每台搅拌机至少抽检一次。

检验方法：在砂浆搅拌机出料口随机取样制作砂浆试块（同盘砂浆只应制作一组试块），最后检查试块强度试验报告单。

施工单位填写的砌筑砂浆试块强度统计、评定记录应一式三份，并应由建设单位、施工单位、城建档案馆各保存一份。砌筑砂浆试块强度统计、评定记录宜采用表 5-63 的格式。

砌筑砂浆试块强度统计、评定记录 (C.6.5)　　　　　表 5-63

工程名称	××市×中学教学楼					编号		02-03-C6-0××	
						强度等级		M5	
施工单位	×××建筑安装有限公司					养护方法		标准养护	
统计期	××××年××月××日至××××年××月××日					结构部位		填充墙砌体	
试块组数 n	强度标准值 f_2 (MPa)		平均值 $f_{2,m}$ (MPa)			最小值 $f_{2,\min}$ (MPa)		$0.75 f_2$	
18	5.00		6.15			5.7		3.75	
每组强度值 (MPa)	6.00	7.00	6.60	6.40	5.80	6.30	6.00	5.90	6.20	7.00
	5.80	6.10	5.70	5.80	6.10	6.20	5.90	5.90		

续表

判定式	$f_{2,m} \geqslant f_2$		$f_{2,\min} \geqslant 0.75 f_2$	
结果	6.15≥5.00　合格		5.7≥3.75　合格	
结论：依据《砌体工程施工质量验收规范》(GB 50203—2011) 第4.0.12条，该统计结果评定为合格。				
签字栏	批准	审核		统计
	×××	×××		×××
	报告日期	××××年××月××日		

(6) 混凝土试块强度统计、评定记录

《混凝土强度检验评定标准》(GB/T 50107—2010) 中规定：混凝土的取样，宜根据规定的检验评定方法要求制定检验批的划分方案和相应的取样计划。即混凝土强度试样应在混凝土的浇筑地点随机抽取。试件的取样频率和数量应符合下列规定：每 100 盘，但不超过 $100m^3$ 的同配合比混凝土，取样次数不应少于一次；每一工作班拌制的同配合比混凝土，不足 100 盘和 $100m^3$ 时其取样次数不应少于一次；当一次连续浇筑的同配合比混凝土超过 $1000m^3$ 时，每 $200m^3$ 取样不应少于一次；对房屋建筑，每一楼层、同一配合比的混凝土，取样不应少于一次。

混凝土强度的检验评定：

采用统计方法评定时，应按下列规定进行：

1) 当连续生产的混凝土，生产条件在较长时间内保持一致，且同一品种、同一强度等级混凝土的强度变异性保持稳定时，应按下列规定进行评定。一个检验批的样本容量应为连续的3组试件，其强度应同时符合下列规定：

$$m_{f_{cu}} \geqslant f_{cu,k} + 0.7\sigma_0$$

$$f_{cu,\min} \geqslant f_{cu,k} - 0.7\sigma_0$$

检验批混凝土立方体抗压强度的标准差应按下式计算：

$$\sigma_0 = \sqrt{\frac{\sum_{i=1}^{n} f_{cu,i}^2 - nm_{f_{cu}}^2}{n-1}}$$

当混凝土强度等级不高于C20时，其强度的最小值尚应满足下式要求：

$$f_{cu,\min} \geqslant 0.85 f_{cu,k}$$

当混凝土强度等级高于C20时，其强度的最小值尚应满足下列要求：

$$f_{cu,\min} \geqslant 0.90 f_{cu,k}$$

式中　$m_{f_{cu}}$——同一检验批混凝土立方体抗压强度的平均值，精确到 0.1 (N/mm^2)；

　　　$f_{cu,k}$——混凝土立方体抗压强度标准值，精确到 0.1 (N/mm^2)；

　　　σ_0——检验批混凝土立方体抗压强度的标准差，精确到 0.01 (N/mm^2)。当检验批混凝土强度标准差 σ_0 计算值小于 $2.0N/mm^2$ 时，应取 $2.5N/mm^2$；

　　　$f_{cu,i}$——前一个检验期内同一品种、同一强度等级的第 i 组混凝土试件的立方体抗压强度代表值，精确到 0.1 (N/mm^2)。该检验期不应少于60d，也不得大于90d；

　　　n——前一检验期内的样本容量，在该期间内样本容量不应少于45；

$f_{cu,min}$——同一检验批混凝土立方体抗压强度的最小值,精确到 0.1（N/mm²）。

2）当样本容量不少于 10 组时,其强度应同时满足下列要求:

$$m_{f_{cu}} \geqslant f_{cu,k} + \lambda_1 \cdot S_{f_{cu}}$$

$$f_{cu,min} \geqslant \lambda_2 \cdot f_{cu,k}$$

同一检验批混凝土立方体抗压强度的标准差应按下式计算:

$$S_{f_{cu}} = \sqrt{\frac{\sum_{i=1}^{n} f_{cu,i}^2 - n m_{f_{cu}}^2}{n-1}}$$

式中 $S_{f_{cu}}$——同一检验批混凝土立方体抗压强度的标准差,精确到 0.01（N/mm²）。当检验批混凝土强度标准差 $S_{f_{cu}}$ 计算值小于 2.5N/mm² 时,应取 2.5N/mm²；

λ_1、λ_2——合格评定系数,按表 5-64 取用；

n——本检验期内的样本容量。

混凝土强度的合格评定系数　　　　　表 5-64

试件组数	10～14	15～19	≥20
λ_1	1.15	1.05	0.95
λ_2	0.90		0.85

3）其他情况应按非统计方法评定

当用于评定的样本容量小于 10 组时,应采用非统计方法评定混凝土强度。按非统计方法评定混凝土强度时,其强度应同时符合下列规定:

$$m_{f_{cu}} \geqslant \lambda_3 \cdot f_{cu,k}$$

$$f_{cu,min} \geqslant \lambda_4 \cdot f_{cu,k}$$

式中 λ_3、λ_4——合格评定系数,应按表 5-65 取用。

混凝土强度的非统计法合格评定系数　　　　　表 5-65

混凝土强度等级	<C60	≥C60
λ_3	1.15	1.10
λ_4	0.95	

4）混凝土强度的合格性评定

当检验结果满足上述规定时,则该批混凝土强度应评定为合格；当不能满足上述规定时,该批混凝土强度应评定为不合格。对评定为不合格批的混凝土,可按国家现行的有关标准进行处理（表 5-66）。

混凝土试块强度统计、评定记录（C.6.6）　　　　　表 5-66

工程名称	××市×中学教学楼	编号	02-01-C6-0××
		强度等级	C30
施工单位	×××建筑安装有限公司	养护方法	标准养护
统计期	××××年××月××日至××××年××月××日	结构部位	主体 1-顶层梁、板、楼梯

五、施工前期、施工期间、竣工验收各阶段施工资料管理的知识　107

续表

试块组数 n	强度标准值 $f_{cu,k}$ (MPa)		平均值 $m_{f_{cu}}$ (MPa)		标准差 $S_{f_{cu}}$ (MPa)		最小值 $f_{cu,min}$ (MPa)				合格判定系数	
											λ_1	λ_2
22	30.0		33.6		1.8		30.6				0.95	0.85
每组强度值（MPa）	32.5	33.6	37.2	34.2	31.5	30.6	36.2	33.5	33.7	32.5		
	32.8	34.2	32.3	33.8	35.6	34.5	31.2	32.3	34.2	34.2		
	35.1	32.5										
评定界限	☑统计方法						□非统计方法					
	$f_{cu,k}$		$m_{f_{cu}} - \lambda_1 \times S_{f_{cu}}$		$\lambda_2 \times f_{cu,k}$		$1.15 f_{cu,k}$				$0.95 f_{cu,k}$	
	30.0		31.89		25.5		/				/	
判定式	$m_{f_{cu}} - \lambda_1 \times S_{f_{cu}} \geq 0.90 f_{cu,k}$				$f_{cu,min} \geq \lambda_2 \times f_{cu,k}$		$m_{f_{cu}} \geq 1.15 f_{cu,k}$				$f_{cu,min} \geq 0.95 f_{cu,k}$	
结果	31.89≥30.0				30.6≥25.5		/				/	
结论：试块强度符合《混凝土强度检验评定标准》（GB/T 50107—2010）的要求，合格。												
签字栏	批准			审核				统计				
	×××			×××				×××				
	报告日期			××××年××月××日								

（7）结构实体混凝土强度检验记录

《混凝土结构工程施工质量验收规范》（GB 50204—2002）规定：结构实体检验用同条件养护的试件，同条件养护试件的留置方式和取样数量，应符合下列要求：

1）同条件养护试件所对应的结构构件或结构部位，应由监理（建设）、施工等各方共同选定；对混凝土结构工程中的各混凝土强度等级，均应留置同条件养护试件。

2）同一强度等级的同条件养护试件，其留置的数量应根据混凝土工程量和重要性确定，不宜少于10组，且不应少于3组。

3）同条件养护试件拆模后，应放置在靠近相应结构构件或结构部位的适当位置，并应采取相同的养护方法。

4）同条件养护试件应在达到等效养护龄期时进行强度试验。

等效养护龄期应根据同条件养护试件强度与在标准养护条件下28d龄期试件强度相等的原则确定。同条件自然养护试件的等效养护龄期及相应的试件强度代表值，宜根据当地的气温和养护条件，按下列规定确定：

等效养护龄期可取按日平均温度逐日累计达到600℃时所对应的龄期，0℃及以下的龄期不计入；等效养护龄期不应小于14d，也不宜大于60d。

同条件养护试件的强度代表值应根据强度试验结果按现行国家标准《混凝土强度检验评定标准》（GB/T 50107—2010）的规定确定后，乘折算系数取用；折算系数宜取1.10，也可根据当地的试验统计结果作适当调整。

施工单位填写的结构实体混凝土强度检验记录应一式四份，建设单位、监理单位、施工单位、城建档案馆各保存一份。结构实体混凝土强度检验记录宜采用表5-67的格式。

结构实体混凝土强度检验记录（C.6.7） 表 5-67

工程名称	××市×中学教学楼									编号	02-01-C6-0××
										结构类型	框架结构
施工单位	×××建筑安装有限公司									验收日期	××××年××月××日
强度等级	试件强度代表值（MPa）									强度评定结果	监理/建设单位验收结果
C30	40.5	38.3	39.7	41.1	42.6					合格	合格
	44.5	42.1	43.7	43.7	46.7						
C40	52.3	48.8	47.6	54	55.3	52.1	54.6	50	49.3	48.7	合格	
	57.5	53.7	52.4	59.4	60.8	58.1	60.1	55	54.2	53.6		
结论：混凝土强度评定合格，符合《混凝土结构工程施工质量验收规范》（GB 50204—2002）的规定。											
签字栏	项目专业技术负责人 ×××					专业监理工程师或建设单位项目专业技术负责人 ×××					

（8）结构实体钢筋保护层厚度检验记录

《混凝土结构工程施工质量验收规范》（GB 50204—2002）规定：结构实体钢筋保护层厚度验收合格应符合下列规定：

1）当全部钢筋保护层厚度检验的合格率为 90% 及以上时，钢筋保护层厚度的检验结果应判为合格。

2）当全部钢筋保护层厚度检验的合格率小于 90% 但不小于 80% 时，可再抽取相同数量的构件进行检验；当按两次抽样总数和计算的合格率为 90% 及以上时，钢筋保护层厚度的检验结果仍应判为合格。

3）每次抽样检验结果中不合格的最大偏差均不应大于（钢筋保护层厚度检验时，纵向受力钢筋保护层厚度的允许偏差，对梁类构件为 +10mm，-7mm；对板类构件为 +8mm，-5mm）允许偏差的 1.5 倍。

结构实体钢筋保护层厚度检验记录应符合现行国家标准《混凝土结构工程施工质量验收规范》（GB 50204—2002）的有关规定。结构实体钢筋保护层厚度检验记录应一式四份，并应由建设单位、监理单位、施工单位、城建档案馆各保存一份。结构实体钢筋保护层厚度检验记录宜采用表 5-68 的格式。

结构实体钢筋保护层厚度检验记录（C.6.8） 表 5-68

工程名称		××市×中学教学楼						编号	02-01-C6-0××
								结构类型	框架结构
施工单位		×××建筑安装有限公司						验收日期	××××年××月××日
构件类别	序号	钢筋保护层厚度（mm）						合格率	评定结果	监理/建设单位验收结果
		设计值	实测值							
梁	1	30	28	32	33	30	27	32	100%	>90%合格	符合规定
	2	30	31	32	30	29	26	28			
	3	30	30	28	29	32	31	27			
板	1	15	17	16	18	19	16	14	100%	>90%合格	符合规定
	2	15	15	14	16	14	15	19			
	3	15	16	14	17	15	18	14			

续表

| 结论：经现场检查，符合设计要求及《混凝土结构工程施工质量验收规范》(GB 50204—2002)的规定，验收合格。 ||
| 签字栏 | 项目专业技术负责人
××× | 专业监理工程师或建设单位项目专业技术负责人
××× |

(9) 灌水、满水试验记录

非承压管道系统和设备，包括开式水箱、卫生洁具、安装在室内的雨水管道等，在系统和设备安装完毕后，以及暗装、埋地、有绝热层的室内外排水管道进行隐蔽前，应进行灌水、满水试验。

相关规定与要求：

1) 敞口箱、罐安装前应做满水试验；密闭箱、罐应以工作压力的 1.5 倍做水压试验，但不得小于 0.4MPa。检验方法：满水试验满水后静置 24h 不渗不漏；水压试验在试验压力 10min 内无压降，不渗不漏。

2) 隐蔽或埋地的排水管道在隐蔽前必须做灌水试验，其灌水高度应不低于底层卫生器具的上边缘或底层地面高度。检验方法：满水 15min 水面下降后，再灌满观察 5min，液面不降，管道及接口无渗漏为合格。

3) 安装在室内的雨水管道安装后应做灌水试验，灌水高度必须到每根立管上部的雨水斗。检验方法：灌水试验持续 1h，不渗不漏。

4) 室外排水管网安装管道埋设前必须做灌水试验和通水试验，排水应畅通，无堵塞，管接口无渗漏。检验方法：按排水检查井分段试验，试验水头应以试验段上游管顶加 1m，时间不少于 30min，逐段观察。

施工单位填写的灌水、满水试验记录应一式三份，并应由建设单位、监理单位、施工单位各保存一份。灌水、满水试验记录宜采用表 5-69 的格式。

灌水、满水试验记录 (C.6.9) 表 5-69

工程名称	××市×中学教学楼	编　号	05-06-C6-0××
		试验日期	××××年××月××日
分项工程名称	室内排水工程	材质、规格	UPVC管材、管件 D160、D110、D50
试验标准及要求： 隐蔽或埋地的排水管道在隐蔽前必须做灌水试验，其灌水高度不应低于底层卫生器具的上边缘或底层地面高度，满水 15min 水面下降后，再灌满观察 5min，液面不降，管道及接口无渗漏为合格。			
试验部位	灌（满）水情况	灌（满）水持续时间 (min)	液面检查情况	渗漏检查情况
首层 WL 排水管	水面与地漏上口平直	满水 15min	无下降	不渗不漏
试验结论：符合设计要求及《建筑给水排水及采暖工程施工质量验收规范》(GB 50242—2002)的规定，合格。				
签字栏	施工单位	×××建筑安装有限公司	专业技术负责人 ×××	专业质检员 ×××	专业工长 ×××
	监理或建设单位	×××	专业工程师	×××

(10) 强度严密性试验记录

强度严密性试验记录应符合现行国家标准《建筑给水排水及采暖工程施工质量验收规范》（GB 50242—2002）、《通风与空调工程施工质量验收规范》（GB 50243—2002）的有关规定。室内外输送各种介质的承压管道、承压设备在安装完毕后，进行隐蔽之前，应进行强度严密性试验。

相关规定与要求：

1）室内给水管道的水压试验必须符合设计要求。当设计未注明时，各种材质的给水管道系统试验压力均为工作压力的1.5倍，但不得小于0.6MPa。检验方法：金属及复合管给水管道系统在试验压力下观测10min，压力降不应大于0.02MPa，然后降到工作压力进行检查，应不渗漏；塑料管给水系统应在试验压力下稳压1h，压力降不得超过0.05MPa，然后在工作压力的1.15倍状态下稳压2h，压力降不得超过0.03MPa，同时检查各连接处不得渗漏。

2）热水供应系统安装完毕，管道保温之前应进行水压试验，试验压力应符合设计要求。当设计未注明时，热水供应系统水压试验压力应为系统顶点的工作压力加0.1MPa，同时在系统顶点的试验压力不小于0.3MPa。检验方法：钢管或复合管道系统试验压力下10min内压力降不大于0.02MPa，然后降至工作压力检查，压力应不降，且不渗不漏；塑料管道系统在试验压力下稳压1h，压力降不得超过0.05MPa，然后在工作压力1.15倍状态下稳压2h，压力降不得超过0.03MPa，连接处不得渗漏。

3）热交换器应以工作压力的1.5倍做水压试验。蒸汽部分应不低于蒸汽供汽压力加0.3MPa；热水部分应不低于0.4MPa。检验方法：试验压力下10min内压力不降，不渗不漏。

4）低温热水地板辐射采暖系统安装，盘管隐蔽前必须进行水压试验，试验压力为工作压力的1.5倍，但不小于0.6MPa。检验方法：稳压1h内压力降不大于0.05MPa且不渗不漏。

5）采暖系统安装完毕，管道保温之前应进行水压试验，试验压力应符合设计要求。当设计未注明时，应符合下列规定：

① 蒸汽、热水采暖系统，应以系统顶点工做压力加0.1MPa做水压试验。同时在系统顶点的试验压力不小于0.3MPa。

② 高温热水采暖系统，试验压力应为系统顶点工作压力加0.4MPa。

③ 使用塑料管及复合管的热水采暖系统，应以系统顶点工作压力加0.2MPa做水压试验，同时在系统顶点的试验压力不小于0.4MPa。检验方法：使用钢管及复合管的采暖系统应在试验压力下10min内压力降不大于0.02MPa，降至工作压力后检查，不渗、不漏，使用塑料管的采暖系统应在试验压力下1h内压力降不大于0.05MPa，然后降压至工作压力的1.15倍，稳压2h，压力降不大于0.03MPa，同时各连接处不渗、不漏。

6）室外给水管网必须进行水压试验，试验压力为工作压力的1.5倍，但不得小于0.6MPa。检验方法：管材为钢管、铸铁管时，试验压力下10min内压力降不应大于0.05MPa，然后降至工作压力进行检查，压力应保持不变，不渗不漏；管材为塑料管时，试验压力下，稳压1h压力降不大于0.05MPa，然后降至工作压力进行检查，压力应保持不变，不渗不漏。

7) 消防水泵接合器及室外消火栓安装系统必须进行水压试验，试验压力为工作压力的1.5倍，但不得小于0.6MPa。检验方法：试验压力下，10min内压力降不大于0.05MPa，然后降至工作压力进行检查，压力保持不变，不渗不漏。

8) 锅炉的汽、水系统安装完毕后，必须进行水压试验，水压试验的压力应符合规范规定。检验方法：在试验压力下10min内压力降不超过0.02MPa；然后降至工作压力进行检查，压力不降，不渗、不漏；观察检查，不得有残余变形，受压元件金属壁和焊缝上不得有水珠和水雾。

9) 锅炉分汽缸（分水器、集水器）安装前应进行水压试验，试验压力为工作压力的1.5倍，但不得小于0.6MPa。检验方法：试验压力下10min内无压降、无渗漏。

10) 锅炉地下直埋油罐在埋地前应做气密性试验，试验压力降不应小于0.03MPa。检验方法：试验压力下观察30min，不渗、不漏，无压降。

11) 连接锅炉及辅助设备的工艺管道安装完毕后，必须进行系统的水压试验，试验压力为系统中最大工作压力的1.5倍。检验方法：在试验压力10min内压力降不超过0.05MPa，然后降至工作压力进行检查，不渗不漏。

12) 当自动喷水火灾系统设计工作压力等于或小于1.0MPa时，水压强度试验压力应为设计工作压力的1.5倍，并不应低于1.4MPa；当系统设计工作压力大于1.0MPa时，水压强度试验压力应为该工作压力加0.4MPa。水压强度试验的测试点应设在系统管网的最低点。对管网注水时，应将管网内的空气排净，并应缓慢升压，达到试验压力后，稳压30min，目测管网应无渗漏和无变形，且压力降不应大于0.05MPa。

13) 自动喷水灭火系统水压严密度试验应在水压强度试验和管网冲洗合格后进行。试验压力应为设计工作压力，稳压24h，应无渗漏。

14) 自动喷水灭火系统气压严密性试验的试验压力应为0.28MPa，且稳压24h，压力降不应大于0.01MPa。

注意事项：

单项试验和系统性试验，强度和严密度试验有不同要求，试验和验收时要特别留意；系统性试验、严密度试验的前提条件应充分满足，如自动喷水灭火系统水压严密度试验应在水压强度试验和管网冲洗合格后才能进行；而常见做法是先根据区段验收或隐检项目验收要求完成单项试验，系统形成后进行系统性试验，再根据系统特殊要求进行严密度试验。

施工单位填写的强度严密性试验记录应一式四份，并应由建设单位、监理单位、施工单位、城建档案馆各保存一份。强度严密性试验记录宜采用表5-70的格式。

强度严密性试验记录 (C.6.10) 表5-70

工程名称	××市×中学教学楼	编号	05-01-C6-0××
		试验日期	××××年××月××日
分项工程名称	给水系统	试验部位	二层给水系统
材质、规格	衬塑钢管DN100、DN15	压力表编号	Y100PNO-1.0MPa
试验要求： 　　本工程给水系统压力0.6MPa，试验压力为1.0MPa。在试验压力下观察10min，压力降不应大于0.02MPa，然后降至工作压力进行检查，不渗不漏为合格。			

续表

试验记录		试验介质	水
		试验压力表设置位置	地下一层给水泵房
	强度试验	试验压力（MPa）	1.0
		试验持续时间（min）	1.0
		试验压力降（MPa）	0.01
		渗漏情况	无渗漏
	严密性试验	试验压力（MPa）	0.7
		试验持续时间（min）	2h
		试验压力降（MPa）	无压降
		渗漏情况	无渗漏
试验结论： 符合设计要求及《建筑给水排水及采暖工程施工质量验收规范》（GB 50242—2002）的规定，合格。			
签字栏	施工单位	×××建筑安装有限公司	专业技术负责人 ××× 专业质检员 ××× 专业工长 ×××
	监理或建设单位	×××监理有限责任公司	专业工程师 ×××

(11) 通水试验记录

通水试验记录应符合现行国家标准《建筑给水排水及采暖工程施工质量验收规范》（GB 50242—2002）的有关规定。室内外给水、中水及游泳池水系统、卫生洁具、地漏及地面清扫口及室内外排水系统在安装完毕后，应进行通水试验。

相关规定与要求：

1) 给水系统交付使用前必须进行通水试验并做好记录。检验方法：观察和开启阀门、水嘴等放水。

2) 卫生器具交工前应做满水和通水试验。检验方法：满水后各连接件不渗不漏；通水试验给水、排水畅通。

3) 注意事项：通水试验为系统试验，一般在系统完成后统一进行。

施工单位填写的通水试验记录应一式三份，并应由建设单位、监理单位、施工单位各保存一份。通水试验记录宜采用表5-71的格式。

通水试验记录（C.6.11） 表5-71

工程名称	××市×中学教学楼	编号	02-01-C6-0××
		试验日期	××××年××月××日
分项工程名称	给水系统	试验部位	给水系统
试验系统简述： 本工程为地下一层地上局部五层，均有外网供水，卫生器具有蹲便器、脸盆、小便池、拖布池、地漏等。			
试验要求： 给水系统交付使用前必须进行通水试验并做好记录，观察和开启阀门、水嘴等放水，各处给水畅通。			
试验记录： 将全系统的给水阀门全部开启，同时开放1/3配水点，供水压力流量正常。然后逐个检查各配水点，出水均畅通，接口无渗漏。			
试验结论： 符合设计要求及《建筑给水排水及采暖工程施工质量验收规范》（GB 50242—2002）的规定，合格。			
签字栏	施工单位	×××建筑安装有限公司	专业技术负责人 专业质检员 专业工长
	监理或建设单位	×××监理有限责任公司	专业工程师

(12) 冲洗、吹洗试验记录

冲洗、吹洗试验记录应符合现行国家标准《建筑给水排水及采暖工程施工质量验收规范》(GB 50242—2002)、《通风与空调工程施工质量验收规范》(GB 50243—2002) 的有关规定。室内外给水、中水及游泳池水系统、采暖、空调水、消火栓、自动喷水等系统管道，以及设计有要求的管道在使用前做冲洗试验及介质为气体的管道系统做吹洗试验时，应填写冲洗、吹洗试验记录。相关规定与要求如下：

1) 生活给水系统管道在交付使用前必须冲洗和消毒，并经有关部门取样检验，符合国家《生活饮用水卫生标准》方可使用。检验方法：检查有关部门提供的检测报告。

2) 热水供应系统竣工后必须进行冲洗。检验方法：现场观察检查。

3) 采暖系统试压合格后，应对系统进行冲洗并清扫过滤器及除污器。检验方法：现场观察，直至排出水不含泥砂、铁屑等杂质，且水色不浑浊为合格。

4) 消防水泵接合器及室外消火栓安装系统消防管道在竣工前，必须对管道进行冲洗。检验方法：观察冲洗出水的浊度。

5) 供热管道试压合格后，应进行冲洗。检验方法：现场观察，以水色不浑浊为合格。

6) 自动喷水灭火系统管网冲洗的水流流速、流量不应小于系统设计的水流流速、流量；管网冲洗宜分区、分段进行；水平管网冲洗时其排水管位置应低于配水支管。管网冲洗应连续进行，当出水口处水的颜色、透明度与入水口处水的颜色、透明度基本一致时为合格。

注意事项：吹（冲）洗（脱脂）试验为系统试验，一般在系统完成后统一进行。

施工单位填写的冲洗、吹洗试验记录应一式三份，并应出建设单位、监理单位、施工单位各保存一份。冲洗、吹洗试验记录宜采用表 5-72 的格式。

冲洗、吹洗试验记录 (C.6.12)　　　　　　　　　　　　　　　表 5-72

工程名称	××市×中学教学楼	编号	05-01-C6-0××
		试验日期	××××年××月××日
分项工程名称	室内给水系统	试验部位	给水系统

| 试验要求：给水系统交付使用前必须进行冲洗，单向冲洗，各配水点水色透明度与进水目测一致且无杂物时，停止冲洗。 ||||

| 试验记录：从上午 8 时开始对全楼供水系统进行冲洗，单向冲洗，以距外供水阀的距离由近及远依次打开阀门水嘴冲洗，到上午 11：30 分，各配水点水色透明度与进水目测一致且无杂物时，停止冲洗。 ||||

| 试验结论：符合设计要求及《建筑给水排水及采暖工程施工质量验收规范》(GB 50242—2002) 的规定，合格。 ||||

签字栏	施工单位	×××建筑安装有限公司	专业技术负责人 ×××	专业质检员 ×××	专业工长 ×××
	监理或建设单位	×××监理有限责任公司	专业工程师 ×××		

其他常用试验记录填写要求，见表 5-73。

其他常用试验记录填写要求 表 5-73

项目	内容
通球试验记录	1. 记录形成：室内排水水平干管、主立管应按有关规定进行通球试验，并做记录。 2. 相关规定与要求：排水主立管及水平干管管道均应做通球试验，通球球径不小于排水管道管径的 2/3，通球率必须达到 100%。检查方法：通球检查。 3. 注意事项：通球试验为系统试验，一般在系统完成、通水试验合格后进行。通球试验用球宜为硬质空心塑料球，投入时做好标记，以便同排出的试验球核对。 4. 本表由施工单位填写，建设单位、施工单位各保存一份
补偿器安装记录	1. 记录形成：各类补偿器安装时应按要求进行补偿器安装记录。 2. 相关规定与要求： （1）补偿器型式、规格、位置应符合设计要求，并按有关规定进行预拉伸。检验方法：对照设计图纸检查。 （2）补偿器的型号、安装位置及预拉伸和固定支架的构造及安装位置应符合设计要求。检验方法：对照图纸，现场观察，并查验预拉伸记录。 （3）室外供热管网安装补偿器的位置必须符合设计要求，并应按设计要求或产品说明书进行预拉伸。管道固定支架的位置和构造必须符合设计要求。检验方法：对照图纸，并查验预拉伸记录。 3. 注意事项： （1）补偿器预拉伸数值应根据设计给出的最大补偿量得出（一般为其数值的 50%），要注意不同位置的补偿器由于管段长度、运行温度、安装温度不同而有所不同。 （2）根据试验的实际情况填写实测数据，要准确，内容齐全，不得漏项。 （3）工程采用施工总承包管理模式的，签字人员应为施工总承包单位的相关人员。 （4）热伸长可通过公式计算：$\Delta L = \alpha L \Delta t$ 式中 ΔL——热伸长（m）； α——管道线膨胀系数，碳素钢 $\alpha = 12 \times 10^{-6}$ m/℃； L——管长（m）； Δt——管道在运行时的温度与安装时的温度之差值（℃）。 4. 本表由施工单位填写并保存
消火栓试射记录	1. 记录形成：室内消火栓系统在安装完成后，应按设计要求及规范规定进行消火栓试射试验，并做记录。 2. 相关规定与要求：室内消火栓系统安装完成后应取屋顶层（或水箱间内）试验消火栓和首层取两处消火栓做试射试验，达到设计要求为合格。检验方法：实地试射检查。 3. 注意事项： （1）试验前应对消火栓组件、栓口安装（含减压稳压装置）等进行系统检查。 （2）根据试验的实际情况填写实测数据（测试栓口动压、静压应填写实测数值，要符合消防检测要求，不能超压或压力不足），要准确，内容齐全，不得漏项。 （3）消火栓试射为系统试验，一般在系统完成、消防水泵试运行合格后进行。 4. 本表由施工单位填写，建设单位、施工单位、城建档案馆各保存一份
安全附件安装检查记录	1. 记录形成：锅炉的高、低水位报警器和超温、超压报警器及联锁保护装置必须按设计要求安装齐全，进行启动、联动试验，并做记录。 2. 相关规定与要求：锅炉的高低水位报警器和超温、超压报警器及联锁保护装置必须按设计要求安装齐全和有效。检验方法：做启动、联动试验并做好试验记录。 3. 注意事项：根据试验的实际情况填写实测数据，要准确，内容齐全，不得漏项。 4. 本表由施工单位填写，建设单位、施工单位、城建档案馆各保存一份
锅炉烘炉试验记录	1. 记录形成：锅炉安装完成后，在试运行前，应进行烘炉试验，并做记录。 2. 相关规定与要求： （1）锅炉火焰烘炉应符合下列规定： 1）火焰应在炉膛中央燃烧，不应直接烧烤炉墙及炉拱。 2）甲烘炉时间一般不少于 4d，升温应缓慢，后期烟温不应高于 160℃，且持续时间不应少于 24h。

续表

锅炉烘炉试验记录	3) 链条炉排在烘炉过程中应定期转动。 4) 烘炉的中、后期应根据锅炉水水质情况排污。 检验方法：计时测温、操作观察检查。 (2) 烘炉结束后应符合下列规定： 1) 炉墙经烘烤后没有变形、裂纹及坍落现象。 2) 炉墙砌筑砂浆含水率达到7%以下。 检验方法：测试及观察检查。 (3) 注意事项：根据试验的实际情况填写实测数据，表格数字和曲线对照好，内容齐全，不得漏项。 3. 本表由施工单位填写，建设单位、施工单位、城建档案馆各保存一份	
锅炉煮炉试验记录	1. 记录形成：锅炉安装完成后，在试运行前，应进行煮炉试验，并做记录。 2. 相关规定与要求：煮炉时间一般应为2~3d，如蒸汽压力较低，可适当延长煮炉时间。非砌筑或浇注保温材料保温的锅炉，安装后可直接进行煮炉。煮炉结束后，锅筒和集（水）箱内壁应无油垢，擦去附着物后金属表面应无锈斑。检验方法：打开锅筒和集（水）箱检查孔检查。 3. 本表由施工单位填写，建设单位、施工单位、城建档案馆各保存一份	
锅炉试运行记录	1. 监理形成：锅炉在烘炉、煮炉合格后，应进行48h的带负荷连续试运行，同时应进行安全阀的热状态定压检验和调整，并做记录。 2. 相关规定与要求：检验方法为检查烘炉、煮炉及试运行全过程。 3. 本表由施工单位填写，建设单位、施工单位、城建档案馆各保存一份	
安全阀定压合格证书	1. 安全阀调试记录由试验单位提供。 2. 填表说明： (1) 形成流程：锅炉安全阀在投入运行前应由有资质的试验单位按设计要求进行调试，并出具调试记录。表格由试验单位提供。 (2) 相关规定与要求：锅炉和省煤器安全阀的定压和调整应符合规范的规定。锅炉上装有两个安全阀时，其中的一个按表中较高值定压，另一个按较低值定压。装有一个安全阀时，应按较低值定压。检验方法：检查定压合格证书	

(13) 电气设备空载试运行记录

电气设备空载试运行记录应符合现行国家标准《建筑电气工程施工质量验收规范》（GB 50303—2002）的有关规定。建筑电气设备安装完毕后应进行耐压及调试试验，主要包括：低压电器动力设备和低压配电箱等。

施工单位填写的电气设备空载试运行记录应一式四份，并应由建设单位、监理单位、施工单位、城建档案馆各保存一份。电气设备空载试运行记录宜采用表5-74的格式。

电气设备空载试运行记录（C.6.13）　　　　　　表5-74

工程名称	××市×中学教学楼		编号		06-04-C6-×××		
设备名称	YH系列高转差率三相异步电动机		设备型号	YH系列 H28020 kW	设计编号		动力5号
额定电流（A）	380		额定电压（V）	50	填写日期		××××年××月××日
试运时间	由×× 日 10 时00分开始至××日12时00分结束						
运行负荷记录	运行时间	运行电压（V）			运行电流（A）		温度（℃）
		L_1-N (L_1-L_2)	L_2-N (L_2-L_3)	L_3-N (L_3-L_1)	L_1 相	L_2 相	L_3 相
	10：00	380	382	381	45	45	44	35
	11：00	379	381	382	45	46	47	36
	12：00	382	381	383	44	46	45	37

续表

试运行情况记录： 经2h通电运行，电动机转向和机械转动无异常情况，检查机身和轴承的温升符合技术条件要求，配电线路和开关、仪表等运行正常，符合设计要求和《建筑电气工程施工质量验收规范》（GB 50303—2002）的规定。					
签字栏	施工单位	×××建筑安装有限公司	专业技术负责人 ×××	专业质检员 ×××	专业工长 ×××
	监理或建设单位	×××监理有限责任公司	专业工程师	×××	

（14）大型照明灯具承载试验记录

大型照明灯具承载试验记录应符合现行国家标准《建筑电气工程施工质量验收规范》（GB 50303—2002）的有关规定。施工单位填写的大型照明灯具承载试验记录应一式三份，并应由建设单位、监理单位、施工单位各保存一份。大型照明灯具承载试验记录宜采用表5-75的格式。

大型照明灯具承载试验记录（C.6.14） 表5-75

工程名称	××市×中学教学楼			编号	06-05-C6-×××
楼层部位	一层大厅			试验日期	××××年××月××日
灯具名称	安装部位	数量	灯具自重（kg）		试验载重（kg）
花灯	大厅	1	35		70
检查结论： 一层大厅使用灯具的规格、型号符合设计要求，预埋螺栓直径符合规范要求，经做承载试验，试验载重70kg，试验时间15min，预埋件牢固可靠，符合规范规定。					
签字栏	施工单位	×××建筑安装有限公司	专业技术负责人 ×××	专业质检员 ×××	专业工长 ×××
	监理或建设单位	×××监理有限责任公司	专业工程师	×××	

（15）智能建筑工程子系统检测记录

智能建筑工程子系统检测记录应符合现行国家标准《智能建筑工程质量验收规范》（GB 50339—2003）的有关规定。施工单位填写的智能建筑工程子系统检测记录应一式四份，并应由建设单位、监理单位、施工单位、城建档案馆各保存一份。智能建筑工程子系统检测记录宜采用表5-76的格式。

智能建筑工程子系统检测记录（C.6.15） 表5-76

工程名称	××市×中学教学楼				编号	07-05-C6-×××	
子分部工程系统名称	安全防范系统	分项工程子系统名称	停车管理	序号	××	检查部位	停车场
施工总承包单位	×××建筑安装有限公司					项目经理	×××
执行标准名称及编号	××××-××××						
专业承包单位	×××机电设备安装公司					项目经理	×××
主控项目	系统检查内容	检查规范的规定	系统检查评定记录	检测结果		备注	
				合格	不合格		
	车辆探测器的探测灵敏度抗干扰性能	抽检100%合格为系统合格	07-05-C6-×××	合格			

一般项目					
强制性条文					

检测机构的检测结论：
符合设计要求和规范规定。

检测负责人：×××　　××××年××月××日

注：1. 在检测结果栏，左列打"√"视为合格，右列打"√"视为不合格。
　　2. 备注栏内填写检测时出现的问题。

（16）风管漏光检测记录

风管漏光检测记录应符合现行国家标准《通风与空调工程施工质量验收规范》（GB 50243—2002）的有关规定。风管系统安装完毕后，应按系统类别进行严密性检验，漏风量应符合设计与规范的规定。施工单位填写的风管漏光检测记录应一式三份，并应由建设单位、监理单位、施工单位各保存一份。风管漏光检测记录宜采用表5-77的格式。

风管漏光检测记录（C.6.16）　　　　　表5-77

工程名称	××市×中学教学楼	编号		08-01-C6-×××
		试验日期		××××年××月××日
系统名称	地下室送风系统	工作压力（Pa）		500
系统接缝总长度（m）	60.15	每10m接缝为一检测段的分段数		6段
检查光源		150W带保护罩低压照明		
分段序号	实测漏光点数（个）	每10m接缝的允许漏光点数（个/10m）		结论
1	0	不大于2		合格
2	1	不大于2		合格
3	0	不大于2		合格
4	0	不大于2		合格
5	1	不大于2		合格
6	0	不大于2		合格
合计	总漏光点数（个）	每100m接缝的允许漏光点数（个/100m）		结论
	2	8		合格
检测结论： 经检验，符合设计要求及规范规定。				
签字栏	施工单位	×××建筑安装有限公司	专业技术负责人	专业质检员	专业工长
			×××	×××	×××
	监理或建设单位	×××监理有限责任公司	专业工程师		×××

（17）风管漏风检测记录

风管漏风检测记录应符合现行国家标准《通风与空调工程施工质量验收规范》（GB 50243—2002）的有关规定。施工单位填写的风管漏风检测记录应一式三份，并应由建设单位、监理单位、施工单位各保存一份。风管漏风检测记录宜采用表5-78的格式。

风管漏风检测记录（C.6.17） 表 5-78

工程名称	××市×中学教学楼	编号	08-01-C6-×××
		试验日期	××××年××月××日
系统名称	X-5 新风系统	工作压力（Pa）	500
系统总面积（m²）	232.9	试验压力（Pa）	800
试验总面积（m²）	185.2	系统检测分段数	2 段

检测区段图示：	分段实测数值			
	序号	分段表面积（m²）	试验压力（Pa）	实际漏风量（m³/h）
	1	98	800	2.4
	2	87.2	800	1.96

系统允许漏风量 [m³/（m²·h）]	6.00	实测系统漏风量 [m³/（m²·h）]	2.18（各段平均值）

检测结论：
各段用漏风检测仪所测漏风量低于规范规定，检测评定合格。

签字栏	施工单位	×××建筑安装有限公司	专业技术负责人	专业质检员	专业工长
			×××	×××	×××
	监理或建设单位	×××监理有限责任公司	专业工程师		×××

7. 施工质量验收记录

（1）检验批质量验收记录

检验批质量验收记录应符合现行国家标准《建筑工程施工质量验收统一标准》（GB 50300—2001）的有关规定。施工单位填写的检验批质量验收记录应一式三份，并应由建设单位、监理单位、施工单位各保存一份。检验批质量验收记录宜采用表 5-79～表 5-118 的格式（所有表格均应如此，划分到分部、子分部、分项，并应按规范术语填写）。

土方开挖工程检验批质量验收记录 表 5-79

工程名称	××市×中学教学楼	验收部位	①～⑪/Ⓐ～Ⓕ轴	编号	01-01-C7-××
施工单位	×××建筑安装有限公司			项目经理	×××
施工执行标准名称及编号	建筑安装工程施工工艺规程 QB-××-××××			专业工长	×××
分包单位	/	分包项目经理	/	施工班组长	×××

项目			规范规定（设计要求）				施工单位检查评定记录								监理（建设）单位验收记录
			柱基基坑基槽	挖方场地平整		管沟	地（路）面基层								
				人工	机械										
主控项目	1	标高（mm）	-50	±30	±50	-50	-50	-20	-30	-40	-10	-15	-35	-13	-24	合格
	2	长度、宽度（由设计中心线向两边量）（mm）	+200, -50	+300, -100	+500, -150	+10, 0	—	20	40	60	45	35	16	55	68	
	3	边坡	设计要求					符合设计要求								

五、施工前期、施工期间、竣工验收各阶段施工资料管理的知识

续表

一般项目	1	表面平整度（mm）	20	20	50	20	20	12	13	15	16	18	6	15	5	合格
	2	基底土性	设计要求					符合设计要求								
施工单位检查评定结果			主控项目和一般项目质量经抽样检验合格，施工操作依据、质量检查记录完整。 项目专业质量检查员：×××　　　　　　　　　××××年××月××日													
监理（建设）单位验收结论			同意验收。 专业监理工程师（建设单位项目专业技术负责人）：×××　　××××年××月××日													

土方回填工程检验批质量验收记录   表5-80

工程名称	××市×中学教学楼				验收部位	①～⑪/Ⓐ～Ⓕ轴				编号	01-01-C7-×××
施工单位	×××建筑安装有限公司									项目经理	×××
施工执行标准名称及编号	建筑安装工程施工工艺规程 QB-××-××××									专业工长	×××
分包单位	/				分包项目经理	/				施工班组长	×××

项目			规范规定（设计要求）					施工单位检查评定记录									监理（建设）单位验收记录
			柱基基坑基槽	挖方场地平整		管沟	地（路）面基层										
				人工	机械												
主控项目	1	标高（mm）	−50	±30	±50	−50	−50	2	1	3	5	6	−2	−6	−9	−8	1	合格
	2	分层压实系数	设计要求														
一般项目	1	回填土料	设计要求														合格 设计要求
	2	分层厚度及含水量	设计要求														
	3	表面平整度（mm）	20	20	30	20	20	7	8	9	3	5	6	8	9	12	14	

施工单位检查评定结果	主控项目和一般项目质量经抽样检验合格，施工操作依据、质量检查记录完整。 项目专业质量检查员：×××　　　　　　　　　××××年××月××日
监理（建设）单位验收结论	同意验收。 专业监理工程师（建设单位项目专业技术负责人）：××× ××××年××月××日

模板安装检验批质量验收记录   表5-81

工程名称	××市×中学教学楼	验收部位	①～⑪/Ⓐ～Ⓕ轴梁、板	编号	01-01-C7-×××
施工单位	×××建筑安装有限公司			项目经理	×××
施工执行标准名称及编号	建筑安装工程施工工艺规程 QB-××-××××			专业工长	×××
分包单位	/	分包项目经理	/	施工班组长	×××

《建筑工程施工质量验收统一标准》的规定				施工单位检查评定记录	监理（建设）单位验收记录
主控项目	1	模板支撑、立柱位置和垫板	第4.2.1条	符合承载能力和安装要求	经检查主控项目符合要求
	2	避免隔离剂沾污	第4.2.2条	无污染钢筋和混凝土接茬现象	

一般项目	1	模板安装的一般要求		第4.2.3条		符合规范规定及设计要求							经检查一般项目符合要求
	2	用做模板地坪、胎膜质量		第4.2.4条		符合规范规定及设计要求							
	3	模板起拱高度		第4.2.5条		符合规范规定及设计要求							
	4	预埋件、预留孔允许偏差	预埋钢板中心线位置（mm）		3	2	0	1	3	2	1	2	0	1	2
			预埋管、预留孔中心线位置（mm）		3	1	2	2	1	0	1	2	0	1	2
			插筋	中心线位置（mm）	5										
				外露长度（mm）	+10, 0										
			预埋螺栓	中心线位置（mm）	2										
				外露长度（mm）	+10, 0										
			预留洞	中心线位置（mm）	10										
				尺寸（mm）	+10, 0	6	7	5	4	3	2	4	5	2	1
	5	模板安装允许偏差	轴线位置（mm）		5	2	3	1	2	3	1	3	2	4	5
			底模上表面标高（mm）		±5										
			截面内部尺寸（mm）	基础	±10										
				柱、墙、梁	+4, -5	3	2	1	4	-1	-2	2	3	-4	1
			层高垂直度（mm）	不大于5m	6	2	3	4	5	6	4	5	2	1
				大于5m	8										
			相邻两板表面高低差（mm）		2	1	1	2	0	1	1	2	0	1	1
			表面平整度（mm）		5	1	2	3	4	3	2	1	1	2	3
施工单位检查评定结果			主控项目和一般项目质量经抽样检验合格，施工操作依据、质量检查记录完整。 项目专业质量检查员：×××　　　　××××年××月××日											
监理（建设）单位验收结论			同意验收。 专业监理工程师（建设单位项目专业技术负责人）：×××　　××××年××月××日											

模板拆除检验批质量验收记录　　表5-82

工程名称	××市×中学教学楼		验收部位	①～⑪/Ⓐ～Ⓕ轴梁、板		编号	01-01-C7-×××
施工单位	×××建筑安装有限公司					项目经理	×××
施工执行标准名称及编号	建筑安装工程施工工艺规程 QB-××-××××					专业工长	×××
分包单位	/		分包项目经理	/		施工班组长	×××
《建筑工程施工质量验收统一标准》的规定				施工单位检查评定记录			监理（建设）单位验收记录
主控项目	1	底模及其支架拆除时的混凝土强度	第4.3.1条	符合规范规定			符合规范规定
	2	后张法预应力构件侧模和底模的拆除时间	第4.3.2条	/			
	3	后浇带拆模和支顶	第4.3.3条	/			

五、施工前期、施工期间、竣工验收各阶段施工资料管理的知识

续表

一般项目	1	避免拆模损伤	第4.3.4条	符合规范规定	符合有关规定及要求
	2	模板拆除、堆放和清运	第4.3.5条	符合施工组织设计要求	
施工单位检查评定结果			主控项目和一般项目质量经抽样检验合格,施工操作依据、质量检查记录完整。 项目专业质量检查员:×××　　　××××年××月××日		
监理(建设)单位验收结论			同意验收。 专业监理工程师(建设单位项目专业技术负责人):×××　××××年××月××日		

钢筋原材料及加工检验批质量验收记录　　　　表5-83

工程名称	××市×中学教学楼			验收部位	①~⑪/Ⓐ~Ⓕ轴梁、板						编号		01-01-C7-×××
施工单位				×××建筑安装有限公司							项目经理		×××
施工执行标准名称及编号				建筑安装工程施工工艺规程 QB-××-××××							专业工长		×××
分包单位				/	分包项目经理				/		施工班组长		×××
《建筑工程施工质量验收统一标准》的规定					施工单位检查评定记录						监理(建设)单位验收记录		
主控项目	1	力学性能检验		第5.2.1条	详见检测报告×××号						符合规范规定		
	2	抗震用钢筋强度实测值		第5.2.2条	详见检测报告×××号								
	3	化学成分等专项检验		第5.2.3条	详见检测报告×××号								
	4	受力钢筋的弯钩和弯折		第5.3.1条	符合规范规定								
	5	箍筋弯钩形式		第5.3.2条	符合规范规定								
一般项目	1	外观质量		第5.2.4条	符合规范规定						符合规范规定		
	2	钢筋调直		第5.3.3条	符合规范规定								
	3	钢筋加工的形状、尺寸(mm)	受力钢筋顺长度方向全长的净尺寸	±10	2	3	4	5	6	−1	−3	−6	4	6
			弯起钢筋的弯折位置	±20	8	9	7	9	−5	−4	5	6	7	8	9
			箍筋内净尺寸	±5	2	−2	4	2	1	3	5	−3	−2	−1
施工单位检查评定结果				主控项目和一般项目的质量经抽样检验合格,施工操作依据、质量检查记录完整。 项目专业质量检查员:×××　　　××××年××月××日									
监理(建设)单位验收结论				同意验收。 专业监理工程师(建设单位项目专业技术负责人):×××　××××年××月××日									

钢筋连接、安装检验批质量验收记录　　　　表5-84

工程名称	××市×中学教学楼	验收部位	①~⑪/Ⓐ~Ⓕ轴梁、板	编号	01-01-C7-×××
施工单位		×××建筑安装有限公司		项目经理	×××
施工执行标准名称及编号		建筑安装工程施工工艺规程 QB-××-××××		专业工长	×××
分包单位	/	分包项目经理	/	施工班组长	×××
《建筑工程施工质量验收统一标准》的规定		施工单位检查评定记录		监理(建设)单位验收记录	

续表

		项目			《建筑工程施工质量验收统一标准》的规定	施工单位检查评定记录										监理（建设）单位验收记录
主控项目	1	纵向受力钢筋的连接方式			第5.4.1条	符合规范规定及设计要求										符合规范及设计要求
	2	机械连接和焊接接头的力学性能			第5.4.2条	详见试验报告单×××号										
	3	受力钢筋的品种、级别、规格和数量			第5.5.1条	符合规范规定及设计要求										
一般项目	1	接头位置和数量			第5.4.3条	符合规范规定及设计要求										符合规范规定及设计要求
	2	机械连接、焊接的外观质量			第5.4.4条	符合规范规定及设计要求										
	3	机械连接、焊接的接头面积百分率			第5.4.5条	符合规范规定及设计要求										
	4	绑扎搭接接头面积百分率和搭接长度			第5.4.6条 附录B	符合规范规定及设计要求										
	5	搭接长度范围内的箍筋			第5.4.7条	符合规范规定及设计要求										
	6	钢筋安装允许偏差(mm)	绑扎钢筋网	长、宽	±10	1	2	3	4	5	6	5	4	3	2	
				网眼尺寸	±20	9	8	7	8	9	12	14	12	11	9	
			绑扎钢筋骨架	长	±10											
				宽、高	±5											
			受力钢筋	间距	±10	1	2	3	4	5	6	7	−3	−2	−1	
				排距	±5	−1	−3	1	2	3	−2	−4	−1	2	3	
				保护层厚度	基础 ±10											
					柱、梁 ±5	2	1	3	1	2	3	−2	−3	−3	−1	
					板、墙、壳 ±3	2	1	2	−2	−1	−3	1	2	3	−1	
			绑扎箍筋、横向钢筋间距		±20	2	4	6	8	9	−9	−5	11	12	15	
			钢筋弯起点位置		20	4	5	7	8	12	11	10	13	14	11	
			预埋件	中心线位置	5											
				水平高差	+3,0											
施工单位检查评定结果					主控项目和一般项目的质量经抽样检验合格，施工操作依据、质量检查记录完整。 项目专业质量检查员：×××　　　　　　　　　　　　××××年　××月××日											
监理（建设）单位验收结论					同意验收。 专业监理工程师（建设单位项目专业技术负责人）：××× 　　　　　　　　　　　　　　　　　　　　　　××××年　××月××日											

混凝土原材料及配合比设计检验批质量验收记录　　　　表5-85

工程名称		××市×中学教学楼		验收部位	一层①～⑪/Ⓐ～Ⓕ轴梁、板	编号	01-01-C7-×××
施工单位			×××建筑安装有限公司			项目经理	×××
施工执行标准名称及编号			建筑安装工程施工工艺规程 QB-××-××××			专业工长	×××
分包单位		/		分包项目经理	/	施工班组长	×××
《建筑工程施工质量验收统一标准》的规定				施工单位检查评定记录			监理（建设）单位验收记录
主控项目	1	水泥进场检验		第7.2.1条	审查合格详见合格证、复试检验报告×××号		符合要求
	2	外加剂质量及应用		第7.2.2条	审查合格详见合格证、复试检验报告×××号		
	3	混凝土中氯化物、碱的总含量控制		第7.2.3条	审查合格详见合格证、复试检验报告×××号		
	4	配合比设计		第7.3.1条	符合设计要求，见配合比通知单××××号		

续表

一般项目	1	矿物掺合料质量及掺量	第7.2.4条	/	符合规范要求
	2	粗细骨料的质量	第7.2.5条	经复试符合要求,见复试报告××××号	
	3	拌制混凝土用水	第7.2.6条	符合规范要求	
	4	开盘鉴定	第7.3.2条	符合规范要求	
	5	依砂、石含水率调整配合比	第7.3.3条	符合规范要求	
施工单位检查评定结果			主控项目和一般项目的质量经抽样检验合格,施工操作依据、质量检查记录完整。 项目专业质量检查员:×××　　　　　　××××年××月××日		
监理(建设)单位验收结论			符合规范及设计要求。 专业监理工程师(建设单位项目专业技术负责人):××× 　　　　　　　　　　　　　　　　　　××××年××月××日		

混凝土施工检验批质量验收记录　　　　　　　　　　　　表 5-86

工程名称	××市×中学教学楼	验收部位	一层①~⑪/Ⓐ~Ⓕ轴梁、板	编号	01-01-C7-×××
施工单位		×××建筑安装有限公司		项目经理	×××
施工执行标准名称及编号		建筑安装工程施工工艺规程 QB-××-××××		专业工长	×××
分包单位	/	分包项目经理	/	施工班组长	×××
《建筑工程施工质量验收统一标准》的规定			施工单位检查评定记录		监理(建设)单位验收记录
主控项目	1	混凝土强度等级及试件的取样和留置	第7.4.1条	符合规范要求	符合规范要求
	2	混凝土抗渗及试件取样和留置	第7.4.2条	/	
	3	原材料每盘称量的偏差	第7.4.3条	符合规范要求	
	4	初凝时间控制	第7.4.4条	符合规范要求	
一般项目	1	施工缝的位置和处理	第7.4.5条	符合规范要求	符合规范要求
	2	后浇带的位置和浇筑	第7.4.6条	/	
	3	混凝土养护	第7.4.7条	符合规范要求	
施工单位检查评定结果			主控项目和一般项目的质量经抽样检验合格,施工操作依据、质量检查记录完整。 项目专业质量检查员:×××　　　　　　××××年××月××日		
监理(建设)单位验收结论			符合规范要求。 专业监理工程师(建设单位项目专业技术负责人):××× 　　　　　　　　　　　　　　　　　　××××年××月××日		

现浇结构外观及尺寸偏差检验批质量验收记录　　　　　　表 5-87

工程名称	××市×中学教学楼	验收部位	一层①~⑪/Ⓐ~Ⓕ轴梁、板	编号	01-01-C7-×××
施工单位		×××建筑安装有限公司		项目经理	×××
施工执行标准名称及编号		建筑安装工程施工工艺规程 QB-××-××××		专业工长	×××
分包单位	/	分包项目经理	/	施工班组长	×××
《建筑工程施工质量验收统一标准》的规定			施工单位检查评定记录		监理(建设)单位验收记录

续表

主控项目	1	外观质量		第8.2.1条	符合规范要求									符合规范要求
	2	过大尺寸偏差处理及验收		第8.3.1条	符合规范要求									
一般项目	1	外观质量一般缺陷		第8.2.2条	符合规范要求									符合规范要求
	2	轴线位置 (mm)	基础	15										
			独立基础	10										
			墙、柱、梁	8	2	1	3	2	4	5	3	2	2	7
			剪力墙	5										
	3	垂直度 (mm)	层高 ≤5m	8	2	1	3	2	4	1	2	2	2	1
			层高 >5m	10										
			全高(H)	H/1000 且≤30										
	4	标高 (mm)	层高	±10	−1	2	3	−2	4	5	1	−4	−3	−6
			全高	±30										
	5	截面尺寸		+8,−5	4	3	4	5	6	−1	−3	1	2	3
	6	电梯井 (mm)	进筒长、宽对定位中心线	+25,0										
			井筒全高(H)垂直度	H/1000 且≤30										
	7	表面平整度(mm)		8	2	1	2	3	4	2	5	6	5	7
	8	预埋设施中心线位置(mm)	预埋件	10										
			预埋螺栓	5										
			预埋管	5	1	2	3	2	3	1	2	4	3	2
	9	预留洞中心线位置(mm)		15	6	2	8	9	7	8	11	12	14	2	5

施工单位检查评定结果	主控项目和一般项目的质量经抽样检验合格,施工操作依据、质量检查记录完整。 项目专业质量检查员:×××　　　　　　　×××年××月××日
监理(建设)单位验收结论	同意验收。 专业监理工程师(建设单位项目专业技术负责人):××× 　　　　　　　　　　　　　　　　　×××年 ×× 月 ×× 日

砖砌体工程检验批质量验收记录　　　　　　表5-88

工程名称	××市×中学教学楼	验收部位	①~⑪/Ⓐ~Ⓕ轴墙	编号	01-01-C7-×××
施工单位	×××建筑安装有限公司			项目经理	×××
施工执行标准名称及编号	建筑安装工程施工工艺规程 QB-××-××××			专业工长	×××
分包单位	/	分包项目经理	/	施工班组长	×××

《建筑工程施工质量验收统一标准》的规定			施工单位检查评定记录	监理(建设)单位验收记录
主控项目	1	砖强度等级	设计要求 MU	MU10多孔砖符合设计要求,详见合格证及复试试验报告×××号	符合规范规定及设计要求
	2	砂浆强度等级	设计要求 M	标养砂浆强度达到设计要求,详见试验报告×××号	
	3	水平灰缝砂浆饱满度	≥80%	85　82　83　85　88　82　84　83　85　81	
	4	斜槎留置	第5.2.3条	符合规范规定	
	5	直槎拉结筋及接槎处理	第5.2.4条	符合规范规定	
	6	轴线位移	≤10mm	3　5　4　2　6　7　8　1　2　3	
	7	垂直度(每层)	≤5mm	1　2　3　3　4　3　3　4　3　4　2	

续表

一般项目	1	组砌方法	第5.3.1条	符合设计要求									符合规范规定及设计要求
	2	水平灰缝厚度10mm	8～12mm	8	8	9	11	8	9		10	11	9	
	3	基础顶面、楼面标高	±15mm	5	7	8	9	10	−9	−8	−7	6	11	
	4	表面平整度（混水）	8mm	3	4	5	4	3	2	4	5	6	8	
	5	门窗洞口高度宽	±5mm											
	6	外墙上下窗口偏移	20mm											
	7	水平灰缝平直度（混水）	10mm											
施工单位检查评定结果			主控项目和一般项目的质量经抽样检验合格，施工操作依据、质量检查记录完整。 项目专业质量检查员：××× ××××年××月××日											
监理（建设）单位验收结论			同意验收。 专业监理工程师（建设单位项目专业技术负责人）：××× ××××年××月××日											

配筋砌体检验批质量验收记录

表5-89

工程名称	××市×中学教学楼		验收部位	①～⑪/Ⓐ～Ⓕ轴墙		编号	01-01-C7-×××
施工单位		×××建筑安装有限公司				项目经理	×××
施工执行标准名称及编号		建筑安装工程施工工艺规程QB-××-××××				专业工长	×××
分包单位	/		分包项目经理	/		施工班组长	×××

《建筑工程施工质量验收统一标准》的规定				施工单位检查评定记录									监理（建设）单位验收记录
主控项目	1	钢筋品种规格数量	第8.2.1条	符合设计要求，详见合格证及复试试验报告×××号									符合设计及规范要求
	2	混凝土、砂浆强度	设计要求 C，M	符合设计要求，详见试验报告×××号和×××号									
	3	马牙槎及拉结筋	第8.2.3条	符合规范要求									
	4	芯柱	第8.2.5条	符合规范要求									
	5	柱中心线位置（mm）	≤10mm	2	3	4	1	5	6	8	9	7	6	
	6	柱层间错位	≤8mm											
	7	柱垂直度（每层）(mm)	≤10mm	2	3	4	1	2	3		5	4	3	4	
一般项目	1	水平灰缝钢筋	第8.3.1条	符合规范要求									符合规范要求
	2	钢筋防腐	第8.3.2条	符合规范要求									
	3	网状配筋及间距	第8.3.3条	符合规范要求									
	4	组合砌体及拉结筋	第8.3.4条	符合规范要求									
	5	砌块砌体钢筋搭接	第8.3.5条	符合规范要求									
施工单位检查评定结果			主控项目和一般项目的质量经抽样检验合格，施工操作依据、质量检查记录完整。 项目专业质量检查员：×××　　　　××××年××月××日											
监理（建设）单位验收结论			同意验收。 专业监理工程师（建设单位项目专业技术负责人）：××× ××××年××月××日											

屋面保温层检验批质量验收记录 表 5-90

工程名称	××市×中学教学楼		验收部位	屋面保温层（五层）					编号		04-01-C7-×××
施工单位	×××建筑安装有限公司								项目经理		×××
施工执行标准名称及编号	建筑安装工程施工工艺规程 QB-××-××××								专业工长		×××
分包单位	/		分包项目经理	/					施工班组长		×××
《建筑工程施工质量验收统一标准》的规定				施工单位检查评定记录							监理（建设）单位验收记录
主控项目	1	材料质量		设计要求		符合设计要求					符合设计要求及规范规定
	2	保温层含水率		设计要求		符合设计要求					
一般项目	1	保温层铺设		第 4.2.10 条		符合规范规定					符合规范规定及设计要求
	2	倒置式屋面保护层		第 4.2.12 条		/					
	3	保温层厚度允许偏差（mm）	松散、整体	+10%，-5%							
			板块	±5%	2	1	4	2	4	-1	2	-3
施工单位检查评定结果	主控项目和一般项目的质量经抽样检验合格，施工操作依据、质量检查记录完整。 项目专业质量检查员：×××　　　　　　　××××年××月××日										
监理（建设）单位验收结论	同意验收。 专业监理工程师（建设单位项目专业技术负责人）：××× 　　　　　　　　　　　　　　　　　　　　××××年××月××日										

屋面找平层检验批质量验收记录 表 5-91

工程名称	××市×中学教学楼		验收部位	屋面保温层（五层）							编号	04-01-C7-×××
施工单位	×××建筑安装有限公司										项目经理	×××
施工执行标准名称及编号	建筑安装工程施工工艺规程 QB-××-××××										专业工长	×××
分包单位	/		分包项目经理	/							施工班组长	×××
《建筑工程施工质量验收统一标准》的规定				施工单位检查评定记录								监理（建设）单位验收记录
主控项目	1	材料质量及配合比		设计要求		符合设计要求						符合设计要求
	2	排水坡度		设计要求		符合设计要求						
一般项目	1	交接处和转角处细部处理		第 4.1.9 条		符合规范规定						符合规范规定
	2	表面质量		第 4.1.10 条		符合规范规定						
	3	分格缝位置和间距		第 4.1.11 条		符合规范规定						
	4	表面平整度允许偏差（mm）		5	3	4	2	1	2	4	3	4	5	3
施工单位检查评定结果	主控项目和一般项目的质量经抽样检验合格，施工操作依据、质量检查记录完整。 项目专业质量检查员：×××　　　　　　　××××年××月×× 日											
监理（建设）单位验收结论	同意验收。 专业监理工程师（建设单位项目专业技术负责人）：××× 　　　　　　　　　　　　　　　　　　　　××××年×× 月××日											

屋面卷材防水层检验批质量验收记录

表 5-92

工程名称		××市×中学教学楼		验收部位	屋面①~⑪/Ⓐ~Ⓕ轴	编号	04-01-C7-×××
施工单位			×××建筑安装有限公司			项目经理	×××
施工执行标准名称及编号			建筑安装工程施工工艺规程 QB-××-××××			专业工长	×××
分包单位		/		分包项目经理	/	施工班组长	×××
《建筑工程施工质量验收统一标准》的规定					施工单位检查评定记录		监理（建设）单位验收记录
主控项目	1	卷材及配套材料质量		设计要求	经检查符合设计要求，见合格证、检测报告和复验报告		符合规范规定及设计要求
	2	卷材防水层		第4.3.16条	按规定检测无渗漏		
	3	防水细部构造		第4.3.17条	符合规范规定		
一般项目	1	卷材搭接缝与收头质量		第4.3.18条	收头与基层粘结牢固，封口严密无翘边，符合规范规定		符合规范规定及设计要求
	2	卷材保护层		第4.3.19条	符合规范规定		
	3	排汽屋面孔道留置		第4.3.20条	符合规范规定		
	4	卷材铺贴方向		铺贴方向正确	符合规范规定		
	5	搭接宽度允许偏差（mm）		-10	-2 -3 -4 -6 -3 -5 -7 -4 -2 -8		
施工单位检查评定结果			主控项目和一般项目的质量经抽样检验合格，施工操作依据、质量检查记录完整。项目专业质量检查员： ××× ××××年××月××日				
监理（建设）单位验收结论			同意验收。专业监理工程师（建设单位项目专业技术负责人）：××× ××××年××月××日				

密封材料嵌缝工程检验批质量验收记录

表 5-93

工程名称		××市×中学教学楼		验收部位	屋面①~⑪/Ⓐ~Ⓕ轴	编号	04-01-C7-×××
施工单位			×××建筑安装有限公司			项目经理	×××
施工执行标准名称及编号			建筑安装工程施工工艺规程 QB-××-××××			专业工长	×××
分包单位		/		分包项目经理	/	施工班组长	×××
《建筑工程施工质量验收统一标准》的规定					施工单位检查评定记录		监理（建设）单位验收记录
主控项目	1	密封材料质量		设计要求	符合设计要求		符合规范规定及设计要求
	2	嵌缝施工质量		第6.2.7条	符合规范规定		
一般项目	1	嵌缝基层处理		第6.2.8条	符合规范规定		符合规范规定及设计要求
	2	外观质量		第6.2.10条	符合规范规定		
	3	接缝宽度允许偏差		±10%			
施工单位检查评定结果			主控项目和一般项目的质量经抽样检验合格，施工操作依据、质量检查记录完整。项目专业质量检查员： ××× ××××年××月××日				
监理（建设）单位验收结论			同意验收。专业监理工程师（建设单位项目专业技术负责人）：××× ××××年××月××日				

细部构造检验批质量验收记录

表 5-94

工程名称			××市×中学教学楼		验收部位	屋面①~⑪/Ⓐ~Ⓕ轴	编号	04-01-C7-×××
							验收部位	屋面
施工单位			×××建筑安装有限公司				项目经理	×××
施工执行标准名称及编号			建筑安装工程施工工艺规程 QB-××-××××				专业工长	×××
分包单位			/		分包项目经理	/	施工班组长	×××
《建筑工程施工质量验收统一标准》的规定						施工单位检查评定记录	监理（建设）单位验收记录	
主控项目	1	天沟、檐沟排水坡度			设计要求	符合设计要求	符合规范规定及设计要求	
	2	防水构造	(1)	天沟、檐沟	第9.0.4条	符合规范规定		
			(2)	檐口	第9.0.5条	/		
			(3)	水落口	第9.0.7条	符合规范规定		
			(4)	泛水	第9.0.6条	符合规范规定		
			(5)	变形缝	第9.0.8条	符合规范规定		
			(6)	伸出屋面管道	第9.0.9条	符合规范规定		
施工单位检查评定结果					主控项目和一般项目质量经抽样检验合格，施工操作依据、质量检查记录完整。 项目专业质量检查员：×××　　　　××××年××月×× 日			
监理（建设）单位验收结论					同意验收。 专业监理工程师（建设单位项目专业技术负责人）：××× 　　　　　　　　　　　　　　　　　　　　　××××年××月××日			

基土垫层检验批质量验收记录

表 5-95

工程名称			××市×中学教学楼		验收部位	地下室①~⑪/Ⓐ~Ⓕ轴							编号	03-01-C7-×××
施工单位			×××建筑安装有限公司										项目经理	×××
施工执行标准名称及编号			建筑安装工程施工工艺规程 QB-××-××××										专业工长	×××
分包单位			/		分包项目经理	/							施工班组长	×××
《建筑工程施工质量验收统一标准》的规定						施工单位检查评定记录							监理（建设）单位验收记录	
主控项目	1	基土土料			设计要求	符合设计要求							符合设计要求及规范规定	
	2	基土压实			第4.2.5条	符合设计要求及规范规定								
一般项目	1	允许偏差（mm）	表面平整度		15	9	8	7	9	6	5	8	9	11	12
	2		标高		0，-50	0	-1	-9	-8	-7	0	-7	-1	-5	-9
	3		坡度		2/1000 L，且不大于 30	符合规范规定								
	4		厚度		<1/10L									
施工单位检查评定结果					主控项目合格，一般项目满足规范规定，施工操作依据、质量检查记录完整。 项目专业质量检查员：×××　　　　××××年××月×× 日									
监理（建设）单位验收结论					同意验收。 专业监理工程师（建设单位项目专业技术负责人）：××× 　　　　　　　　　　　　　　　　　　　　　××××年××月××日									

水泥混凝土垫层检验批质量验收记录

表5-96

工程名称	××市×中学教学楼			验收部位	地下室①~⑪/Ⓐ~Ⓕ轴							编号	03-01-C7-×××
施工单位	×××建筑安装有限公司											项目经理	×××
施工执行标准名称及编号	建筑安装工程施工工艺规程 QB-××-××××											专业工长	×××
分包单位	/			分包项目经理	/							施工班组长	×××
《建筑工程施工质量验收统一标准》的规定					施工单位检查评定记录								监理（建设）单位验收记录
主控项目	1	材料质量		第4.8.8条	水泥、砂石符合规范规定、均有合格证、检测报告和复验报告××××××号								符合规范规定
主控项目	2	混凝土强度等级		设计要求	符合设计要求，详见试验报告×××号								符合规范规定
一般项目	1	允许偏差(mm)	表面平整度	10	2	3	5	7	9	3	6	5	7	9	符合规范规定
一般项目	2	允许偏差(mm)	标高	±10	−6	−3	−4	−5	3	4	2	5	−4	−1	符合规范规定
一般项目	3	允许偏差(mm)	坡度	2/1000L 且≤30											符合规范规定
一般项目	4	允许偏差(mm)	厚度	<1/10h											符合规范规定
施工单位检查评定结果	主控项目和一般项目的质量经抽样检验合格，施工操作依据、质量检查记录完整。 项目专业质量检查员：×××　　　　　××××年××月×× 日												
监理（建设）单位验收结论	同意验收。 专业监理工程师（建设单位项目专业技术负责人）：××× ××××年××月××日												

水泥混凝土面层检验批质量验收记录

表5-97

工程名称	××市×中学教学楼			验收部位	地下室①~⑪/Ⓐ~Ⓕ轴							编号	03-01-C7-×××
施工单位	×××建筑安装有限公司											项目经理	×××
施工执行标准名称及编号	建筑安装工程施工工艺规程 QB-××-××××											专业工长	×××
分包单位	/			分包项目经理	/							施工班组长	×××
《建筑工程施工质量验收统一标准》的规定					施工单位检查评定记录								监理（建设）单位验收记录
主控项目	1	骨料粒径		第5.2.3条	符合规范规定								符合要求
主控项目	2	面层强度等级		设计要求	符合设计要求								符合要求
主控项目	3	面层与下一层结合		第5.2.5条	结合牢固，无空鼓裂缝								符合要求
一般项目	1	表面质量		第5.2.6条	无裂纹、脱皮、麻面、起砂等缺陷								符合规范规定
一般项目	2	表面坡度（有坡度地面）		第5.2.7条	无倒泛水和积水现象								符合规范规定
一般项目	3	踢脚线与墙面结合（30cm）		第5.2.8条	粘结牢靠、高度一致、出墙厚度均匀								符合规范规定
一般项目	4	楼梯踏步		第5.2.9条	符合规范规定								符合规范规定
一般项目	5	允许偏差(mm)	表面平整度	5	1	2	3	2	3	2	4	5	3	符合规范规定
一般项目	6	允许偏差(mm)	踢脚线上口平直	4	1	2	1	3	2	3	4	2	3	符合规范规定
一般项目	7	允许偏差(mm)	缝格平直	3										符合规范规定
一般项目	8	允许偏差(mm)	旋转楼梯踏步两端宽度	5										符合规范规定
施工单位检查评定结果	主控项目和一般项目的质量经抽样检验合格，施工操作依据、质量检查记录完整。 项目专业质量检查员：×××　　　　　××××年××月××日												
监理（建设）单位验收结论	同意验收。 专业监理工程师（建设单位项目专业技术负责人）：××× ××××年××月××日												

砖面层检验批质量验收记录　　　　　表5-98

工程名称		××市×中学教学楼		验收部位	地下室①～⑪/Ⓐ～Ⓕ轴		编号	03-01-C7-×××
施工单位		×××建筑安装有限公司					项目经理	×××
施工执行标准名称及编号		建筑安装工程施工工艺规程 QB-××-××××					专业工长	×××
分包单位		/		分包项目经理	/		施工班组长	×××
《建筑工程施工质量验收统一标准》的规定					施工单位检查评定记录			监理（建设）单位验收记录
主控项目	1	块材质量		设计要求	经检查符合设计要求，见合格证、出厂检验报告×××			符合规范规定及设计要求
	2	面层与下一层结合		第6.2.8条	结合牢固无空鼓现象，符合规范规定			
一般项目	1	面层表面质量		第6.2.9条	符合规范规定			符合规范规定
	2	邻接处镶边用料		第6.2.10条	符合规范规定			
	3	踢脚线质量		第6.2.11条	符合规范规定			
	4	楼梯踏步高度差		第6.2.12条	符合规范规定			
	5	面层表面坡度		第6.2.13条	符合规范规定			
	6	允许偏差(mm)	表面平整度	缸砖	4.0	1 2 1 2 3 1 2 2 1 1		
				水泥花砖	3.0			
				陶瓷锦砖、陶瓷地砖	2.0			
	7		缝格平直		3.0			
	8		接缝高低差	陶瓷锦砖、陶瓷地砖、水泥花砖	0.5			
				缸砖	1.5	1 0 1 1 0 1 1 0 1 1		
	9		踢脚线上口平直	陶瓷锦砖、陶瓷地砖	3.0			
				缸砖	4.0	2 3 1 2 3 2 1 1 1 2		
	10		板块间隙宽度		2.0	1 1 1 1 0 0 2 1 2 0		
施工单位检查评定结果					主控项目和一般项目的质量经抽样检验合格，施工操作依据、质量检查记录完整。 项目专业质量检查员：×××　　　　××××年×× 月×× 日			
监理（建设）单位验收结论					同意验收。 专业监理工程师（建设单位项目专业技术负责人）：××× 　　　　　　　　　　　　　　　　××××年×× 月×× 日			

一般抹灰检验批质量验收记录　　　　　表5-99

工程名称	××市×中学教学楼	验收部位	首层①～⑪/Ⓐ～Ⓕ轴内墙	编号	03-02-C7-×××
施工单位	×××建筑安装有限公司			项目经理	×××
施工执行标准名称及编号	建筑安装工程施工工艺规程 QB-××-××××			专业工长	×××
分包单位	/	分包项目经理	/	施工班组长	×××
《建筑工程施工质量验收统一标准》的规定			施工单位检查评定记录		监理（建设）单位验收记录

续表

主控项目	1	基层表面	第4.2.2条	尘土污垢已清除并浇水湿润								符合设计要求和规范规定
	2	材料品种和性能	第4.2.3条	水泥经复试符合要求，报告编号××××，砂浆配合比符合设计要求								
	3	操作要求	第4.2.4条	符合规范规定								
	4	层粘结及面层质量	第4.2.5条	符合规范规定								
一般项目	1	表面质量	第4.2.6条	表面光滑洁净、颜色均匀无抹纹分割缝、灰分清晰								符合规范规定
	2	细部质量	第4.2.7条	护角孔洞抹灰整齐、管道后抹灰平整								
	3	层与层间材料要求层总厚度	第4.2.8条	符合规范规定								
	4	分格缝	第4.2.9条	符合规范规定								
	5	滴水线（槽）	第4.2.10条	滴水槽整齐顺直、滴水线内高外低，滴水槽的深度宽度大于10mm								
	6 允许偏差（mm）	项目	普通抹灰	高级抹灰								
		立面垂直度	4	3	3	3	2	1	2	3	1	2	
		表面平整度	4	3	4	3	2	1	1	1	2	3	
		阴阳角方正	4	3	1	1	2	3	4	4	3	4	2	
		分格条（缝）直线度	4	3									
		墙裙、勒脚上口直线度	4	3									
施工单位检查评定结果			主控项目和一般项目的质量经抽样检验合格，施工操作依据、质量检查记录完整。项目专业质量检查员：×××　　　　××××年　××月　××日									
监理（建设）单位验收结论			同意验收。专业监理工程师（建设单位项目专业技术负责人）：×××　　　　　　　　　　　　　　　　　　　　　××××年　××月××日									

塑料门窗安装检验批质量验收记录　　　　表5-100

工程名称	××市×中学教学楼	验收部位	首层	编号	03-03-C7-×××
施工单位	×××建筑安装有限公司			项目经理	×××
施工执行标准名称及编号	建筑安装工程施工工艺规程QB-××-××××			专业工长	×××
分包单位	/	分包项目经理	/	施工班组长	×××

《建筑工程施工质量验收统一标准》的规定				施工单位检查评定记录	监理（建设）单位验收记录
主控项目	1	门窗质量	第5.4.2条	符合规范规定	符合设计要求和规范规定
	2	框、扇安装	第5.4.3条	符合规范规定	
	3	拼樘料与框连接	第5.4.4条	符合规范规定	
	4	门窗扇安装	第5.4.5条	开启灵活、关闭严密、无倒翘，有防脱落措施	
	5	配件质量及安装	第5.4.6条	符合规范规定	
	6	框与墙体缝隙填嵌	第5.4.7条	符合规范规定	

续表

一般项目	1	表面质量	第5.4.8条	符合规范规定	符合规范规定
	2	密封条及旋转窗间隙	第5.4.9条	符合规范规定	
	3	门窗扇开关力	第5.4.10条	开关力在30~80N之间	
	4	玻璃密封条、玻璃槽口	第5.4.11条	符合规范规定	
	5	排水孔	第5.4.12条	符合规范规定	
	6	安装允许偏差	第5.4.13条	符合规范规定	
施工单位检查评定结果			主控项目和一般项目的质量经抽样检验合格，施工操作依据、质量检查记录完整。 项目专业质量检查员：×××　　　　××××年 ××月 ××日		
监理（建设）单位验收结论			同意验收。 专业监理工程师（建设单位项目专业技术负责人）：××× 　　　　　　　　　　　　　　　　　　　　　　××××年××月××日		

金属门窗安装检验批质量验收记录

表 5-101

工程名称	××市×中学教学楼			验收部位		首层		编号		03-03-C7-×××
施工单位	×××建筑安装有限公司							项目经理		×××
施工执行标准名称及编号	建筑安装工程施工工艺规程 QB-××-××××							专业工长		×××
分包单位	/			分包项目经理		/		施工班组长		×××

		《建筑工程施工质量验收统一标准》的规定			施工单位检查评定记录					监理（建设）单位验收记录
主控项目	1	门窗质量		第5.3.2条	符合规范规定					符合设计要求和规范规定
	2	框和副框安装，预埋件		第5.3.3条	框和副框安装牢固、预埋件数量、位置、埋置方式符合设计要求					
	3	门窗扇安装		第5.3.4条	安装牢固、开启灵活					
	4	配件质量及安装		第5.3.5条	符合规范规定					
一般项目	1	表面质量		第5.3.6条	符合规范规定					符合规范规定
	2	推拉扇开关力		第5.3.7条	推拉扇开关力小于100N					
	3	框与墙体间缝隙		第5.3.8条	符合规范规定					
	4	扇密封胶条或毛毡密封条		第5.3.9条	符合规范规定					
	5	排水孔		第5.3.10条	符合规范规定					
	6	留缝隙值和允许偏差（mm）		留缝限值	符合规范规定					
	7	门窗槽口宽度、高度（mm）	≤1500	3						
			>1500	—	1	1	2	1	1	
	8	门窗槽口对角线长度差（mm）	≤2000	5						
			>2000	—	6	2	3	4	5	6
	9	门窗框的正、侧面垂直度（mm）		3	1	1	1	2	3	
	10	门窗横框的水平度（mm）		3	1	1	1	1	0	
	11	门窗横框标高（mm）		5	1	1	2	2	3	
	12	门窗竖向偏离中心（mm）		4	3	2	4	1	2	
	13	双层门窗内外框间距（mm）		5						
	14	门窗框、扇配合间隙（mm）		≤2	—	2	0	1	1	1
	15	无下框时门扇与地面间留缝（mm）		4~8	1	2	1	2	3	

续表

施工单位检查评定结果	主控项目和一般项目的质量经抽样检验合格，施工操作依据、质量检查记录完整。 项目专业质量检查员：×××　　　　××××年　××月　××日
监理（建设）单位验收结论	同意验收。 专业监理工程师（建设单位项目专业技术负责人）：××× 　　　　　　　　　　　　　　　　　　　　××××年××月××日

暗龙骨吊顶检验批质量验收记录

表 5-102

工程名称	××市×中学教学楼			验收部位		卫生间顶棚		编号		03-04-C7-×××
施工单位	×××建筑安装有限公司							项目经理		×××
施工执行标准名称及编号	建筑安装工程施工工艺规程 QB-××-××××							专业工长		×××
分包单位	/			分包项目经理		/		施工班组长		×××
《建筑工程施工质量验收统一标准》的规定				施工单位检查评定记录						监理（建设） 单位验收记录
主控项目	1	标高、尺寸、起拱、造型		第6.2.2条			符合规范规定			符合设计要求 和规范规定
	2	饰面材料		第6.2.3条			符合规范规定			
	3	吊杆、龙骨、饰面材料安装		第6.2.4条			符合规范规定			
	4	吊杆、龙骨材质		第6.2.5条			符合规范规定			
	5	石膏板接缝		第6.2.6条			符合规范规定			
一般项目	1	材料表面质量		第6.2.7条			符合规范规定			符合规范规定
	2	灯具等设备		第6.2.8条			符合规范规定			
	3	龙骨、吊杆接缝		第6.2.9条			符合规范规定			
	4	填充材料		第6.2.10条						
	5	允许偏差（mm）					1　2　3　4　5　6　7　8　9　10			
		项次	项目	纸面石膏板	金属板	矿棉板	木板、塑料板、格栅			
		(1)	表面平整度	3	2	2	2	2　1　2　1　2　1　0　1　2　1		
		(2)	接缝直线度	3	1.5	3	3			
		(3)	接缝高低差	1	1	1.5	1			
施工单位检查评定结果			主控项目和一般项目的质量经抽样检验合格，施工操作依据、质量检查记录完整。 项目专业质量检查员：×××　　　　××××年　××月　××日							
监理（建设）单位验收结论			同意验收。 专业监理工程师（建设单位项目专业技术负责人）：××× 　　　　　　　　　　　　　　　　　　　　××××年××月××日							

饰面板安装检验批质量验收记录

表 5-103

工程名称	××市×中学教学楼	验收部位	首层外墙	编号	03-06-C7-×××
施工单位	×××建筑安装有限公司			项目经理	×××
施工执行标准名称及编号	建筑安装工程施工工艺规程 QB-××-××××			专业工长	×××
分包单位	/	分包项目经理	/	施工班组长	×××
《建筑工程施工质量验收统一标准》的规定		施工单位检查评定记录			监理（建设） 单位验收记录

续表

主控项目	1	材料质量	第8.2.2条	符合规范规定及设计要求，见出厂合格证及检验报告××××	符合设计要求和规范规定
	2	饰面板孔、槽	第8.2.3条	饰面板孔槽的数量和位置尺寸符合设计要求	
	3	饰面板安装	第8.2.4条	符合规范规定	
一般项目	1	饰面板表面质量	第8.2.5条	表面平整洁净、色泽一致，无裂痕和缺损	符合设计要求和规范规定
	2	饰面板嵌缝	第8.2.6条	符合规范规定	
	3	湿作业施工	第8.2.7条	/	
	4	饰面板孔洞套割	第8.2.8条	符合规范规定	
	5	允许偏差	第8.2.9条	符合规范规定	
施工单位检查评定结果			主控项目和一般项目的质量经抽样检验合格，施工操作依据、质量检查记录完整。 项目专业质量检查员：×××　　××××年　××月　××日		
监理（建设）单位验收结论			同意验收。 专业监理工程师（建设单位项目专业技术负责人）：××× ××××年××月××日		

水性涂料涂饰检验批质量验收记录   表 5-104

工程名称	××市×中学教学楼			验收部位	外墙面		编号	03-08-C7-×××
施工单位	×××建筑安装有限公司						项目经理	×××
施工执行标准名称及编号	建筑安装工程施工工艺规程 QB-××-××××						专业工长	×××
分包单位	/			分包项目经理	/		施工班组长	×××

	《建筑工程施工质量验收统一标准》的规定				施工单位检查评定记录										监理（建设）单位验收记录
主控项目	1	材料质量			第10.2.2条		符合设计规定，见合格证及出厂检验报告								符合规范规定
	2	涂饰颜色和图案			第10.2.3条		符合设计要求								
	3	涂饰综合质量			第10.2.4条		涂饰均匀，粘贴牢固，无漏涂、透底、走坡和掉筋								
	4	基层处理			第10.2.5条		符合规范规定								
一般项目	1	与其他材料和设备衔接处			第10.2.9条		符合规范规定								符合规范规定
	2	薄涂料涂饰质量允许偏差（mm）	颜色	普通涂饰	均匀一致										
				高级涂饰	均匀一致										
			泛碱、咬色	普通涂饰	允许少量轻微		符合规范规定								
				高级涂饰	不允许										
			流坠、疙瘩	普通涂饰	允许少量轻微		符合规范规定								
				高级涂饰	不允许										
			砂眼、刷纹	普通涂饰	允许少量轻微砂眼、刷纹通顺		符合规范规定								
				高级涂饰	无砂眼、无刷纹										
			装饰线、分色线直线度	普通涂饰	2	1	1	0	0	1	2	0	1	0	2	1	符合规范规定
				高级涂饰	1										
	3	厚涂料涂饰质量允许偏差	颜色	普通涂饰	均匀一致										
				高级涂饰	均匀一致										
			泛碱、咬色	普通涂饰	允许少量轻微										
				高级涂饰	不允许										
			点状分布	普通涂饰	——										
				高级涂饰	疏密均匀										
	4	复层涂饰质量允许偏差	颜色		均匀一致										
			泛碱、咬色		不允许										
			喷点疏密程度		均匀，不允许连片										

续表

施工单位检查评定结果	主控项目和一般项目的质量经抽样检验合格,施工操作依据、质量检查记录完整。 项目专业质量检查员：×××　　　　　××××年　××月　××日
监理（建设）单位验收结论	同意验收。 专业监理工程师（建设单位项目专业技术负责人）：××× 　　　　　　　　　　　　　　　　　　　　××××年　××月××　日

护栏和扶手制作与安装检验批质量验收记录

表 5-105

工程名称	××市×中学教学楼		验收部位	①～⑪/Ⓐ～Ⓕ轴				编号		03-10-C7-×××
施工单位		×××建筑安装有限公司						项目经理		×××
施工执行标准名称及编号		建筑安装工程施工工艺规程 QB-××-××××						专业工长		×××
分包单位		/	分包项目经理		/			施工班组长		×××

《建筑工程施工质量验收统一标准》的规定				施工单位检查评定记录						监理（建设） 单位验收记录
主控项目	1	材料质量		第12.5.3条	符合规范规定及设计要求，见合格证及出厂检验报告					符合规范规定 及设计要求
	2	造型、尺寸		第12.5.4条	造型尺寸、安装位置符合设计要求					
	3	预埋件及连接		第12.5.5条	符合规范规定					
	4	护栏高度、位置与安装		第12.5.6条	符合规范规定					
	5	护栏玻璃		第12.5.7条	/					
一般项目	1	转角、接缝及表面质量		第12.5.8条	符合规范规定					符合规范规定
	2	安装允许偏差 （mm）	护栏垂直度	3	1	1	2	1	2	1	2	3
			栏杆间距	3	2	1	2	1	3	2	3	1
			扶手直线度	4	2	3	4	3	2	3	1	2	3
			扶手高度	3	1	2	3	21	1	2	2	1	2

施工单位检查评定结果	主控项目和一般项目的质量经抽样检验合格,施工操作依据、质量检查记录完整。 项目专业质量检查员：×××　　　　　××××年××月××日
监理（建设）单位验收结论	同意验收。 专业监理工程师（建设单位项目专业技术负责人）：××× 　　　　　　　　　　　　　　　　　　　　××××年××月××日

室内给水管道及配件安装工程检验批质量验收记录

表 5-106

工程名称	××市×中学教学楼	验收部位	⑦～⑧轴卫生间	编号	05-01-C7-×××
施工单位		×××建筑安装有限公司		项目经理	×××
施工执行标准名称及编号		建筑安装工程施工工艺规程 QB-××-××××		专业工长	×××
分包单位	/	分包项目经理	/	施工班组长	×××

《建筑工程施工质量验收统一标准》的规定				施工单位检查评定记录	监理（建设） 单位验收记录
主控项目	1	给水管道水压试验		设计要求	符合规范规定	符合规范规定 及设计要求
	2	给水系统通水试验		第4.2.2条	符合规范规定	
	3	生活给水系统管冲洗和消毒		第4.2.3条	符合规范规定	
	4	直埋金属给水管道防腐		第4.2.4条	符合规范规定	

续表

一般项目	1	给水排水管铺设的平行、垂直净距	第4.2.5条	符合规范规定			符合规范规定
	2	金属给水管道及管件焊接	第4.2.6条	符合规范规定			
	3	给水水平管道坡度坡向	第4.2.7条	符合规范规定			
	4	管道支、吊架	第4.2.9条	符合规范规定			
	5	水表安装	第4.2.10条	符合规范规定			
	6	水平管道纵、横方向弯曲允许偏差（mm）	钢管	每m	1.5mm		
				全长25m以上	≤25mm		
			塑料管复合管	每m	1.5mm	1.1 1 1 0.9 1.2 1.3 1 1.1 1.1 1.2	
				全长25m以上	≤25mm		
			铸铁管	每m	2mm		
				全长25m以上	≤25mm		
		立管垂直度允许偏差（mm）	钢管	每m	3mm		
				5m以上	≤8mm		
			塑料管复合管	每m	2mm	1.1 1 1 0.9 1.2 1.3 1 1.1 1.1 1.2	
				5m以上	≤8mm		
			铸铁管	每m	3mm		
				5m以上	≤10mm		
		成排管段和成排阀门		在同一平面上的间距	3mm	1 2 1 2 3 1 2 3 2 3	

施工单位检查评定结果	主控项目和一般项目的质量经抽样检验合格，施工操作依据、质量检查记录完整。 项目专业质量检查员：×××　　　　×××× 年　×× 月　×× 日
监理（建设）单位验收结论	同意验收。 专业监理工程师（建设单位项目专业技术负责人）：××× ××××年××月××日

卫生器具及给水配件安装工程检验批质量验收记录　　表 5-107

工程名称	××市×中学教学楼	验收部位	⑦~⑧轴卫生间	编号	05-04-C7-×××
施工单位	×××建筑安装有限公司			项目经理	×××
施工执行标准名称及编号	建筑安装工程施工工艺规程 QB-××-××××			专业工长	×××
分包单位	/	分包项目经理	/	施工班组长	×××

《建筑工程施工质量验收统一标准》的规定			施工单位检查评定记录	监理（建设）单位验收记录
主控项目	1	卫生器具满水试验和通水试验	第7.2.2条	符合规范规定	符合规范规定及设计要求
	2	排水栓与地漏安装	第7.2.1条	符合规范规定	
	3	卫生器具给水配件	第7.3.1条	符合规范规定	

续表

一般项目	1	卫生器具安装允许偏差（mm）	坐标	单独器具	2	3	2	4	6	8	9	7	8	5	符合规范规定
				成排器具											
			标高	单独器具	3	5	4	6	7	1	-3	-5	6	7	9	
				成排器具											
			器具水平度	2	1	2	0	0	1	2	10	1	2	0	
			器具垂直度	3	2	2	0	3	2	1	2	0	3	1	
	2	给水配件安装允许偏差（mm）	高、低水箱、阀角及截止阀水嘴	±10	4	5	7	9	7	8	-3	9	-8	7	
			淋浴器喷头下沿	±15											
			浴盆软管淋浴器挂钩	±20											
	3	浴盆检修门、小便槽冲洗管安装	第7.2.4条、第7.2.5条	符合规范规定											
	4	卫生器具的支、托架	第7.2.6条	符合规范规定											
	5	浴盆淋浴器挂钩高度距地1.8m	第7.3.3条												

施工单位检查评定结果	主控项目和一般项目的质量经抽样检验合格，施工操作依据、质量检查记录完整。 项目专业质量检查员：××× ××××年 ××月 ××日
监理（建设）单位验收结论	同意验收。 专业监理工程师（建设单位项目专业技术负责人）：××× ××××年××月××日

室内采暖辅助设备、散热器及金属辐射板安装工程检验批质量验收记录 表5-108

工程名称	××市×中学教学楼	验收部位	①~⑪/Ⓐ~Ⓕ轴	编号	05-05-C7-×××
施工单位	×××建筑安装有限公司			项目经理	×××
施工执行标准名称及编号	建筑安装工程施工工艺规程 QB-××-××××			专业工长	×××
分包单位	/	分包项目经理	/	施工班组长	×××

《建筑工程施工质量验收统一标准》的规定			施工单位检查评定记录	监理（建设）单位验收记录
主控项目	1	散热器水压试验	第8.3.1条	试验3min，压力下降，无渗漏	符合规范规定及设计要求
	2	金属辐射板水压试验	第8.4.1条	/	
	3	金属辐射板安装	第8.4.2条、第8.4.3条	/	
	4	水泵、水箱安装	第8.3.2条	/	
一般项目	1	散热器的组对	第8.3.3条、第8.3.4条	符合规范规定	符合规范规定
	2	散热器的安装	第8.3.5条、第8.3.6条	符合规范规定	
	3	散热器表面防腐涂漆	第8.3.8条	色泽均匀，无脱落气泡等现象	
	散热器允许偏差（mm）	散热器背面与墙内表面距离	3	1	3	1	2	3	1	1	2	0	
		与窗中心线或设计定位尺寸	20	9	7	8	6	9	7	8	12	11	10	
		散热器垂直度	3	1	1	0	0	2	1	2	1	3	2	

施工单位检查评定结果	主控项目和一般项目的质量经抽样检验合格,施工操作依据、质量检查记录完整。 项目专业质量检查员:×××　　　　　××××年　××月　××日
监理(建设)单位验收结论	同意验收。 专业监理工程师(建设单位项目专业技术负责人):××× 　　　　　　　　　　　　　　　　　　　××××年　××月××　日

室内采暖管道及配件安装工程检验批质量验收记录　　表 5-109

工程名称	××市×中学教学楼			验收部位	①~⑪/Ⓐ~Ⓕ轴							编号	05-05-C7-×××
施工单位	×××建筑安装有限公司											项目经理	×××
施工执行标准名称及编号	建筑安装工程施工工艺规程 QB-××-××××											专业工长	×××
分包单位	/			分包项目经理	/							施工班组长	×××

		《建筑工程施工质量验收统一标准》的规定				施工单位检查评定记录							监理(建设)单位验收记录
主控项目	1	管道安装坡度			第 8.2.1 条	支管宽度为 1‰							符合规范规定及设计要求
	2	采暖系统水压试验			第 8.6.1 条	系统试压各连接处不渗不漏							
	3	采暖系统冲洗、试运行和调试			第 8.6.2 条、第 8.6.3 条	符合规范规定							
	4	补偿器的制作、安装及预拉伸			第 8.2.2 条、第 8.2.5 条、第 8.2.6 条	/							
	5	平衡阀、调节阀、减压阀安装			第 8.2.3 条、第 8.2.4 条	符合规范规定							
一般项目	1	热量表、疏水器、除污器等安装			第 8.2.7 条	/							符合规范规定
	2	钢管焊接			第 8.2.8 条	/							
	3	采暖入口及分户计量入户装置安装			第 8.2.9 条	符合规范规定							
	4	管道连接及散热器支管安装			第 8.2.10~第 8.2.15 条	符合规范规定							
	5	管道及金属支架的防腐			第 8.2.16 条	无脱皮、起泡、漏涂等缺陷							
	6	管道安装允许偏差 (mm)	横管道纵、横方向弯曲	每米	管径≤100	1	0.1	0.2	0.3	0.4	0.6	0.8	0.9
					管径>100	1.5							
				全长(25m 以上)	管径≤100	≤13							
					管径>100	≤25							
			立管垂直度	每 1m		2	1	2	1	1	0	0	2
				全长(5m 以上)		≤10							
			弯管	椭圆率	管径≤100	10%							
					管径>100	8%							
				折皱不平度	管径≤100	4	1	2	3	4	3	4	2
					管径>100	5							
	7	管道保温允许偏差(mm)		厚度		+0.1δ, −0.05δ							
				表面平整度	卷材	5							
					涂料	10	2	4	6	8	9	4	5

五、施工前期、施工期间、竣工验收各阶段施工资料管理的知识

续表

施工单位检查评定结果	主控项目和一般项目的质量经抽样检验合格,施工操作依据、质量检查记录完整。 项目专业质量检查员：×××　　××××年　××月　××日
监理（建设）单位验收结论	同意验收。 专业监理工程师（建设单位项目专业技术负责人）：××× 　　　　　　　　　　　　　　　　　　　××××年　××月××　日

成套配电柜控制柜（屏、台）和动力、照明配电箱（盘）安装工程检验批质量验收记录

表 5-110

工程名称	××市×中学教学楼		验收部位	楼梯间	编号	06-02-C7-×××
施工单位	×××建筑安装有限公司				项目经理	×××
施工执行标准名称及编号	建筑安装工程施工工艺规程 QB-××-××××				专业工长	×××
分包单位	/		分包项目经理	/	施工班组长	×××
《建筑工程施工质量验收统一标准》的规定				施工单位检查评定记录		监理（建设）单位验收记录
主控项目	1	金属箱体的接地或接零	第6.1.1条	符合规范规定		符合设计要求及施工质量验收规范要求
	2	电击保护和保护导体截面积	第6.1.2条	符合规范规定		
	3	箱（盘）间线路绝缘电阻测试	第6.1.6条	符合规范规定		
	4	箱（盘）内接线及开关动作等	第6.1.9条	符合规范规定		
一般项目	1	箱（盘）内部检查试验	第6.2.4条	符合规范规定		符合设计要求及施工质量验收规范要求
	2	低压电器组合	第6.2.5条	符合规范规定		
	3	箱（盘）间配线	第6.2.6条	符合规范规定		
	4	箱与其面板间可动部位的配线	第6.2.7条	符合规范规定		
	5	箱（盘）安装位置、开孔、回路编号等	第6.2.8条	符合规范规定		
	6	垂直度允许偏差（mm）	≤1.5‰	1　1　1.2　1　1　1　1　0.8　1		
施工单位检查评定结果			主控项目和一般项目的质量经抽样检验合格,施工操作依据、质量检查记录完整。 项目专业质量检查员：×××　　××××年　××月　××日			
监理（建设）单位验收结论			同意验收。 专业监理工程师（建设单位项目专业技术负责人）：××× 　　　　　　　　　　　　　　　　　　　××××年　××月××　日			

电线导管、电缆导管和线槽敷设工程检验批质量验收记录

表 5-111

工程名称	××市×中学教学楼	验收部位	首层①~⑪/Ⓐ~Ⓕ轴	编号	06-04-C7-×××
施工单位	×××建筑安装有限公司			项目经理	×××
施工执行标准名称及编号	建筑安装工程施工工艺规程 QB-××-××××			专业工长	×××
分包单位	/	分包项目经理	/	施工班组长	×××
《建筑工程施工质量验收统一标准》的规定			施工单位检查评定记录		监理（建设）单位验收记录

续表

主控项目	1	金属导管、金属线槽的接地或接零	第14.1.1条	符合规范规定	符合设计及施工质量验收规范要求
	2	金属导管的连接	第14.1.2条	符合规范规定	
	3	防爆导管的连接	第14.1.3条	符合规范规定	
	4	绝缘导管在砌体剔槽的埋设	第14.1.4条	符合规范规定	
一般项目	1	电缆导管的弯曲半径	第14.2.3条	符合规范规定	符合设计及施工质量验收规范要求
	2	金属导管的防腐	第14.2.4条	符合规范规定	
	3	柜、台、箱、盘内导管管口高度	第14.2.5条	符合规范规定	
	4	暗配导管的埋设深度,明配导管的固定	第14.2.6条	符合规范规定	
	5	线槽固定及外观检查	第14.2.7条	/	
	6	防爆导管的连接、接地、固定和防腐	第14.2.8条	/	
	7	绝缘导管的连接和保护	第14.2.9条	符合规范规定	
	8	柔性导管的长度、连接和接地	第14.2.10条	/	
	9	导管和线槽在建筑物变形缝处的处理	第14.2.11条	/	
施工单位检查评定结果			主控项目和一般项目的质量经抽样检验合格,施工操作依据、质量检查记录完整。 项目专业质量检查员:××× ××××年 ××月 ××日		
监理(建设)单位验收结论			同意验收。 专业监理工程师(建设单位项目专业技术负责人):××× ××××年 ××月×× 日		

电线、电缆穿管和线槽敷线工程检验批质量验收记录　　表5-112

工程名称	××市×中学教学楼		验收部位	①~⑪/Ⓐ~Ⓕ轴	编号	06-04-C7-×××
施工单位	×××建筑安装有限公司				项目经理	×××
施工执行标准名称及编号	建筑安装工程施工工艺规程 QB-××-××××				专业工长	×××
分包单位	/		分包项目经理	/	施工班组长	×××
《建筑工程施工质量验收统一标准》的规定				施工单位检查评定记录	监理(建设)单位验收记录	
主控项目	1	交流单芯电缆不得单独穿于钢导管内	第15.1.1条	符合规范规定	符合设计要求及施工质量验收规范要求	
	2	电线穿管	第15.1.2条	符合规范规定		
	3	爆炸危险环境照明线路的电线、电缆选用和穿管	第15.1.3条	/		
一般项目	1	电线、电缆管内清扫和管口处理	第15.2.1条	符合规范规定	符合设计要求及施工质量验收规范要求	
	2	同一建筑物、构筑物内电线绝缘层颜色的选择	第15.2.2条	符合规范规定		
	3	线槽敷线	第15.2.3条	/		

续表

施工单位检查评定结果	主控项目和一般项目的质量经抽样检验合格，施工操作依据、质量检查记录完整。 项目专业质量检查员：×××　　　××××年　××月　××日
监理（建设）单位验收结论	同意验收。 专业监理工程师（建设单位项目专业技术负责人）：××× 　　　　　　　　　　　　　　　　　　　　××××年　××月××　日

普通灯具安装工程检验批质量验收记录

表 5-113

工程名称	××市×中学教学楼	验收部位	首层	编号	06-05-C7-×××
施工单位	×××建筑安装有限公司			项目经理	×××
施工执行标准名称及编号	建筑安装工程施工工艺规程 QB-××-××××			专业工长	×××
分包单位	/	分包项目经理	/	施工班组长	×××

《建筑工程施工质量验收统一标准》的规定			施工单位检查评定记录	监理（建设）单位验收记录
主控项目	1	灯具的固定	第19.1.1条	符合规范规定	符合设计要求及施工质量验收规范要求
	2	花灯吊钩的选用、固定及悬吊装置的过载试验	第19.1.2条	/	
	3	钢管吊灯灯杆检查	第19.1.3条	/	
	4	灯具的绝缘材料耐火检查	第19.1.4条	符合规范规定	
	5	灯具的安装高度和使用电压等级	第19.1.5条	符合规范规定	
	6	距地高度小于2.4m的灯具可接近裸露导体的接地或接零	第19.1.6条	/	
一般项目	1	引向每个灯具的导线线芯最小截面积	第19.2.1条	符合规范规定	符合设计要求及施工质量验收规范要求
	2	灯具的外形，灯头及其接线检查	第19.2.2条	符合规范规定	
	3	变电所内灯具的安装位置	第19.2.3条	/	
	4	装有白炽灯泡的吸顶灯具隔热检查	第19.2.4条	符合规范规定	
	5	在重要场所的大型灯具的玻璃罩安全措施	第19.2.5条	/	
	6	投光灯的固定检查	第19.2.6条	/	
	7	室外壁灯的防水检查	第19.2.7条	/	

施工单位检查评定结果	主控项目和一般项目的质量经抽样检验合格，施工操作依据、质量检查记录完整。 项目专业质量检查员：×××　　　××××年　××月　××日
监理（建设）单位验收结论	同意验收。 专业监理工程师（建设单位项目专业技术负责人）：××× 　　　　　　　　　　　　　　　　　　　　××××年　××月××　日

开关、插座、风扇安装工程检验批质量验收记录　　　　表 5-114

工程名称		××市×中学教学楼	验收部位	首层	编号	06-05-C7-×××
施工单位		×××建筑安装有限公司			项目经理	×××
施工执行标准名称及编号		建筑安装工程施工工艺规程 QB-××-××××			专业工长	×××
分包单位		/	分包项目经理	/	施工班组长	×××
《建筑工程施工质量验收统一标准》的规定				施工单位检查评定记录		监理（建设）单位验收记录
主控项目	1	交流、直流或不同电压等级在同一场所的插座应有区别	第22.1.1条	/		符合设计要求及施工质量验收规范要求
	2	插座的接线	第22.1.2条	符合规范规定		
	3	特殊情况下的插座安装	第22.1.3条	/		
	4	照明开关的选用、开关的位置	第22.1.4条	符合规范规定		
	5	吊扇的安装高度、挂钩的选用和吊扇的组装及试运转	第22.1.5条	/		
	6	壁扇、底座和防护罩的固定及试运转	第22.1.6条	/		
一般项目	1	插座安装和外观检查	第22.2.1条	符合规范规定		符合设计要求及施工质量验收规范要求
	2	照明开关的安装位置、控制顺序和外观检查	第22.2.2条	符合规范规定		
	3	吊扇的吊杆、开关和表面检查	第22.2.3条	/		
	4	壁扇的高度和表面检查	第22.2.4条	/		
施工单位检查评定结果		主控项目和一般项目的质量经抽样检验合格，施工操作依据、质量检查记录完整。项目专业质量检查员：×××　　　××××年　××月　××日				
监理（建设）单位验收结论		同意验收。专业监理工程师（建设单位项目专业技术负责人）：×××　　　　　　　　　　　　　　　　　　　　　　　　　　××××年　××月××　日				

接地装置安装工程检验批质量验收记录　　　　表 5-115

工程名称		××市×中学教学楼	验收部位	接地装置	编号	06-07-C7-×××
施工单位		×××建筑安装有限公司			项目经理	×××
施工执行标准名称及编号		建筑安装工程施工工艺规程 QB-××-××××			专业工长	×××
分包单位		/	分包项目经理	/	施工班组长	×××
《建筑工程施工质量验收统一标准》的规定				施工单位检查评定记录		监理（建设）单位验收记录
主控项目	1	接地装置测试点的设置	第24.1.1条	符合规范规定		符合设计要求及施工质量验收规范要求
	2	接地电阻值测试	第24.1.2条	符合规范规定		
	3	防雷接地的人工接地装置的接地干线埋设	第24.1.3条	/		
	4	接地模块的埋设深度、间距和基坑尺寸	第24.1.4条	/		
	5	接地模块设置应垂直或水平就位	第24.1.5条	/		

续表

一般项目	1	接地装置埋设深度、间距搭接长度和防腐措施	第24.2.1条	/	符合设计要求及施工质量验收规范要求
	2	接地装置的材质和最小允许规格、尺寸	第24.2.2条	符合规范规定	
	3	接地模块与干线的连接和干线材质的选用	第24.2.3条	/	
施工单位检查评定结果		主控项目和一般项目的质量经抽样检验合格，施工操作依据、质量检查记录完整。 项目专业质量检查员：×××　　××××年　××月　××日			
监理（建设）单位验收结论		同意验收。 专业监理工程师（建设单位项目专业技术负责人）：××× 　　　　　　　　　　　　　　　　××××年××月××日			

避雷引下线和变配电室接地干线敷设工程（防雷引下线）检验批质量验收记录 **表 5-116**

工程名称	××市×中学教学楼		验收部位	①~⑪/Ⓐ~Ⓕ轴		编号	06-07-C7-×××
施工单位		×××建筑安装有限公司			项目经理		×××
施工执行标准名称及编号		建筑安装工程施工工艺规程 QB-××-××××			专业工长		×××
分包单位		/	分包项目经理		/	施工班组长	×××
		《建筑工程施工质量验收统一标准》的规定		施工单位检查评定记录		监理（建设）单位验收记录	
主控项目	1	引下线的敷设、明敷引下线焊接处的防腐	第25.1.1条		符合规范规定		符合设计要求及施工质量验收规范要求
	2	利用金属构件、金属管道做接地线时与接地干线的连接	第25.1.3条		符合规范规定		
一般项目	1	钢制接地线的连接和材料规格、尺寸	第25.2.1条		符合规范规定		符合设计要求及施工质量验收规范要求
	2	明敷接地引下线支持件的设置	第25.2.2条		/		
	3	接地线穿越墙壁、楼板和地坪处的保护	第25.2.3条		/		
	4	幕墙金属框架和建筑物金属门窗与接地干线的连接	第25.2.7条		/		
施工单位检查评定结果		主控项目和一般项目的质量经抽样检验合格，施工操作依据、质量检查记录完整。 项目专业质量检查员：××× 　　　　　　　　　　　××××年××月××日					
监理（建设）单位验收结论		同意验收。 专业监理工程师（建设单位项目专业技术负责人）：××× 　　　　　　　　　　　　　　　　××××年××月××日					

聚苯板外保温系统墙体节能分项工程检验批质量验收表　　表 5-117

工程名称		××市×中学教学楼	验收部位	①～⑪轴	编号	10-01-C7-×××
施工单位		××建筑安装有限公司			项目经理	×××
施工执行标准名称及编号		《建筑节能工程施工质量验收规范》（CB 50411—2007）			专业工长	×××
分包单位		××装饰装修有限责任公司		分包项目经理	×××	施工班组长	×××
《建筑工程施工质量验收统一标准》的规定				施工单位检查评定记录	监理（建设）单位验收记录	
主控项目	1	材料、构件等进场验收	第4.2.1条	符合设计要求	符合要求	
	2	保温隔热材料和粘结材料、增强网的复验及性能	第4.2.2条 第4.2.3条	符合规范规定		
	3	基层处理情况	第4.2.5条	符合规范规定		
	4	各层构造做法	第4.2.6条	符合规范规定		
	5	墙体节能保温层厚度、粘结和固定	第4.2.7条	符合规范规定		
	6	预制保温板浇筑混凝土墙体	第4.2.8条	符合规范规定		
	7	各类饰面层基层及面层施工	第4.2.10条	符合规范规定		
	8	隔汽层的设置及做法	第4.2.13条	符合规范规定		
	9	外墙或毗邻不采暖空间墙体上的门窗洞口侧面、凸窗四周侧面的保温措施	第4.2.14条	符合规范规定		
一般项目	1	保温材料与构件的外观和包装	第4.3.1条	符合规范规定	符合要求	
	2	穿墙套管、脚手眼、孔洞等隔断热桥措施	第4.3.4条	符合规范规定		
	3	聚苯板安装接缝方法	第4.3.5条	符合规范规定		
	4	阳角、门窗洞口及不同材料基体的交接处等特殊部位	第4.3.7条	符合规范规定		
施工单位检查评定结果		主控项目合格，一般项目满足规范规定。 项目专业质量检查员（项目技术负责人）：××× ××××年×月×日				
监理（建设）单位验收结论		同意验收。 监理工程师（建设单位项目专业技术负责人）：××× ××××年×月×日				

屋面节能分项工程检验批质量验收记录　　表 5-118

工程名称	××市×中学教学楼	验收部位	①～⑪轴	编号	10-04-C7-×××
施工单位	××建设工程有限责任公司			项目经理	×××
施工执行标准名称及编号	《建筑节能工程施工质量验收规范》（CB 50411—2007）			专业工长	×××
分包单位	××装饰装修有限责任公司	分包项目经理	×××	施工班组长	×××
《建筑工程施工质量验收统一标准》的规定			施工单位检查评定记录	监理（建设）单位验收记录	

续表

主控项目	1	保温材料的品种、规格应符合设计要求和相关标准的规定	第7.2.1条	符合设计要求	符合要求
	2	保温隔热材料的性能及复验	第7.2.2条 第7.2.3条	详见检验报告	
	3	保温隔热层的敷设方式、厚度、缝隙填充质量及屋面热桥部位施工	第7.2.4条	符合规范规定	
	4	通风隔热架空层的施工	第7.2.5条		
	5	采光屋面的性能及节点的构造做法	第7.2.6条		
	6	采光屋面的安装	第7.2.7条		
	7	屋面的隔汽层位置应符合设计要求,隔汽层应完整、严密	第7.2.8条	符合规范规定	
一般项目	1	屋面保温隔热层的施工	第7.3.1条	符合规范规定	符合要求
	2	金属板保温夹芯屋面的施工	第7.3.2条		
	3	坡屋面、内架空层屋面当采用敷设与屋面内侧的保温材料做保温隔热层时的施工	第7.3.3条	符合规范规定	
施工单位检查评定结果			主控项目合格,一般项目满足规范规定。 项目专业质量检查员:××× ×××年×月×日		
监理(建设)单位验收结论			同意验收。 监理工程师(建设单位项目专业技术负责人):××× ×××年×月×日		

(2) 分项工程质量验收记录

分项工程质量验收记录应符合现行国家标准《建筑工程施工质量验收统一标准》(GB 50300—2001)的有关规定。分项工程完成,施工单位自检合格后,应填报《___分项工程质量验收记录表》,并由监理工程师(建设单位项目专业技术负责人)组织项目专业技术负责人等进行验收并签认。施工单位填写的分项工程质量验收记录应一式三份,并应由建设单位、监理单位、施工单位各保存一份。分项工程质量验收记录宜采用表5-119的格式(表格填写均应按规范术语填写)。

填充墙分项工程质量验收记录表 (C.7.2) 表5-119

工程名称	××市×中学教学楼	编号	02-03-C7-×××
结构类型	框架	检验批数	5
施工总承包单位	×××建筑安装有限公司	项目经理 ×××	项目技术负责人 ×××
专业承包单位	/	单位负责人 /	项目经理 /
序号	检验批部位、区段	施工单位检查评定结果	监理(建设)单位验收结论
1	1层	合格	验收合格
2	2层	合格	验收合格

续表

序号	检验批部位、区段	施工单位检查评定结果	监理（建设）单位验收结论
3	3层	合格	验收合格
4	4层	合格	验收合格
5	5层	合格	验收合格
6			
7			
8			
9			
10			
11			
说明：			
检查结论	所含检验批均符合合格质量的规定，质量验收记录完整。 项目专业技术负责人： ××××年××月××日	验收结论	经检查合格，同意验收。 监理工程师（建设单位项目专业技术负责人）： ××××年××月××日

（3）分部（子分部）工程质量验收记录

分部（子分部）工程质量验收记录应符合现行国家标准《建筑工程施工质量验收统一标准》（GB 50300—2001）的有关规定。分部（子分部）工程完成，施工单位自检合格后，应填报《___分部（子分部）工程质量验收记录》。分部（子分部）工程应由总监理工程师或建设单位项目负责人组织有关设计单位、施工单位项目负责人和技术质量负责人等共同验收并签认。

施工单位填写的分部（子分部）工程质量验收记录应一式四份，并应由建设单位、监理单位、施工单位、城建档案馆各保存一份。分部（子分部）工程质量验收记录宜采用表5-120的格式。

主体结构分部（子分部）工程质量验收记录（C.7.3）　　　表5-120

工程名称	××市×中学教学楼		编号	02-C7	
结构类型	框架	层数	5	分项工程数	2
施工总承包单位	×××建筑安装有限公司	技术部门负责人	×××	质量部门负责人	×××
专业承包单位	/	专业承包单位负责人	/	专业承包单位技术负责人	/
序号	分项工程名称	检验批数	施工单位检查评定	验收意见	
1	砌体结构	5	合格	验收合格	
2	混凝土结构	20	合格		
3					
4					
5					
6					
7					
质量控制资料		资料共××份，完整			
安全和功能检验（检测）报告		检验和抽样检测结果共××份，符合有关规定			

续表

验收单位	观感质量验收	好	
	专业承包单位	项目经理：×××	××××年××月××日
	施工总承包单位	项目经理：×××	××××年××月××日
	勘察单位	项目负责人：×××	××××年××月××日
	设计单位	项目负责人：×××	××××年××月××日
	监理单位或建设单位	所含（子分部）分项的质量均验收合格；质量控制资料完整；安全和功能检验和抽样检测结果符合有关规定；观感质量好。同意验收。 总监理工程师建设单位项目专业负责人：××× 　　　　　　　　　　　　××××年××月××日	

(4) 建筑节能分部工程质量验收记录表

建筑节能分部工程质量验收记录应符合现行国家标准《建筑节能工程施工质量验收规范》(GB 50411—2007) 的有关规定。施工单位填写的建筑节能分部工程质量验收记录应一式五份，并应由建设单位、监理单位、设计单位、施工单位、城建档案馆各保存一份。建筑节能分部工程质量验收记录宜采用表 5-121 的格式。

建筑节能分部工程质量验收记录表 (C.7.4)　　　　　表 5-121

工程名称	××市×中学教学楼		编号		10-C7	
结构类型及层数	框架 5/1		分项工程数		10	
施工总承包单位	×××建筑安装有限公司		技术部门负责人	×××	质量部门负责人	×××
专业承包单位	/		专业承包单位负责人	/	专业承包单位技术负责人	/
序号	分项工程名称		验收结论		监理工程师签字	备注
1	墙体节能工程		合格		×××	
2	幕墙节能工程		合格		×××	
3	门窗节能工程		合格		×××	
4	屋面节能工程		合格		×××	
5	地面节能工程		合格		×××	
6	采暖节能工程		合格		×××	
7	通风与空调节能工程		合格		×××	
8	空调与采暖系统的冷热源及管网节能工程		合格		×××	
9	配电与照明节能工程		合格		×××	
10	监测与控制节能工程		合格		×××	
	质量控制资料		资料共××份，完整		×××	
	外墙节能构造现场实体检验		资料共××份，符合设计要求		×××	
	外窗气密性现场实体检测		资料共××份，结果合格		×××	
	系统节能性能检测		资料共××份，结果合格		×××	
验收结论： 分项工程全部合格；质量控制资料完整；外墙节能构造现场实体检验结果符合设计要求；外窗气密性现场实体检测结果合格；建筑设备系统节能性能检测结果合格。同意验收。						

续表

验收单位	专业承包单位	施工总承包单位	设计单位	监理或建设单位
	项目经理：×× ××××年××月×× 日	项目经理：××× ××××年××月×× 日	项目负责人：××× ××××年××月×× 日	总监理工程师或建设单位项目负责人：××× ××××年××月×× 日

其他参加验收人员：

8. 竣工验收资料

依据《房屋建筑工程和市政基础设施工程竣工验收暂行规定》（建建【2000】142 号）规定：房屋建筑工程和市政基础设施工程竣工验收工作，由建设单位负责组织实施。县级以上地方人民政府建设行政主管部门应当委托工程质量监督机构对工程竣工验收实施监督。

（1）工程进展符合下列要求时方可进行竣工验收：

1）完成工程设计和合同约定的各项内容。

2）施工单位在工程完工后对工程质量进行了检查，确认工程质量符合有关法律、法规和工程建设强制性标准，符合设计要求及合同约定，并提出工程竣工报告。工程竣工报告应经项目经理和施工单位有关负责人审核签字。

3）对于委托监理的工程项目，监理单位对工程进行了质量评估，具有完整的监理资料，并提出工程质量评估报告。工程质量评估报告应经总监理工程师和监理单位有关负责人审核签字。

4）勘察、设计单位对勘察、设计文件及施工过程中由设计单位签署的设计变更通知书进行了检查，并提出质量检查报告。质量检查报告应经该项目勘察、设计负责人和勘察、设计单位有关负责人审核签字。

5）有完整的技术档案和施工管理资料。

6）有工程使用的主要建筑材料、建筑构配件和设备的进场试验报告。

7）建设单位已按合同约定支付工程款。

8）有施工单位签署的工程质量保修书。

9）城乡规划行政主管部门对工程是否符合规划设计要求进行检查，并出具认可文件。

10）有公安消防、环保等部门出具的认可文件或者准许使用文件。

11）建设行政主管部门及其委托的工程质量监督机构等有关部门责令整改的问题全部整改完毕。

（2）工程竣工验收应当按以下程序进行：

1）工程完工后，施工单位向建设单位提交工程竣工报告，申请工程竣工验收。实行监理的工程，工程竣工报告须经总监理工程师签署意见。

2）建设单位收到工程竣工报告后，对符合竣工验收要求的工程，组织勘察、设计、施工、监理等单位和其他有关方面的专家组成验收组,制定验收方案。

3)建设单位应当在工程竣工验收7个工作日前将验收的时间、地点及验收组名单书面通知负责监督该工程的工程质量监督机构。

4)建设单位组织工程竣工验收。

(3)单位(子单位)工程竣工预验收报验表

单位(子单位)工程竣工预验收报验表应符合现行国家标准《建设工程监理规范》(GB 50319—2000)的有关规定。总监理工程师应组织专业监理工程师依据有关法律法规、工程建设强制性标准设计文件及施工合同,对承包单位报送的竣工资料进行审查,并对工程质量进行竣工预验收,对存在的问题应及时要求承包单位整改。整改完毕由总监理工程师签署工程竣工报验单,并应在此基础上提出工程质量评估报告。工程质量评估报告应经总监理工程师和监理单位技术负责人审核签字。施工单位填写的单位(子单位)工程竣工预验收报验表应一式四份,并应由建设单位、监理单位、施工单位、城建档案馆各保存一份。单位(子单位)工程竣工预验收报验表宜采用表5-122的格式。

单位(子单位)工程竣工预验收报验表(C.8.1) 表5-122

工程名称	××市×中学教学楼	编号	00-00-C8-×××
致×××监理有限责任公司(监理单位) 我方已按合同要求完成了××市×中学教学楼工程,经自检合格,请予以检查和验收。 附件:(略) 　　　　　　　　　　　　　施工总承包单位(章)×××建筑安装有限公司 　　　　　　　　　　　　　　　　　项目经理　　　××× 　　　　　　　　　　　　　　　　　日期××××年××月××日			
审查意见: 经预验收,该工程 1. 符合/不符合我国现行法律、法规要求; 2. 符合/不符合我国现行工程建设标准; 3. 符合/不符合设计文件要求; 4. 符合/不符合施工合同要求。 综上所述,该工程预验收合格/不合格,可以/不可以组织正式验收。 　　　　　　　　　　　　　　　　　监理单位×××监理有限责任公司 　　　　　　　　　　　　　　　　　总监理工程师　　　××× 　　　　　　　　　　　　　　　　　××××年××月××日			

(4)单位(子单位)工程质量竣工验收记录

单位(子单位)工程质量竣工验收记录、单位(子单位)工程质量控制资料核查记录、单位(子单位)工程安全和功能检验资料核查及主要功能抽查记录、单位(子单位)工程观感质量检查记录应符合现行国家标准《建筑工程施工质量验收统一标准》(GB 50300-2001)的有关规定。表格填写应符合下列规定:

施工单位填写的单位(子单位)工程质量竣工验收记录应一式五份,并应由建设单位、监理单位、施工单位、设计单位、城建档案馆各保存一份。单位(子单位)工程质量竣工验收记录宜采用表5-123的格式。

单位（子单位）工程质量竣工验收记录（C.8.2-1）　　　　表 5-123

工程名称	××市×中学教学楼	结构类型	框架	层数/建筑面积	地下1层地上5层 6763.18m²
施工单位	×××建筑安装有限公司	技术负责人	×××	开工日期	××××年××月××日
项目经理	×××	项目技术负责人	×××	竣工日期	××××年××月××日
序号	项目		验收记录		验收结论
1	分部工程		共9分部，经查符合标准及设计要求9分部		全部合格
2	质量控制资料核查		共41项，经审查符合要求41项，经核定符合规范要求41项		完整
3	安全和主要使用功能核查及抽查结果		共核查22项，符合要求22项，共抽查16项，符合要求16项，经返工处理符合要求0项		资料完整，抽查结果符合相关质量验收规范的规定
4	观感质量验收		共抽查22项，符合要求22项，不符合要求0项		好
5	综合验收结论		所含分部工程全部合格；质量控制资料完整；所含分部工程有关安全和功能的检测资料完整；主要功能项目的抽查结果符合相关质量验收规范的规定；观感质量验收好。同意验收。		
参加验收单位	建设单位　（公章）　单位（项目）负责人　×××　××××年××月××日	监理单位　（公章）　总监理工程师　×××　××××年××月××日		施工单位　（公章）　单位负责人　×××　××××年××月××日	设计单位　（公章）　单位（项目）负责人　×××　××××年××月××日

(5) 单位（子单位）工程质量控制资料核查记录

施工单位填写的单位（子单位）工程质量控制资料核查记录应一式四份，并应由建设单位、监理单位、施工单位、城建档案馆各保存一份。单位（子单位）工程质量控制资料核查记录宜采用表 5-124 的格式。

单位（子单位）工程质量控制资料核查记录（C.8.2-2）　　　　表 5-124

工程名称		××市×中学教学楼	施工单位	×××建筑安装有限公司	
序号	项目	资料名称	份数	核查意见	核查人
1	建筑与结构	图纸会审，设计变更，洽商记录	10	设计变更、洽商记录齐全	×××
2		工程定位测量、放线记录	7	定位测量准确、放线记录齐全	
3		原材料出厂合格证书及进场检（试）验报告	××	水泥、钢筋、防水材料等有出厂合格证及复试报告	
4		施工试验报告及见证检测报告	××	钢筋连接、混凝土抗压强度试验报告等符合要求	
5		隐蔽工程验收记录	××	隐蔽工程验收记录齐全	
6		施工记录	××	施工记录齐全	
7		预制构件、预拌混凝土合格证	××	预拌混凝土合格证齐全	
8		地基基础、主体结构检验及抽样检测资料	××	抽样检测资料符合要求	
9		分项、分部工程质量验收记录	××	质量验收记录符合规范规定	
10		工程质量事故及事故调查处理资料	××	无工程质量事故	
11		新材料、新工艺施工记录	××	新工艺施工记录齐全	
12					

续表

序号	项目	资料名称	份数	核查意见	核查人
1	给水排水与采暖	图纸会审，设计变更，洽商记录	××	洽商记录齐全	×××
2		材料、配件出厂合格证书及进场检(试)验报告	××	合格证、进场检验报告齐全	
3		管道、设备强度试验、严密性试验记录	××	试验记录齐全且符合要求	
4		隐蔽工程验收记录	××	隐蔽工程验收记录齐全	
5		系统清洗、灌水、通水、通球试验记录	××	试验记录齐全	
6		施工记录	××	各种施工记录齐全	
7		分项、分部工程质量验收记录	××	质量验收记录符合规范规定	
8			××		
1	建筑电气	图纸会审，设计变更，洽商记录	××	洽商记录齐全	×××
2		材料、配件出厂合格证书及进场检(试)验报告	××	材料、设备、配件有出厂合格证书及进场检(试)验报告	
3		设备调试记录	××	设备调试记录齐全	
4		接地、绝缘电阻测试记录	××	测试记录齐全且符合要求	
5		隐蔽工程验收记录	××	隐蔽工程验收记录齐全	
6		施工记录	××	各种施工记录齐全	
7		分项、分部工程质量验收记录	××	质量验收记录符合规范规定	
8					
1	通风与空调	图纸会审，设计变更，洽商记录	××	洽商记录齐全	×××
2		材料、配件出厂合格证书及进场检(试)验报告	××	材料、配件有出厂合格证书及进场检(试)验报告	
3		制冷、空调、水管道强度试验、严密性试验	××	试验记录符合要求	
4		隐蔽工程验收记录	××	隐蔽工程验收记录齐全	
5		制冷设备运行调试记录	××	调试记录齐全	
6		通风、空调系统调试记录	××	调试记录齐全	
7		施工记录	××	各种施工记录齐全	
8		分项、分部工程质量验收记录	××	质量验收记录符合规范规定	
9					
1	电梯	土建布置图纸会审，设计变更，洽商记录	/		×××
2		设备出厂合格证书及开箱检验记录	/		
3		隐蔽工程验收记录	/		
4		施工记录	/		
5		接地、绝缘电阻测试记录	/		
6		负荷试验、安全装置检查记录	/		
7		分项、分部工程质量验收记录	/		
1	建筑智能化	图纸会审，设计变更，洽商记录，竣工图及设计说明	××	洽商记录、竣工图及设计说明齐全	×××
2		材料、设备出厂合格证书及进场检(试)验报告	××	材料、设备有厂合格证书及进场检(试)验报告	
3		隐蔽工程验收记录	××	隐蔽工程验收记录齐全	
4		系统功能测定及设备调试记录	××	调试记录齐全	
5		系统技术、操作和维护手册	××	有技术、操作和维护手册	
6		系统管理、操作人员培训记录	××	有管理、操作人员培训记录	
7		系统检测报告	××	系统检测报告齐全且符合要求	
8		分项、分部工程质量验收报告	××	质量验收记录符合规范规定	

结论：通过工程质量控制资料核查，该工程资料完整、有效，各种施工试验、系统调试记录等符合有关规定，同意竣工验收。

施工单位项目经理：×××　　××××年××月××日　　总监理工程师(建设单位项目负责人)：×××
　　　　　　　　　　　　　　　　　　　　　　　　　　××××年××月××日

(6) 单位（子单位）工程安全和功能检验资料核查及主要功能抽查记录

施工单位填写的单位（子单位）工程安全和功能检验资料核查及主要功能抽查记录应一式四份，并应由建设单位、监理单位、施工单位、城建档案馆各保存一份。单位（子单位）工程安全和功能检验资料核查及主要功能抽查记录宜采用表 5-125 的格式。

单位（子单位）工程安全和功能检验资料核查及主要功能抽查记录 (C.8.2-3)　表 5-125

工程名称		××市×中学教学楼	施工单位		×××建筑安装有限公司	
序号	项目	资料名称	份数	核查意见	抽查结果	核查人（抽查）
1	建筑与结构	屋面淋水试验记录	××	试验记录齐全有效	合格	
2		地下室防水效果检查记录	××	检查记录齐全有效	合格	
3		有防水要求的地面蓄水试验记录	××	检查记录齐全有效	合格	
4		建筑物垂直度、标高、全高测量记录	××	测量记录齐全有效	合格	
5		抽气（风）道检查记录	××	符合要求	合格	×××
6		幕墙及外窗气密性、水密性、耐风压检测报告	××	符合要求	合格	
7		建筑物沉降观测测量记录	××	符合要求	合格	
8		节能、保温测试记录	××	符合要求	合格	
9		室内环境检测报告	××	满足要求	合格	
1	给水排水与采暖	给水管道通水试验记录	××	记录齐全有效	合格	
2		暖气管道、散热器压力试验记录	××	记录齐全有效	合格	
3		卫生器具满水试验记录	××	记录齐全有效	合格	×××
4		消防管道、燃气管道压力试验记录	××	记录齐全有效	合格	
5		排水干管通球试验记录	××	记录齐全有效	合格	
1	电气	照明全负荷试验记录	××	符合要求	合格	
2		大型灯具牢固性试验记录	××	符合要求	合格	×××
3		避雷接地电阻测试记录	××	记录齐全符合要求	合格	
4		线路、插座、开关接地检验记录	××	记录齐全	合格	
1	通风与空调	通风、空调系统调试记录	××	符合要求	合格	
2		风量、温度测试记录	××	记录齐全符合要求	合格	×××
3		洁净室洁净度测试记录	/			
4		制冷机组试运行调试记录	/			
1	电梯	电梯运行记录				×××
2		电梯安全装置检测报告				
1	智能建筑	系统检测及试运行记录	××	运行记录齐全	合格	×××
2		电源系统、防雷及接地检测报告	××	报告符合要求	合格	
1	建筑燃气	燃气管道压力试验记录	/			×××
2		燃气泄漏报警装置测试记录	/			

结论：
对本工程的安全和功能检验资料进行核查，符合要求，对单位工程的主要功能进行抽查，其抽查结果合格，满足使用功能。同意验收。

施工单位项目经理：×××　　××××年××月××日　　总监理工程师（建设单位项目负责人）：×××
　　　××××年××月××日

注：抽查项目由验收组协商确定。

(7) 单位（子单位）工程观感质量检查记录

施工单位填写的单位（子单位）工程观感质量检查记录应一式四份，并应由建设单位、监理单位、施工单位、城建档案馆各保存一份。单位（子单位）工程观感质量检查记录宜采用表 5-126 的格式。

单位（子单位）工程观感质量检查记录　　　　　　表 5-126

工程名称		××市×中学教学楼											施工单位		×××建筑安装有限公司		
序号	项目		抽查质量状况												质量评价		
															好	一般	差
1	建筑与结构	室外墙面	√	√	○	√	√	√	√	√	○	√	√		√		
2		变形缝	√	√	√	√	○	√	○	√	√	√	√		√		
3		水落管、屋面	√	○	√	√	○	√	○	√	√	○				○	
4		室内墙面	√	√	√	√	√	√	√	√	√	√	√		√		
5		室内顶棚	√	√	√	√	√	√	√	√	√	√	√		√		
6		室内地面	○	√	√	√	√	√	√	√	√	√				○	
7		楼梯、踏步、护栏	√	√	√	√	√	√	√	√	√	√			√		
8		门窗	√	√	√	√	√	√	√	√	√	√			√		
1	给水排水与采暖	管道接口、坡度、支架	○	○	○	○	○	○	○	○	○					○	
2		卫生器具、支架、阀门	√	√	√	√	√	√	√	√	√				√		
3		检查口、扫除口、地漏	√	√	√	√	√	√	√	√	√				√		
4		散热器、支架	√	√	√	○	√	√	√	√	√				√		
1	建筑电气	配电箱、盘、板、接线盒	√	√	√	√	√	√	√	√	√				√		
2		设备器具、开关、插座	√	√	√	√	√	√	√	√	√				√		
3		防雷、接地	√	√	√	√	√	√	√	√	√				√		
1	通风与空调	风管、支架	√	√	√	√	√	√	√	√	√				√		
2		风口、风阀	√	√	√	√	√	√	√	○	√				√		
3		风机、空调设备	√	√	○	√	√	√	√	√	√				√		
4		阀门、支架	√	√	√	√	√	√	√	√	√				√		
5		水泵、冷却塔	√	√	√	√	√	√	√	√	√					○	
6		绝热	√	√	√	√	√	√	√	√	√				√		
1	电梯	运行、平层、开关门															
2		层门、信号系统															
3		机房															
1	智能建筑	机房设备安装及布局	√														
2		现场设备安装	√	√	√	√	×	○	√	√	√	√	√				×
3																	
观感质量综合评价			好														
检查结论	工程观感质量综合评价为好，验收合格。 施工单位项目经理：×××　××××年××月××日　总监理工程师（建设单位项目负责人）：××× 　　　　　　　　　　　　　　　　　　　　　　　　　　　　　　　　××××年××月××日																

注：依据《建筑工程施工质量验收统一标准》2.0.15 条，观感定义可分为实测（靠、吊、量、套）和目测（看、摸、敲、照）。依据有关规范及标准，将允许偏差及其以下的称为合格，用√表示；将允许偏差以上至其规定倍数及其以下的称为不符合要求，用○表示；允许偏差规定倍数以上的称为不合格，用×表示。比如墙的垂直度，5 及以下的用√表示；5～7.5 的用○表示；7.5 以上的用×表示。√与○的多少应符合规范规定，不能有×。依据《建筑工程资料管理规程》表 G.0.1—4，其中每项√在 90% 及其以上的为好，75%～90% 之间的为一般，其余为差，差的应重新验收；单位工程验收时，单项好在 90% 及其以上的综合评价为好；单项好在 75%～90% 的综合评价为一般，其余为差，差的应重新验收。以上可供参考。

(8) 房屋建筑工程质量保修书（示范文本）

依据《房屋建筑工程质量保修办法》建设部令第 80 号规定：房屋建筑工程质量保修，是指对房屋建筑工程竣工验收后在保修期限内出现的质量缺陷，予以修复。房屋建筑工程在保修范围和保修期限内出现质量缺陷，施工单位应当履行保修义务。施工单位填写的《房屋建筑工程质量保修书》应一式三份，并应由建设单位、监理单位、施工单位各保存一份。《房屋建筑工程质量保修书》可采用表 5-127（示范文本）的格式。

房屋建筑工程质量保修书　　　　　　　　　表 5-127

房屋建筑工程质量保修书

发包人（全称）：××市×中学
承包人（全称）：×××建筑安装有限公司

发包人、承包人根据《中华人民共和国建筑法》、《建设工程质量管理条例》和《房屋建筑工程质量保修办法》，经协商一致，对＿＿＿＿（工程全称）签订工程质量保修书。

一、工程质量保修范围和内容

承包人在质量保修期内，按照有关法律、法规、规章的管理规定和双方约定，承担本工程质量保修责任。

质量保修范围包括地基基础工程、主体结构工程、屋面防水工程、有防水要求的卫生间、房间和外墙面的防渗漏，供热与供冷系统，电气管线、给水排水管道、设备安装和装修工程，以及双方约定的其他项目。具体保修的内容，双方约定如下：保修的内容为本合同第二条规定的内容。

二、质量保修期

双方根据《建设工程质量管理条例》及有关规定，约定本工程的质量保修期如下：

1. 地基基础工程和主体结构工程为设计文件规定的该工程合理使用年限。
2. 屋面防水工程、有防水要求的卫生间、房间和外墙面的防渗漏为＿10＿年。
3. 装修工程为＿2＿年。
4. 电气管线、给水排水管道、设备安装工程为＿2＿年。
5. 供热与供冷系统为＿2＿个采暖期、供冷期。
6. 住宅小区内的给水排水设施、道路等配套工程为＿2＿年。
7. 其他项目保修期限约定如下：＿无＿。

质量保修期自工程竣工验收合格之日起计算。

三、质量保修责任

1. 属于保修范围的项目，承包人应当在接到保修通知之日起 7 天内派人保修。承包人不在约定期限内派人保修的，发包人可以委托他人修理。
2. 发生紧急抢修事故的，承包人在接到事故通知后，应当立即到达事故现场抢修。
3. 对于涉及结构安全的质量问题，应当按照《房屋建筑工程质量保修办法》的规定，立即向当地建设行政主管部门报告，采取安全防范措施；由原设计单位或者具有相应资质等级的设计单位提出保修方案，承包人实施保修。
4. 质量保修完成后，由发包人组织验收。

四、保修费用

保修费用由造成质量缺陷的责任方承担。

五、其他

双方约定的其他工程质量保修事项：＿＿＿＿＿＿＿＿＿。

本工程质量保修书，由施工合同发包人、承包人双方在竣工验收前共同签署，作为施工合同附件，其有效期限至保修期满。

发　包　人（公章）：　　　　　承　包　人（公章）：

法定代表人（签字）：　　　　　法定代表人（签字）：

年　月　日　　　　　　　　　　年　月　日

（五）竣工图绘制

(1) 竣工图按绘制方法不同可分为以下几种形式：利用电子版施工图改绘的竣工图、

利用施工蓝图改绘的竣工图、利用翻晒硫酸纸底图改绘的竣工图、重新绘制的竣工图。

（2）编制单位应根据各地区、各工程的具体情况，采用相应的绘制方法。

（3）利用电子版施工图改绘的竣工图应符合下列规定：

1）将图纸变更结果直接改绘到电子版施工图中，用云线圈出修改部位，按表 5-128 的形式做修改内容备注表。

修改内容备注表 表 5-128

设计变更、洽商编号	简要变更内容

2）竣工图的比例应与原施工图一致。

3）设计图签中应有原设计单位人员签字。

4）委托本工程设计单位编制竣工图时，应直接在设计图签中注明"竣工阶段"，并应有绘图人、审核人的签字。

5）竣工图章可直接绘制成电子版竣工图签，出图后应有相关责任人的签字。

（4）利用施工图蓝图改绘的竣工图应符合下列规定：

1）应采用杠（划）改或叉改法进行绘制。

2）应使用新晒制的蓝图，不得使用复印图纸。

（5）利用翻晒硫酸纸图改绘的竣工图应符合下列规定：

1）应使用刀片将需更改部位刮掉，再将变更内容标注在修改部位，在空白处做修改内容备注表；修改内容备注表样式可按表 5-128 执行。

2）宜晒制成蓝图后，再加盖竣工图章。

（6）当图纸变更内容较多时，应重新绘制竣工图。

（7）竣工图图纸折叠方法

1）图纸折叠应符合下列规定：图纸折叠前应按图 5-3 所示的裁图线裁剪整齐，图纸幅面应符合表 5-129 的规定。

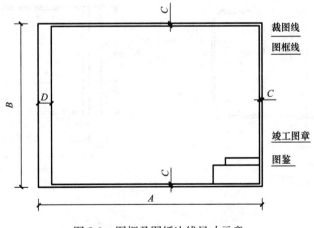

图 5-3 图框及图纸边线尺寸示意

图幅代号及图幅尺寸　　　　　　　　表 5-129

基本图幅代号	0号	1号	2号	3号	4号
B (mm)×A (mm)	841×1189	594×841	420×594	297×420	297×210
C (mm)	10			5	
D (mm)	25				

2) 折叠时图面应折向内侧成手风琴风箱式。

3) 折叠后幅面尺寸应以 4 号图为标准。

4) 图签及竣工图章应露在外面。

5) 0～3 号图纸应在装订边 297mm 处折一三角或剪一缺口,并折进装订边。

(8) 0～3 号图不同图签位的图纸,可分别按图 5-4～图 5-7 所示方法折叠。

(9) 图纸折叠前,应准备好一块略小于 4 号图纸尺寸(一般为 292mm×205mm)的模板。折叠时,应先把图纸放在规定位置,然后按照折叠方法的编号顺序依次折叠。

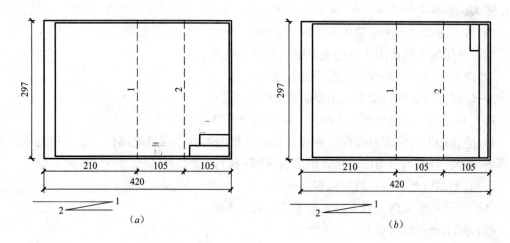

图 5-4　3 号图纸折叠示意

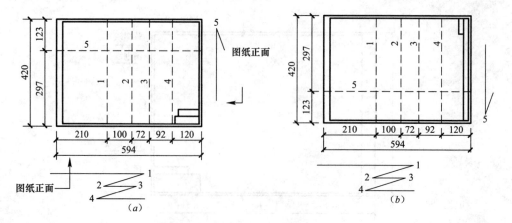

图 5-5　2 号图纸折叠示意

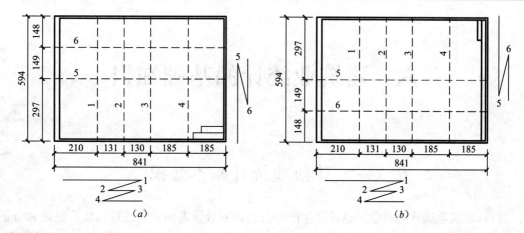

图 5-6 1号图纸折叠示意

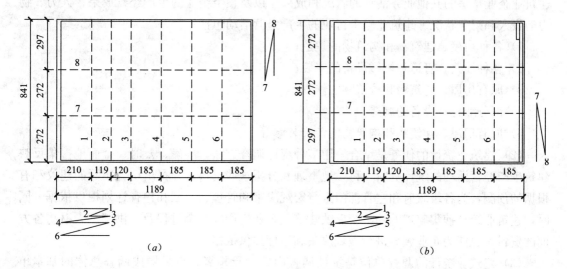

图 5-7 0号图纸折叠示意

六、建筑业统计的基础知识

（一）建筑业统计基本知识

(1) 建筑业统计的对象是建筑业生产经营活动的数量表现。它通过搜集、整理和分析建筑业大量经济信息，全面地反映建筑业整个行业的生产经营活动的条件、过程及成果，建筑业企业从事的其他业务活动的状况和成果，以及整个企业的生产经营成果、人力、物力的投入和财务状况。建筑业整个行业的生产经营活动包括：

1) 各种房屋、建筑物和构筑物的建造；
2) 各种线路、管道和机械设备的安装；
3) 原有房屋、建筑物和构筑物的修理；
4) 部分非标准设备的制造；
5) 原有房屋、建筑物和构筑物的装饰装修等。

(2) 建筑业统计的任务是结合采用多种统计调查方法，准确、及时、全面地搜集反映建筑生产经营活动的统计资料，科学地整理和分析这些资料，并提出切合实际的建议和有根据的预测，为各级政府和主管部门进行宏观决策和管理、编制和检查计划提供依据。同时，建筑业统计搜集整理的一整套反映建筑业企业生产经营全过程及产供销、人财物各方面的资料，也能为企业领导进行微观决策和管理提供依据。

(3) 建筑业统计的调查单位是统计调查内容的承担者，也是构成调查总体的基本单位。建筑业统计的调查单位是独立核算的法人建筑业企业。

(4) 建筑业统计的范围是根据调查的目的和任务，结合考虑需要而确定的统计调查所必须包括的单位。现行国家统计报表制度规定的建筑业的统计范围是：全社会国有经济、城镇集体和私营经济、联营经济、股份制经济、外商和港澳台投产投资经济以及其他经济类型的独立核算的具有资质等级的法人建筑业企业。

（二）施工现场统计工作内容

统计工作的主要目的：一是为工程项目决策和检查执行情况提供依据；二是为编制工程施工计划和检查施工进度完成情况提供依据；三是对工程动态提供分析依据。统计工作的特点是通过搜集、汇总、计算统计数据来反映事物的面貌与发展规律。数量性是统计信息的基本特点，即通过数字揭示事物在特定时间、特定方面的数量特征，帮助我们对事物进行定量乃至定性分析，从而作出正确的决策。因此，统计是企业管理的一项基础工作，也是工程管理的重要手段，而统计基础工作的规范化管理是统计数据质量保证的基本要求。

1. 统计基础工作的规范化管理

统计基础工作规范化管理的基本特点为原始记录、统计台账和报表的形成必须有严格的工作程序；企业内部业务部门的统计核算与综合统计机构必须有资料供应和反馈关系。

（1）原始记录是基层单位利用一定的表格或文字形式对建筑业生产经营活动所做的直接登记和最初记载，是指未经过加工整理的各种表格、卡片、账册单等第一手材料，其内容反映了施工管理经营和工程技术管理方面的实际情况。因此填写时应按规定要求内容如实填写，数据真实可靠，各类人员签字齐全，使其具有可追溯性。

（2）统计台账是基层单位根据经营管理和核算工作的需要，用一定的表现形式将原始记录资料按时间顺序进行登记，系统地积累资料，并定期进行总结的账册。其作用一是能使建筑业基层单位的统计资料系统化、条理化、档案化；二是能清楚地反映工程项目的施工进度，有利于领导研究施工趋势和规律，以便随时进行指挥调度；三是有利于检查建筑施工企业各类计划指标的完成情况。

（3）统计报表是收集统计资料、进行统计调查的一种形式。即由基层企业通过表格的形式，按照统一规定的指标和内容、上报时间和程序，定期地向上级报告计划执行情况和重要经济活动情况特定的统计报告制度。

2. 施工现场统计工作内容

（1）搜集、整理、汇总各类上报公司统计报表；
（2）搜集、整理、汇总各类上报公司统计台账；
（3）搜集、整理、汇总项目内部管理统计表；
（4）搜集、整理、汇总上报甲方各类统计报表；
（5）搜集、整理、汇总上报监理各类统计报表；
（6）搜集、整理、汇总回访维修统计报表；
（7）搜集、整理、汇总上报公司各类计划报表；
（8）搜集、整理、汇总上报甲方各类计划报表。

3. 施工现场统计工作各类报表

（1）项目部向公司上报各类统计报表
1）施工生产任务预计完成情况月报；
2）房屋建筑工程产值形象部位完成情况月报；
3）施工产值按结构类型分列季报；
4）房屋建筑竣工工程工期情况季报；
5）项目分管内完成实际工程量季报；
6）单位工程施工完成情况季报；
7）项目施工情况文字分析；
8）项目人工费价格明细表；
9）项目采购材料费价格明细表；

10) 项目机械费价格明细表。
(2) 项目部向公司上报各类统计台账
1) 单位工程登记台账；
2) 单位工程预算收入台账；
3) 单位工程工程量登记台账；
4) 单位工程工期记录台账；
5) 单位工程各项费用登记台账；
6) 单位工程机械使用登记台账。
(3) 项目部内部管理统计表
1) 单位工程回款情况及项目部资金使用情况；
2) 单位工程甲方、监理审核工程款回收情况；
3) 单位工程截止____月土建报量情况；
4) 单位工程截止____月安装报量情况；
5) 单位工程截止____月分包单位报量情况。
(4) 上报甲方各类统计报表
1) ____月工程完成情况统计表；
2) ____年度资金使用计划；
3) ____月度资金使用计划；
4) ____月形象进度核验表；
5) ____月工程施工产值确认单；
6) ____月度工程在施部位情况汇报。
(5) 上报监理及甲方各类统计报表
1) ____月工程款支付申请表；
2) ____月工、料、机动态表；
3) ____月工程进度款报审表；
4) 施工进度计划报审表；
5) 工程开工报审表；
6) 本月实际完成情况与进度计划比较表；
7) 安全防护、文明施工措施费用支付申请表；
8) ____月形象进度核查表。
(6) 项目部回访维修统计报表
1) 单位工程维修记录；
2) 顾客档案（接收单位）；
3) 顾客满意住房评价调查表；
4) 顾客投诉台账；
5) 单位工程回访记录；
6) 单位工程维修通知书；
7) 项目部回访维修（月、季）年报；

8) 年度回访维修计划。
(7) 项目部向公司上报各类计划报表
1) ____月度建筑安装工程施工生产计划；
2) ____季度建筑安装工程施工生产计划；
3) 年度建筑安装工程施工生产计划。
(8) 项目部向甲方上报各类计划报表
1) ____月度在施工程进度计划；
2) ____季度在施工程进度计划；
3) 年度施工生产进度计划。

七、资料安全管理的有关规定

资料安全管理是指资料形成单位、资料保存单位对工程资料实体和信息内容采取有效保护措施,避免受到自然灾害或人为侵害,并使其处于安全状态的管理工作。其内容包括:资料安全管理职责、工程资料实体安全管理、资料信息安全管理和资料库房安全管理。

资料安全管理工作遵循严格管理、预防为主、防治结合、确保安全的原则。

(一) 资料安全管理职责

切实加强对资料管理部门安全管理工作的领导,明确分管领导,制定资料安全责任制,将资料安全工作列入本单位的议事日程和工作计划之中,及时研究和解决存在的问题,确保资料安全管理工作责任的落实。

(1) 资料管理部门应履行资料安全管理工作的职责。
1) 各级资料管理部门负责单位工程资料安全的综合管理工作。
2) 上级资料管理部门负责指导下级资料管理部门的档案安全管理工作。
3) 各级资料管理部门对同级各单位资料安全管理工作负有指导、监督、检查的职责。
4) 上级机关对下级机关、单位的资料安全管理工作负有指导、监督、检查的职责。

(2) 各单位应加强工程资料安全宣传教育,要采用多种形式开展教育活动,增强全员资料安全意识,并使资料安全教育经常化、制度化。

(3) 建立健全工程资料安全管理制度,每年计划预算中应确保合理的经费投入,保证资料安全管理工作的需要,做到每年有计划、有检查、有总结。

(4) 各资料管理部门应根据本单位实际情况制定周密细致、便于操作、切实有效的突发性灾害、事故应急处置预案(包括:应对火警、防台防汛、地震、信息管理系统受侵害、意外事故等),不断完善应急措施,随时应对可能出现的各种突发性事件,确保资料实体和资料信息的安全。

(5) 工程资料管理人员应熟知资料安全保护知识,定期进行资料安全检查,做好检查记录,发现问题或安全隐患应及时向分管领导汇报,并采取相应的处理措施。

(6) 各级资料管理部门应定期在所辖行政区域开展全面、细致的资料安全检查,对检查情况和发现的问题要进行认真分析,并采取切实有效的措施,督促有关单位限时整改。

(7) 发生资料安全事故的单位应及时向主管领导和上级机关报告,同时组织在第一时间进行抢救恢复,严禁瞒报、迟报。

(二) 资料实体安全管理

(1) 各单位应确保在工作活动过程中形成的具有保存价值的文件材料收集齐全、完整、真实、准确,并及时归档(包括电子版本)。

(2) 各单位应依法定期将具有长远保存价值的文件资料向有关档案馆移交。撤销单位的文件资料或由于保管条件恶劣可能导致资料不安全的,应提前向档案馆移交或寄存。

(3) 建立健全工程资料调卷、归卷制度;规范资料提供利用过程中借阅登记和及时归卷的程序;建立工程资料、人员出入库登记制度,确保工程资料安全万无一失。

(4) 资料管理工作人员每年应对库藏文件资料进行一次清点核对,做到登记台账与存档资料实体相符。

(5) 各级资料管理部门应掌握存档资料安全保管情况,每年定期进行10%的安全性抽样检查,发现问题应及时采取措施予以处理。

(6) 新收集文件资料必须经消毒、除尘后方能入库,并对消毒杀虫情况进行登记。

(7) 对老化、破损、褪色、霉变等受损资料载体,必须采取抢救措施,按资料保护技术要求进行修复或复制。

(8) 不同载体材质的文件资料应分类存放、规范保存。对特殊载体文件的存放,按其特性和要求,使用规范,并加以保管和保存。

(9) 存储涉密文件资料信息的载体,应按所存储信息标明密级,并按相应密级文件的管理要求进行管理。

(三) 资料信息安全管理

(1) 认真执行国家有关档案工作的保密制度,制定各级单位文件资料信息安全管理制度,确保存储资料信息的安全。

(2) 做好文件资料的鉴定工作,科学、准确地区分、判定资料开放与控制使用范围。对涉密资料的密级变更和解密,已解密的和未定密级的但仍需控制使用的文件资料,必须按照国家有关保密的法律法规和有关规定办理。

(3) 企业各级资料管理部门对所保存的涉密资料和控制使用,在管理和利用时应当依照国家有关法规并根据实际工作需要,制定审批手续并严格执行,不得擅自开放或扩大利用范围。因利用工作需要汇编资料文件时,凡涉及秘密文件,应当经原制发机关、单位批准,未经批准不得汇编入册。

(4) 应加强对计算机及其他信息设备的使用管理,凡涉及保密资料的电子设备、通信和办公自动化系统均应符合保密要求。涉密计算机信息系统必须与互联网实行物理隔离,严禁用处理国家秘密信息的计算机上互联网。与互联网相连的计算机或其他电子信息设备不得存储、处理和传递涉密档案信息。

(5) 各级各类文件资料馆面向社会开放的资料信息网站,应按规定报相关公安部门备案,并在接受安全评估合格后,方可接入互联网。应遵守国家关于计算机信息系统、信息网络的安全保密管理规定,建立资料信息、数据上网审批制度,加强上网资料信息管理。

(6) 各级各类资料管理部门的档案信息管理系统应安全可靠。
1) 应建立操作权限管理制度,明确权限和操作范围。
2) 要建立操作人员密码管理制度,定期修改管理密码。

3）要建立计算机病毒防治制度，定期进行病毒检查。

4）要建立重要数据库和系统主要设备的火灾备份措施，确保档案信息接收、存储及利用的安全。

（7）计算机信息系统打印输出的涉密资料信息，应当按相应密级的文件进行管理。计算机信息系统存储、处理、传递、输出的涉密档案信息要有相应的密级标识，密级标识不能与正文分离。

（8）用介质交换资料信息或数据必须进行病毒预检，防止病毒破坏系统和数据。存储过涉密档案信息的载体的维修，应保证所存储涉密档案信息不被泄漏。

（9）到期存档资料经鉴定后，销毁资料载体应确保资料信息无法还原。

1）销毁纸介质资料载体，应当采用焚毁、化浆、碎纸等方法处理。

2）销毁磁介质、光盘等资料载体，应当采用物理或化学的方法彻底销毁。

3）禁止将资料载体作为废品出售。

（四）档案库房安全管理

（1）资料室（库）面积应符合本单位收集和保管文件资料的需要。

（2）资料室（库）门窗应具有防火性能，并具备良好的密闭性，以防环境的不利因素对室（库）内有影响，资料室（库）门窗要采取相应的防光设施，加强资料室（库）的防光能力。

（3）资料室（库）内应配备火灾自动报警系统和适合资料室使用的灭火设备。消防器材应定期检查，及时更换过期的消防器材。库区内消防通道畅通，应急照明完好、疏散标志清晰。库房内不得堆放与文件资料无关的物品，严禁将易燃、易爆及其他物品与档案一同存放。

（4）资料（室）库区内应安装安全防护监控系统或防盗报警装置，库房门窗应有防盗设施。资料室（库）房通道与阅览室须配备视频监控录像设备。监控录像应至少保留3个月。

（5）资料室（库）区内应配置有效的温湿度调节设备与检测系统。温度应控制在14~24℃（±2℃），相对湿度应控制在45%~60%（±5%）。存放特殊载体的文件资料库房应配备空气净化装置或空气过滤设施。

（6）资料室（库）应配有防虫、霉、鼠等有害生物的药品，有效控制面积应达到100%。建立定期虫霉检查制度，适时更换过期防治药品，及时发现和杜绝档案霉变或虫蛀现象的产生和蔓延。

（7）资料室（库）照明应选择无紫外线光源。如使用日光灯或其他含紫外线光源灯，要采取相应过滤措施。

（8）资料室应建立特藏室或专柜，对馆藏重要、珍贵文件资料采取特殊的安全防护措施，确保重要、珍贵文件资料的绝对安全。

（五）资料安全管理责任制度

资料员负责工程项目的资料档案管理、计划、统计管理及内业管理工作。

1. 负责工程项目图纸档案的收集、管理

(1) 负责工程项目的所有图纸的接收、清点、登记、发放、归档、管理工作。在收到工程图纸并进行登记以后，按规定向有关单位和人员签发，由收件方签字确认。负责收存全部工程项目图纸，且每一项目应收存不少于两套正式图纸，其中至少一套图纸有设计单位图纸专用章。竣工图采用散装方式折叠，按资料目录的顺序，对建筑平面图、立面图、剖面图、建筑详图、结构施工图、设备施工图等建筑工程图纸进行分类管理。

(2) 收集整理施工过程中的工程资料并归档。负责对每日收到的管理文件、技术文件进行分类、登录、归档；负责项目文件资料的登记、受控、分办、催办、签收、用印、传递、立卷、归档和销毁等工作；负责做好各类资料积累、整理、处理、保管和归档立卷等工作，注意保密的原则。来往文件资料收发应及时登记台账，视文件资料的内容和性质准确及时递交项目经理批阅，并及时送有关部门办理。确保设计变更、洽商的完整性，要求各方严格执行接收手续，所接收到的设计变更、洽商，须经各方签字确认，并加盖公章。设计变更（包括图纸会审纪要）原件存档。所收存的技术资料须为原件，无法取得原件的，详细背书，并加盖公章。做好信息收集、汇编工作，确保管理目标的全面实现。

2. 参加分部分项工程的验收工作

(1) 负责备案资料的填写、会签、整理、报送、归档；负责工程备案管理，实现对竣工验收相关指标（包括质量资料审查记录、单位工程综合验收记录）做备案处理。对桩基工程、基础工程、主体工程、结构工程备案资料核查。严格遵守资料整编要求，符合分类方案、编码规则，资料份数应满足资料存档的需要。

(2) 监督检查施工单位施工资料的编制、管理，做到完整、及时，与工程进度同步：对施工单位形成的管理资料、技术资料、物资资料及验收资料，按施工顺序进行全程督查，保证施工资料的真实性、完整性、有效性。

(3) 按时向公司档案室移交：在工程竣工后，负责将文件资料、工程资料立卷移交公司。文件材料移交与归档时，应有"归档文件材料交接表"，交接双方必须根据移交目录清点核对，履行签字手续。移交目录一式两份，双方各持一份。

(4) 负责向城建档案馆移交的档案工作：提请城建档案馆对列入城建档案馆接收范围的工程档案进行预验收，取得《建设工程竣工档案预验收意见》，在竣工验收后将工程档案移交城建档案馆。

(5) 指导工程技术人员对施工技术资料（包括设备进场开箱资料）的保管；指导工程技术人员对工作活动中形成的、经过办理完毕的、具有保存价值的文件材料进行鉴定验收；对已竣工验收的工程项目的工程资料分级保管交资料室。

3. 负责计划、统计的管理工作

(1) 负责对施工部位、产值完成情况的汇总、申报，按月编制施工统计报表；在平时统计资料的基础上，编制整个项目当月进度统计报表和其他信息统计资料。编报的统计报表要按现场实际完成情况严格审查核对，不得多报、早报、重报、漏报。

（2）负责与项目有关的各类合同的档案管理：负责对签订完成的合同进行收编归档，并开列编制目录。做好借阅登记，不得擅自抽取、复制、涂改，不得遗失，不得在案卷上随意划线、抽拆。

（3）负责向销售策划提供工程主要形象进度信息：向各专业工程师了解工程进度，随时关注工程进展情况，为销售策划提供确实、可靠的工程信息。

4. 负责工程项目的内业管理工作

（1）协助项目经理做好对外协调、接待工作：协助项目经理对内协调公司、部门间，对外协调施工单位间的工作。做好与有关部门及外来人员的联络接待工作，树立企业形象。

（2）负责工程项目的内业管理工作：汇总各种内业资料，及时准确统计，登记台账，报表按要求上报。通过实时跟踪、反馈监督、信息查询、经验积累等多种方式，保证汇总的内业资料反映施工过程中的各种状态和责任，能够真实地再现施工时的情况，从而找到施工过程中的问题所在。对产生的资料进行及时的收集和整理，确保工程项目的顺利进行。有效地利用内业资料记录、参考、积累，为企业发挥它们的潜在作用。

（3）负责工程项目的后勤保障工作：负责做好文件收发、归档工作。负责部门成员考勤管理和日常行政管理等经费报销工作。负责对竣工工程档案整理、归档、保管，便于有关部门查阅调用。负责公司文字及有关表格等打印。保管工程印章，对工程盖章登记，并留存备案。

（六）资料安全管理的过程和保密措施

1. 资料安全管理的过程

收集、审查、整理资料→分类、检索、处理、存储资料→传递、追溯、应用资料→分类安全保管资料→立卷、归档、验收与移交资料。

2. 资料安全的保密措施

安全保管施工资料包括严格遵守国家和地方的有关法律、法规和规定，建立完善的资料管理制度和安全责任制度，坚持全过程安全管理，采取必要的安全保密措施，包括资料的分级、分类管理方式，确保施工资料安全、合理、有效使用。

（1）保密原则：严格按照《中华人民共和国保密条例》执行，以确保安全防范工程中涉及用户单位机密以及公司自身工程技术机密的不对外泄漏。机密的保管实行点对点管理办法，落实到人头，做到有法可依，违法必究，责任落实到位。

（2）组织机构建立：为保证保密工作的顺利开展，公司名称以负责人牵头成立保密工作组，组员由档案管理专职人员、技术负责人、项目管理人员和公司经理组成，并为档案管理配备专用的档案室，针对每个工程由项目负责人兼任保密责任人。

（3）保密内容：工程技术实现原理、软硬件使用密码、工程施工线路及设备布局图，工程进度及扩展方式，通信及交换协议，工程实施细节合同等。

(4) 保密实施细则

1) 在工程合同签订前的技术方案由技术起草者负责保管，对其他部门及外单位人员不得透露任何技术内容及细节。

2) 在使用单位的需求情况下，由项目负责人落实并保证不得向外界透露，并以书面形式传递给档案管理人员和技术负责人。

3) 档案管理人员对以上信息以书面、电子等方式存档，公司员工在借阅时必须经领导同意且确定借阅时间后方可借阅。

4) 档案管理人员不得将机密文件带回家中或带上出入公共场所，相关人员不准随意谈论，泄露机密事项，不准私人打印、复印、抄录文件内容，不得将朋友、他人带入档案室，不得外传、外借相关资料。

5) 打印过的废纸和校对底稿应及时清理、销毁。

6) 合同签订后的相关文档资料立即存档，并建立保密所必备的借阅制度。

7) 出现泄密事件后，应立即上报公司负责人，做到机密不得扩散，同时认真追查相关人员的责任。

下篇 专业技能

依据《建筑与市政工程施工现场专业人员职业标准》(JGJ/T 250—2011) 的规定：资料员应具备资料计划管理、资料收集整理、资料使用保管、资料归档移交和资料信息系统管理等主要职责和专业技能。

八、编制施工资料管理计划

项目资料管理计划是指导项目资料管理工作的基础文件。项目资料管理计划的编制是依据具体施工项目的实施条件，按照《建设工程文件归档整理规范》(GB/T 50328—2001) 和《建筑工程资料管理规程》(JGJ/T 185—2009) 中对资料归档管理的范围和施工资料收集分类的要求，合理取舍与实施项目相关的资料内容。应对建筑工程资料管理的目标、依据、内容、组织、资源、方法、程序和控制措施等工作过程进行确定。资料管理计划的内容应包括：建立资料管理的流程；依据资料的来源、内容、标准、时间要求编制资料收集目录；根据资料传递途径、反馈的范围和涉及的相关人员建立工作职责和管理程序。

（一）编制资料管理计划

1. 建立资料管理的流程

（1）施工单位技术管理资料管理流程

施工单位技术管理资料管理流程如图 8-1 所示。

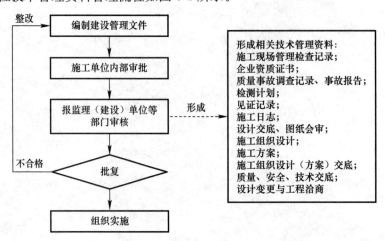

图 8-1 施工单位技术管理资料管理流程

(2) 施工物资资料管理流程

施工物资资料管理流程如图 8-2 所示。

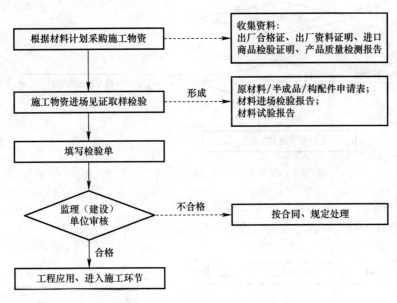

图 8-2 施工物资资料管理流程

(3) 检验批质量验收程序及资料管理流程

检验批质量验收程序及资料管理流程如图 8-3 所示。

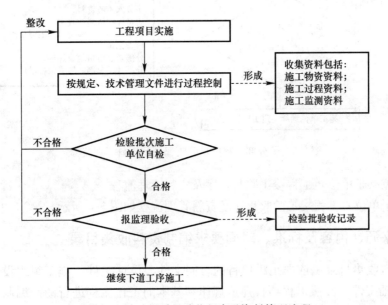

图 8-3 检验批质量验收程序及资料管理流程

(4) 分项工程质量验收程序及资料管理流程

分项工程质量验收程序及资料管理流程如图 8-4 所示。

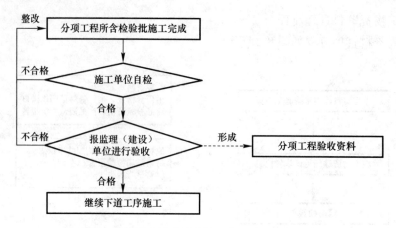

图 8-4 分项工程质量验收程序及资料管理流程

（5）子分部工程质量验收程序及资料管理流程

子分部工程质量验收程序及资料管理流程如图 8-5 所示。

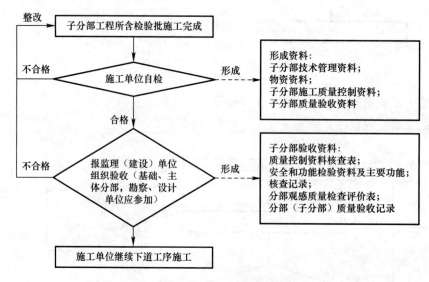

图 8-5 子分部工程质量验收程序及资料管理流程

（6）单位（子单位）工程竣工验收程序及资料管理流程

单位（子单位）工程竣工验收程序及资料管理流程如图 8-6 所示。

2. 按资料来源、内容及标准、时间要求编制资料收集目录

编制资料收集目录是依据工程项目的合同文件、设计文件、施工组织设计和资料管理计划等基础文件，按照工程项目建造规律和基本的工作流程进行的。编制资料收集目录工作流程为：熟悉施工图、工程量清单、施工组织设计及《建筑工程施工质量验收统一标准》确定实施工程项目的分部、分项、检验批；依据表 2-1 确定资料来源、内容及标准；依据资料的类别、内容、来源、标准、时间要求编制资料收集目录；资料收集目录见表 8-1。

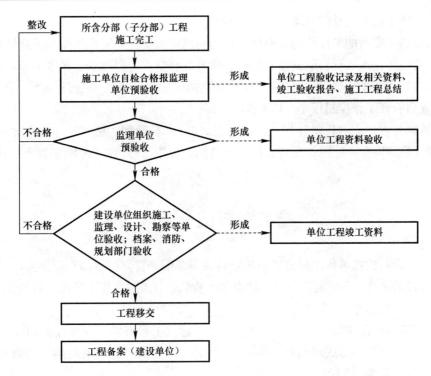

图 8-6　单位（子单位）工程竣工验收程序及资料管理流程

地基基础分部工程资料总目录　　　　　　　　　　　表 8-1

工程名称		××市某中学教学楼			
序 号	工程资料类别	编制单位	编制日期	页 次	备 注
1	施工管理资料 C1	××建筑工程有限公司××项目部	××年××月×日	××	
2	施工技术资料 C2	××建筑工程有限公司××项目部	××年××月×日	××	
3	进度造价资料 C3	××建筑工程有限公司××项目部	××年××月×日	××	
4	施工物资资料 C4	××建筑工程有限公司××项目部	××年××月×日	××	
5	施工记录 C5	××建筑工程有限公司××项目部	××年××月×日	××	
6	施工试验记录及检测报告 C6	××建筑工程有限公司××项目部	××年××月×日	××	
7	施工质量验收记录 C7	××建筑工程有限公司××项目部	××年××月×日	××	
8	竣工验收资料 C8	××建筑工程有限公司××项目部	××年××月×日	××	

3. 建立岗位人员职责和工作程序

根据资料传递途径、反馈的范围和涉及的相关人员建立工作职责和管理程序。

（1）资料员的工作职责

1）参与制定施工资料管理计划，建立施工资料管理规章制度。

2）建立完整的资料控制管理台账，进行施工资料交底。

3) 负责施工资料的及时收集、审查、整理。

4) 负责施工资料的来往传递、追溯及借阅管理，负责提供管理数据、信息资料。

5) 负责工程完工后资料的立卷、归档、验收、移交、封存和安全保密工作。

6) 参与建立施工资料管理系统，负责管理系统的运用、服务和管理。

(2) 资料管理工作控制程序（PDCA）

提出资料管理计划（P即计划、台账、交底）→资料管理实施（D即收集、审查、整理）→检查（C即检索、处理、存储、传递、追溯、应用）→处理（A即立卷、归档、验收和移交）。

（二）施工资料的分卷与分类

(1) 工程资料按照单位工程参建单位资料收集范围、资料性质和专业分类，分为A类工程准备阶段的文件、B类监理资料、C类施工资料、D类竣工图、E类工程竣工文件。

(2) 工程资料编号

1) 工程准备阶段文件、工程竣工文件宜按《建筑工程资料管理规程》（JGJ/T 185—2009）中规定的类别和形成时间顺序编号。例如：A1类决策立项书的第一份资料为项目建议书，它的编号为：A1-001。

2) 监理资料宜按《建筑工程资料管理规程》（JGJ/T 185—2009）中规定的分部、子分部、类别和形成时间顺序编号。属于单位工程整体管理内容的资料，编号中的分部、子分部工程代号可用"00"代替；例如：B1类监理管理资料的第一份资料为监理规划，它的编号为：00-00-B1-001。

3) 施工资料编号宜符合下列规定：

① 施工资料编号可由分部、子分部、分类、顺序号4组代号组成，组与组之间应用横线隔开。例如：表8-2中"编号"06为分部工程代号；04为子分部工程代号；C5为资料的类别编号；001为顺序号，可按表1-1规定执行，可根据相同表格、相同检查项目，按形成时间顺序填写。

隐蔽工程验收记录（C.5.1） 表8-2

工程名称	××市××局办公楼	编号	06-04-C5-001

② 属于单位工程整体管理内容的资料，编号中的分部、子分部工程代号可用"00"代替。例如：单位工程施工组织设计、施工方案、图纸会审、设计变更、洽商记录、施工日志、工程竣工验收资料等资料的内容适用于整个单位工程，难以划分到某个分部（子分部）中，因此组合编号中分部、子分部工程代号可用"00"代替。

③ 同一厂家、同一品种、同一批次的施工物资用在两个分部、子分部工程中时，资料编号中的分部、子分部工程代号可按主要使用部位填写。例如：同一材料用于多个分部工程时，产品合格证、检测报告、复验报告编号可选用主要分部代号。但为了方便对用于其他部位的材料进行追溯、查找，宜在复验报告空白处或编目时记录具体使用部位。

4）竣工图宜按《建筑工程资料管理规程》（JGJ/T 185—2009）中规定的类别和形成时间顺序编号。

5）工程资料的编号应及时填写，专用表格的编号应填写在表格右上角的编号栏中；非专用表格应在资料右上角的适当位置注明资料编号。

九、建立施工资料收集台账

为加强工程文件收发管理，理顺传递关系，并按工程进度做好工程文件的提供利用，工程资料应编制施工资料台账及施工资料接收和发放登记制度。

（一）工程文件接收登记制度

（1）各单位提供给工程部的工程文件（工程技术文件、图纸资料）由档案资料室统一接收；上级党政主管机关所发的行政及党务方面的文件由办公室统一接收。

（2）工程部其他部门或个人从外单位带回或通过其他途径收到的工程文件，一律交档案资料室。

（3）设备文件由物资采购组会同有关部门对设备开箱验收，并及时将设备资料立卷归档；设备文件资料由档案资料室统一归口发放给有关单位。

（4）档案资料室对接收的工程文件资料，必须进行数量和外观质量检查，发现问题应及时通知寄发单位补发。

（5）档案资料室对接收的工程文件应及时建立工程文件接收总登记账和分类账（簿式台账和电子台账），并能利用计算机进行各类工程文件的查询检索。

（6）登记完毕的工程文件，应及时予以处理，在保证归档份数后，应按工程部负责人审定的工程文件分发表及时分发给有关单位和部门。

（7）对接收的密级文件资料，要严格按保密规定妥善收存，并认真执行密级文件资料的借阅规定。

（8）档案资料室仅对归档的工程文件资料实施整编作业，并建立档案登录总登记账和分类登记账；对分发各部门的工程文件资料不进行整编作业。

（二）工程文件资料发放登记制度

工程文件资料发放登记制度可按下列规定执行：

（1）分发外单位和部门的工程文件资料由档案资料室统一归口办理。

（2）呈送上级单位的工程文件由工程部领导确定发放单位和数量。

（3）档案资料室按工程部领导审定的施工图分发表、设备资料分发表分发工程文件资料（当工程施工图、设备资料份数有限时），档案资料室仅提供施工单位一套或两套文件，不足部分施工单位可委托档案资料室向设计院提出增加施工图供应数量；设备资料文件不足部分，由施工单位自行联系复制，复制的设备资料应加盖"复制件"印章。

（4）分发的图纸资料应建立资料分发台账，资料分发台账应留存备查。

（5）为避免工程文件资料分发过程中可能出现的错发现象，图纸、资料领取单位应指定领取人名单，并书面通知档案资料室；档案资料室按指定名单发放工程文件资料。

十、施工资料交底

（一）施工资料交底的对象

1. 施工资料交底的内部对象

施工资料内部交底对象包括：项目经理、项目技术负责人、施工员、质量员、安全员、材料员、机械员、劳务员、标准员及预算员等相关人员。

（1）资料员协助项目经理收发项目文件，编制项目资料管理计划，协助项目经理进行资料签字、签章。

（2）资料员指导项目技术负责人进行技术文件资料的签字、签章。

2. 施工资料交底的近外层对象

施工资料交底的近外层对象包括：质量监督站、安全监督站、建设单位、监理单位、设计单位、勘察单位、试验检测单位及供货单位等有关咨询单位。

（二）施工资料交底内容

1. 建立资料目录，提出资料编制、审核及审批规定

依据《建筑工程资料管理规程》（JGJ/T 185—2009）及工程资料类别、来源、保存形成要求及填写要求提出资料编制、审核及审批规定，见表 10-1。

建筑工程施工资料交底　　　　　　　　　　　　　　表 10-1

资料名称	填写或编制	审　核	审　批	交验日期
施工组织设计	项目负责人	项目技术总工	总监理工程师	年　月
施工现场质量检查记录	项目负责人	项目技术总工	总监理工程师	年　月
检验批质量验收记录	专业质量员	项目专业质量员	专业监理工程师	年　月
分项工程质量验收记录	资料员	项目技术负责人	监理工程师	年　月
（子）分部工程质量验收记录	资料员	项目经理	总监理工程师	年　月
分部工程质量验收记录	资料员	项目技术负责人	建设、监理、施工、设计（项目）负责人	年　月
……	……	……	……	年　月

2. 提出资料整理归档要求

（1）建筑工程文件归档的范围：建设、勘察、设计、施工、监理等单位将本单位在工

程建设过程中形成的文件向本单位信息管理机构移交；勘察、设计、施工、监理等单位将本单位工程在工程建设过程中形成的文件向建设单位档案管理机构移交。

（2）建设工程归档资料质量要求：建设工程归档资料收集质量、分类和组卷均应符合《建设工程文件归档整理规范》（GB/T 50328—2001）的要求。

3. 提出相关人员有关资料管理的职责

（1）项目经理：参与工程竣工验收，准备结算资料和分析总结，接受审计。

（2）项目技术负责人：负责组织对施工组织设计和施工技术措施的编制和贯彻执行。指导、检查各项施工资料的正确填写和收集整理。

（3）专业施工员：参加图纸会审和工程进度计划的编制，编制各项施工组织设计方案和施工安全、质量、技术方案，编制各单项工程进度计划及人力、物力计划和机具、用具、设备计划。编制工程总进度计划表和月进度计划表及各施工班组的月进度计划表。

（4）项目专业质量员：负责设计变更信息的传递和整理，负责施工资料的答疑。负责施工过程中质量控制的验证和确认，针对工序施工中的各个环节质量进行检查验证，对出现的问题及时纠正，必要时可责令停工。负责对施工用水泥、钢筋和混凝土试件进行质量跟踪并填写相关记录、编制工程质量验评范围划分表（报监理审批），制定过程检验试验计划（技术负责人审核，主任工程师审批）。工序作业完成后，施工员组织工序验收，质检员验证确认、检查、监督，按验收规范、施工图纸及验收试验计划做好施工试验的检验，负责试验报告单的验证确认。

（5）工地材料员：建立和保存合格供方的质量记录（包括合格供方企业名录及其档案、评定记录等），负责工程材料管理和收集、整理，工程结束时移交工地资料员（办理移交手续）。

十一、收集、审查与整理施工资料

（一）一般施工资料的收集、审查与填写

一般施工资料收集后主要审查的内容可分为：表头填写、资料编制内容、资料报送结论部分。审查表头部分可统一填写，不需具体人员签名，只是明确负责人的职位。资料报送结论部分，主要确认结论和签章是否完整，签章或签字人是否是本人签名，且是否与合同一致。常见栏目填写要求如下：

（1）工程名称栏应填写工程名称的全称，与合同或招投标文件中的工程名称一致。

（2）建设单位栏填写合同文件中的甲方单位，名称也应写全称，与合同签章上的单位名称相同。

（3）建设单位项目负责人栏应填写合同书上的签字人或签字人以文字形式委托的代表工程的项目负责人，工程完工后竣工验收备案表中的单位项目负责人应与此一致。

（4）设计单位栏填写设计合同中签章单位的名称，其全称应与印章上的名称一致。设计单位的项目负责人栏，应是设计合同书签字人或签字人以文字形式委托的该项目负责人，工程完工后竣工验收备案表中的单位项目负责人也应与此一致。

（5）监理单位填写单位全称，应与合同或协议书中的名称一致。

（6）总监理工程师栏应是合同或协议书中明确的项目监理负责人，也可以是监理单位以文件形式明确的该项目监理负责人，必须有监理工程师任职资格证书，专业要对口。

（7）施工单位栏应填写施工合同中签章单位的全称，与签章上的名称一致。

（8）项目经理栏、项目技术负责人栏与合同中明确的项目经理、项目技术负责人一致。

（二）检验批质量验收记录表的填写与审查

1. 表头部分的填写

工程名称：按合同文件上的单位工程名称填写。

验收部位：指一个分项工程中验收的那个检验批的抽样范围，要标注清楚，如二层①～⑩轴线砖砌体。

施工单位、分包单位、填写施工单位的全称，与合同上公章名称相一致。项目经理栏填写合同中指定的项目负责人。有分包单位时，也应填写分包单位全称，分包单位的项目经理也应是合同中指定的项目负责人。这些人员由填表人填写不要本人签字，只是标明他是项目负责人。

施工执行标准名称及编号栏：填写企业的标准系列名称（操作工艺、工艺标准、工法等）及编号，企业标准应有编制人、批准人、批准时间、执行时间、标准名称及编号，并要在施工现场有这项标准，工人才能执行这项标准。

2. 质量验收规范的规定栏

质量验收规范的规定栏填写具体的质量要求，在制表时就已填写好验收规范中主控项目、一般项目的全部内容。但由于表格的地方小，多数指标不能将全部内容填写下，所以，只将质量指标归纳、简化描述或题目及条文号填写上，作为检查内容提示。以便查对验收规范的原文：对计数检验的项目，将数据直接写出来。规范上还有基本规定、一般规定等内容，它们虽然不是主控项目和一般项目的条文，但这些内容也是验收主控项目和一般项目的依据。所以验收规范的质量指标不宜全抄过来，故只将其主要要求及如何判定注明。这些在制表时就印上去了。

3. 主控项目、一般项目施工单位检查评定记录

填写方法分以下几种情况，判定验收与否均按施工质量验收规定进行判定。

（1）对定量项目根据规范要求的检查数量直接填写检查的数据。

（2）对定性项目，填写实际发生的检查内容。

（3）有混凝土、砂浆强度等级的检验批，按规定制取试件后，可填写试件编号，待试件试验报告出来后，对检验批进行判定，并在分项工程验收时进一步进行强度评定及验收。

（4）对一般项目合格点有要求的项目，应是其中带有数据的定量项目；定性项目必须基本达到。定量项目其中每个项目都必须有80%以上（混凝土保护层为90%）检测点的实测数值达到规范规定。其余20%按各专业施工质量验收规范规定，不能大于150%，钢结构为120%，就是说有数据的项目，除必须达到规定的数值外，其余可放宽的，最大放宽到150%。

"施工单位检查评定记录"栏按实际检查结果填写，并给出是否符合设计或规范规定的结论。结论表述应文字简练，技术用语规范，有数据的项目，将实际测量的数值填入表格内。

4. 监理（建设）单位验收记录

通常监理人员应进行平行、旁站或巡视的方法进行监理，在施工过程中，对施工质量进行察看和测量，并参加施工单位的重要项目的检测。以了解质量水平和控制措施的有效性及执行情况，在整个过程中，随时可以测量等。在检验批验收时，对主控项目、一般项目应逐项进行验收。对符合验收规范规定的项目，填写"合格"或"符合要求"，对不符合验收规范规定的项目，暂不填写，待处理后再验收，但应做标记。

5. 施工单位检查结果评定

施工单位检查结果评定指施工单位自行检查评定合格后，由项目专业质量检查员，根据执行标准检查填写的实际检查结果。一般可注明"主控项目全部合格，一般项目满足规范规定要求"。

专业工长（施工员）和施工班、组长栏目由本人签字，以示承担责任。专业质量检查员代表企业逐项检查评定合格，将表填写完成并写明结果，签字后，交监理工程师或建设单位项目专业技术负责人验收。

6. 监理（建设）单位验收结论

主控项目、一般项目验收合格，混凝土、砂浆试件强度待试验报告出来后判定，其余项目已全部验收合格。注明"同意验收"。由专业监理工程师或建设单位的专业技术负责人签字。

（三）分项工程质量验收记录表的填写与审查

分项工程验收由监理工程师组织项目专业技术负责人等进行验收。分项工程是在检验批验收合格的基础上进行，通常起一个归纳整理的作用，是一个统计表，没有实质性验收内容。只要注意三点就可以了，一是检查检验批是否覆盖了整个工程，有没有漏掉的部位；二是检查有混凝土、砂浆强度要求的检验批，到龄期后能否达到规范规定；三是将检验批的资料统一，依次进行登记整理，方便管理。

表的填写：表名填上所验收分项工程的名称，表头工程名称按合同文件上的单位工程名称填写，结构类型按设计文件提供的结构类型填写。检验批部位、区段，施工单位检查评定结果，由施工单位项目专业质量检查员填写，由施工单位的项目专业技术负责人检查后给出检查结论并签字，交监理单位或建设单位验收。

监理（建设）单位验收结论由专业监理工程师（或建设单位的专业负责人）逐项审查并填写验收结论，同意项填写"合格或符合要求"，不同意项暂不填写，待处理后再验收，但应做标记。验收结论应注明"同意验收"或"不同意验收"的意见，如同意验收应签字确认，不同意验收请指出存在问题，明确处理意见和完成时间。

（四）分部（子分部）工程验收记录表的填写与审查

分部（子分部）工程的质量验收记录，是质量控制的一个重点。由于单位工程体量的增大，复杂程度的增加，专业施工单位的增多，为了分清责任、及时整修等，分部（子分部）工程的验收就显得较重要，分部（子分部）工程的质量验收除了分项工程的核查外，还有质量控制资料核查，安全、功能项目的检测，观感质量的验收等。

分部（子分部）工程应由施工单位将自行检查评定合格的表填写好后，由项目经理交监理单位或建设单位验收。由总监理工程师组织施工项目经理及有关勘察（地基与基础部分）、设计（地基与基础及主体结构等）单位项目负责人进行验收，并按分部（子分部）工程验收记录表的要求进行记录。

分部（子分部）工程验收记录表格的填写：

1. 表名及表头部分

（1）表名：分部（子分部）工程的名称填写要具体，写在分部（子分部）工程的前边，并分别划掉分部或子分部。

（2）表头部分结构类型按设计文件提供的结构类型填写。应分别注明地下和地上的层数。其余项目与检验批、分项工程、单位工程验收表的内容一致。

2. 验收内容

（1）分项工程

按分项工程检验批施工先后的顺序，将分项工程名称填写上，在第二格栏内分别填写各分项工程实际的检验批数量，即分项工程验收表上的检验批数量，并将各分项工程评定表按顺序附在表后。

施工单位检查评定栏，填写施工单位自行检查评定的结果。核查一下各分项工程是否都通过验收，有关有龄期试件的合格评定是否达到要求；有全高垂直度或总的标高的检验项目的应进行检查验收。自检符合要求的可按"合格"标注，否则按"不合格"标注。有"不合格"的项目不能交给监理单位或建设单位验收，应进行返修达到合格后再提交验收。监理单位或建设单位由总监理工程师或建设单位项目专业技术负责人组织审查，在符合要求后，在验收意见栏内签注"同意验收"意见。

（2）质量控制资料

施工单位应按单位（子单位）工程质量控制资料核查记录表（表 4-1）中的相关内容来确定所验收的分部（子分部）工程的质量控制资料项目，按资料核查的要求，逐项进行核查。能基本反映工程质量情况，达到保证结构安全和使用功能的要求，即可通过验收。全部项目都通过，即可在施工单位检查评定栏内标注"合格"。并送监理单位或建设单位验收，监理单位总监理工程师组织审查，在符合要求后，在验收意见栏内签注"同意验收"意见。

有些工程可按子分部工程进行资料验收，有些工程可按分部工程进行资料验收，由于工程不同，不强求统一。

（3）安全和功能检验（检测）报告

安全和功能检验（检测）报告是指竣工抽样检测的项目，能在分部（子分部）工程中检测的，尽量放在分部（子分部）工程中检测。检测内容按单位（子单位）工程安全和功能检验资料核查及主要功能抽查记录（表 4-2）中相关内容确定抽查项目。

施工单位在核查时要注意，在开工之前确定的项目是否都进行了检测；逐一检查每个检测报告，核查每个检测项目的检测方法、程序是否符合有关标准规定；检测结果是否达到规范的要求；检测报告的审批程序签字是否完整。每个检测项目都通过审查，即可在施工单位检查评定栏内标注"合格"。由项目经理送监理单位或建设单位验收，监理单位总监理工程师或建设单位项目专业负责人组织审查，在符合要求后，在验收意见栏内签注"同意验收"意见。

（4）观感质量验收

由施工单位项目经理组织进行现场检查，实际检查内容不仅包括外观质量，还有能启动或运转的要启动或试运转，能打开看的打开看，有代表性的房间、部位都应走到，并经检查合格后，将施工单位填写的内容填写好后，由项目经理签字后交监理单位或建设单位验收。

监理单位由总监理工程师或建设单位项目专业负责人组织验收，在听取参加检查人员意见的基础上，以总监理工程师或建设单位项目专业负责人为主导共同确定质量评价：好、一般、差。由施工单位的项目经理和总监理工程师或建设单位项目专业负责人共同签认。如评价观感质量差的项目，能修理的尽量修理，如果确难修理时，只要不影响结构安全和使用功能的，可采用协商解决的方法进行验收，并在验收表上注明，然后将验收评价结论填写在分部（子分部）工程观感质量验收意见栏格内。

3. 验收单位签字认可

按表列参与工程建设责任单位的有关人员应亲自签名，以示负责，以便追查质量责任。勘察单位可只签认地基基础分部（子分部）工程，由项目负责人亲自签认。

设计单位可只签认地基基础、主体结构及重要安装分部（子分部）工程，由项目负责人亲自签认。

施工单位总承包单位必须签认，由项目经理亲自签认，有分包单位的分包单位也必须签认其分包的分部（子分部）工程，由分包项目经理亲自签认。

监理单位作为验收方，由总监理工程师亲自签认验收。如果按规定不委托监理单位的工程，可由建设单位项目专业负责人亲自签认验收。

（五）单位（子单位）工程质量竣工验收记录表的填写与审查

单位（子单位）工程质量验收由五部分内容组成，每一项内容都有自己的专门验收记录表，单位（子单位）工程质量竣工验收记录是一个综合性的表，是各项目验收合格后填写的。

单位（子单位）工程由建设单位（项目）负责人组织施工（含分包）单位、设计单位、监理单位等（项目）负责人进行验收。单位（子单位）工程验收表中由参加验收单位盖章的，还应由负责人签字。质量控制资料核查记录表、安全和功能检验资料核查及主要功能抽查记录表、观感质量检查记录表应均由施工单位项目经理和总监理工程师（建设单位项目负责人）签字。

1. 表名及表头的填写

（1）将单位工程或子单位工程的名称（项目批准的工程名称）填写在表名的前边，并将子单位或单位工程的名称划掉。

（2）表头部分，按分部（子分部）表的表头要求填写。

2. 分部工程

对所含分部工程逐项检查。首先由施工单位的项目经理组织有关人员逐个分部（子分部）进行检查评定。所含分部（子分部）工程检查合格后，由项目经理提交验收。经验收组成员验收后，由施工单位填写"验收记录"栏。注明共验收几个分部，经验收符合标准及设计要求的几个分部。审查验收的分部工程全部符合要求，由监理单位在验收结论栏内，写上"同意验收"的结论。

3. 质量控制资料核查

这项内容先由施工单位检查合格，再提交监理单位验收。其全部内容在分部（子分部）工程中已经审查。通常单位（子单位）工程质量控制资料核查，也是按分部（子分部）工程逐项检查和审查，每个子分部、分部工程检查审查后，也不必再整理分部工程的质量控制资料，只将其依次装订起来，前边的封面写上分部工程的名称，并将所含子分部工程的名称依次填写在下边就行了。然后将各子分部工程审查的资料逐项进行统计，填入验收记录栏内。

通常质量控制资料应该核查的各个项目，经审查也都应符合要求。如果出现有核定的项目的，应查明情况，只要是协商验收的内容，填在验收结论栏内，通常严禁验收的事件，不会留在单位工程来处理。这项也是施工单位自行检查评定合格后，提交验收，由总监理工程师或建设单位项目负责人组织审查符合要求后，在验收记录栏内填写项数。在验收结论栏内，写上"同意验收"的意见。同时要在单位（子单位）工程质量竣工验收记录表中的序号 2 栏内的验收结论栏内填"同意验收"。

4. 安全和主要使用功能核查及抽查结果

这个项目包括两个方面的内容：一是在分部（子分部）进行了安全和功能检测的项目，要核查其检测报告结论是否符合设计要求；二是在单位工程进行的安全和功能抽测项目，要核查其项目是否与设计内容一致，抽测的程序、方法是否符合有关规定，抽测报告的结论是否达到设计要求及规范规定。这个项目也是由施工单位检查评定合格，再提交验收，由总监理工程师或建设单位项目负责人组织审查，程序内容基本是一致的。按项目逐个进行核查验收。然后统计核查的项数和抽查的项数，填入验收记录栏，并分别统计符合要求的项数，同时也分别填入验收记录栏相应的空档内。通常两个项数是一致的，如果个别项目的抽测结果达不到设计要求，则可以进行返工处理达到符合要求。然后由总监理工程师或建设单位项目负责人在验收结论栏内填写"同意验收"的结论。如果返工处理后仍达不到设计要求，就要按不合格处理程序进行处理。

5. 观感质量验收

观感质量检查的方法同分部（子分部）工程，单位工程观感质量检查验收所不同的是项目比较多，是一个综合性验收。实际是复查一下各分部（子分部）工程验收后，到单位工程竣工的质量变化，成品保护以及分部（子分部）工程验收时，还没有形成部分的观感质量等。

这个项目也是先由施工单位检查评定合格，提交验收。由总监理工程师或建设单位项目负责人组织审查，程序和内容基本是一致的。按核查的项目数及符合要求的项目数填写在验收记录栏内，如果没有影响结构安全和使用功能的项目，则以总监理工程师或建设单位项目负责人为主导意见，评价好、一般、差，不管哪一级都不影响验收，因在验收中不起决定作用。因而，可作为符合要求的项目。由总监理工程师或建设单位项目负责人在验收结论栏内填写"同意验收"的结论。如果有不符合要求的项目，就要按不合格处理程序进行处理。

6. 综合验收结论

施工单位应在工程完工后，由项目经理组织有关人员对验收内容逐项进行查对，并将表格中应填写的内容进行填写，自检评定符合要求后，在验收记录栏内填写各有关项数，交建设单位组织验收。综合验收是指在前五项内容均验收符合要求后进行的验收，即按单位（子单位）工程质量竣工验收记录表进行验收。验收时，在建设单位组织下，由建设单位相关专业人员及监理单位专业监理工程师和设计单位、施工单位相关人员分别核查验收有关项目，并由总监理工程师组织进行现场观感质量检查。经各项目审查符合要求时，由监理单位或建设单位在"验收结论"栏内填写"同意验收"的意见。各栏均同意验收且经各参加检验方共同同意商定后，由建设单位填写"综合验收结论"，可填写为"通过验收"。

7. 参加验收单位签名

勘察单位、设计单位、施工单位、监理单位、建设单位都同意验收时，其各单位的单位项目负责人要亲自签字，以示对工程质量的负责，并加盖单位公章，注明签字验收的年月日。

十二、施工资料的处理、存储、检索、传递、追溯、应用

施工资料管理贯穿施工阶段全过程，衔接各个参与方。施工资料管理的基本环节包括：处理、存储、检索、传递、追溯、应用。

建设工程资料的处理、存储是在资料收集后的必要管理过程。资料的处理主要是把建设各方得到的数据和信息进行鉴别、选择、核对、合并、排序、更新、计算、汇总、转储、生成不同形式的资料，提供给不同需求的各类管理人员使用。资料的处理和存储是信息系统流程的主要组成部分。信息系统的流程图有业务流程图、数据流程图，一般先找到业务流程图（图8-3），通过绘制业务流程图再进一步绘制数据流程图。通过绘制业务流程图可以了解到具体处理事务的过程，发现业务流程图的问题和不完善处，进而优化业务处理过程。数据流程图则把数据在内部流动的情况抽象化，独立考虑数据的传递、处理、存储是否合理，发现和解决数据流程中的问题。数据流程图的绘制是经过层层细化、整理、汇总后得到总的数据流程图，根据总的数据流程图可以得到系统的信息流程图。资料管理数据流程图主要由相应的软件来完成，对于用户主要是找到数据间的关系和数据流程图，决定处理的时间要求和选择必要的、适合的软件和数学模型来实现加工、整理以及存储的过程。目前国内已开发出多种类似的资料管理系统软件，并已在企业中广泛的应用。

（一）资料的检索和传递

资料的检索和传递是在通过对收集的资料进行分类加工处理后，及时提供给需要使用资料的部门，资料要根据需要来传递，资料的检索则要建立必要的分级管理制度，一般由使用软件来保证实现数据和信息的传递、检索，关键是要决定传递和检索的原则。传递和检索的原则是：需要的部门和使用人，有权在需要的第一时间，方便得到所需要的，以规定形式提供的一切资料，而保证不向不该知道的部门（人）提供任何资料。建立传递制度要根据项目管理的工作特点进行，考虑传递设计时的主要内容包括：

(1) 了解使用部门（人）的使用目的、使用周期、使用频率、得到时间、数据的安全要求。

(2) 决定分发的项目、内容、分发量、范围、数据来源。

(3) 决定分发信息和数据的数据结构、类型、精度和如何组合成规定的格式。

(4) 决定提供的信息和数据介质（纸张、视频、磁盘或其他形式）。

考虑检索设计的基本要求：

(1) 允许检索的范围、检索的密级划分、密码的管理。

(2) 检索的信息和数据能否及时、快捷地提供，采用何种手段（网络、通信）。

（3）提供检索需要的数据和信息输出的形式、能否实现智能检索。

按照施工资料的传递设计的内容和检索要求。首先在项目组织内部将所有文件档案资料送交指定的信息管理部门或人员处，进行统一整理分类，归档保存，然后根据项目负责人和工作需求，分别将文档资料传递给有关的职能部门。任何职能人员在授权范围内都可以随时自行查阅经分类整理后的文件和档案。此外，在项目组织外部，在发送和接受建设单位、设计单位、监理单位、材料供应单位及其他单位的文件和资料时，也应由信息管理部门或人员负责进行，这样使所有的文件档案资料仅有一个进出口通道，从而在组织上保证施工文件档案资料的有效管理。

（二）施工资料的追溯、应用

施工资料的追溯是指在施工管理活动中的每一道工序、每一个环节、每一次活动的来源和数据均可以有确定的出处，可以逆向查找到问题的源头。施工资料的可追溯性有利于鉴别产品，追溯其历史和产品来源。它并不能保证产品安全，而是一个管理工具。它有助于保障产品安全，并且在发现产品不安全的时候有助于采取必要的行动。

具有可追溯性的施工资料应具有四个关键特征：鉴别和追溯接受了什么（原材料、设备）；鉴别和追溯制造了什么，由什么制造的，何时制造的；鉴别和追溯产品被送往哪里；保留有效记录。建立一个可追溯性资料系统的时候，可追溯性的施工资料的四个关键特征即可构成其四个组成部分：组织和设计资料的可追溯性；执行可追溯性；验证可追溯性的有效性；建立文件和保持记录。

建立文件和保持记录的目的是为了与可追溯性的目标及实施保持一致，有效的记录保持对成功的实施和维持可追溯性是至关重要的，文件和记录的作用可分为：证据；内部的（公司内）和外部的（消费者和法律机构）；参考；有文件证明的可追溯性系统；培训教育；案例。

十三、安全保管施工资料

（一）建立纸质资料、电子化资料的安全防护措施

建筑工程资料宜优先采用计算机管理，使管理规范化、标准化和电子信息化。有条件的应采用网络或多媒体技术管理。

目前资料归档可采用纸质、光盘载体汇总移交，并逐步过渡到采用光盘、缩微品载体移交和档案保存。无论是纸质资料、电子化资料都要注意资料的安全防护。形成保管单位应制定适合本单位的资料安全管理制度，防止工程资料在形成过程、保管期间损坏和泄密。主要应做好如下几点：

(1) 实行岗位责任制，资料的管理必须专人管理，责任到人。
(2) 建立资料收发制度，记载资料流程情况。
(3) 机密资料实行密码管理，并符合保密法规的规定。
(4) 资料调阅、复印实行责任人审批制度。

（二）建立信息安全管理制度和程序、信息保密制度

信息安全主要分技术与管理两大环节，包括信息安全的技术防范、信息的发布审核、信息的检查、信息安全责任制的落实。信息安全管理任务主要有：建立信息安全管理制度和程序、建立信息保密制度；全面负责信息安全技术体系的建设；信息安全应急处置预案的制定，突发事件的报告和处理；相关信息管理设备的维护。

1. 信息安全管理制度和程序

(1) 信息管理部门全面负责信息的巡检，建立责任人自检、部门负责人抽检制度。
(2) 信息也必须来源于指定的机构，任何人不得将未经许可的媒体或机构的信息转载发布，确保信息来源必须在规定范围内。
(3) 发布信息，必须有相关领导的批准，部门进行登记，方可发布。未经许可的信息不得发布。
(4) 加强信息维护人员政治思想教育，进一步提高对各类信息的鉴别能力，收集正确信息，加强信息安全防范意识，严把信息安全关，确保信息的正确性、可靠性。
(5) 严格落实责任制，增强应急处置能力。本着"谁主管、谁负责"的原则，层层落实安全管理责任，将信息安全制度落到实处。
(6) 提高信息管理与人员的工作责任心，发现问题迅速报告，相关部门及时处理，使

突发事件的影响和损失降到最低。如因个人失职、渎职，造成不良影响和损失的，将追究有关人员的责任。

2. 信息保密制度

（1）信息的秘密载体，是指以文字、数据、符号、图形、视频、音频等方式记载、存储秘密和工作秘密信息的纸介质、磁介质及半导体介质等各类物品。

（2）秘密载体除正在使用或按照有关规定留存、存档外，应当及时予以销毁。销毁工作要指定专人负责，不定期将需销毁载体进行登记、造册并经领导签字后，派人送至指定地点统一销毁。

（3）涉密载体的销毁范围

1）日常工作中不再使用的涉密文件、资料；

2）淘汰、报废或按照规定不得继续使用的处理过涉密信息的计算机、移动存储介质、传真机、复印机等通信和办公设备；

3）涉密会议和涉密活动清退的文件、资料；

4）领导干部和涉密人员离岗（退休、调离、辞职、辞退等）时清退的秘密文件、资料；

5）已经解密但不宜公开的文件、资料；

6）经批准可复制使用的涉密文件、资料的复制品；

7）其他需要销毁的涉密载体。

（4）禁止未经批准私自销毁秘密载体；禁止非法捐赠或转送秘密载体；禁止将秘密载体作为废品出售；禁止将秘密载体送销毁工作机构或指定的承销单位以外的单位销毁。

（5）对违反上述规定的涉密人员或秘密载体的管理人员，情节轻微的，给予批评教育；情节严重，造成重大泄密隐患的，据情节严肃处理。

（6）对玩忽职守、滥用职权，造成涉密载体流失、失控，泄漏秘密的人员，视情节轻重，依法给予处分或追究刑事责任。

3. 在公共信息网络上发布信息保密管理制度

（1）在公共信息网络上发布的信息是指经主要领导或分管领导审核批准，提供给公众信息网站，向社会公开、让公众了解和使用的信息。

（2）公共信息网络发布信息保密管理坚持"谁发布、谁负责"的原则。凡向公共信息网络站提供或者发布信息，必须经过保密审查批准，报主管领导审批。提供信息的单位应当按照一定的工作程序，完善和落实信息登记、保密审核制度。

（3）除新闻媒体已公开发表的信息外，各单位提供的上网信息应确保不涉及国家秘密。

（4）严禁利用网站、网页上开设的电子公告系统、聊天室、论坛等发布、谈论和传播国家秘密信息。

（5）单位（企业）内部工作秘密、内部资料等应作为内部事项进行管理，未经主管领导批准不得擅自发布。

（6）禁止网上发布信息的基本范围

1）标有密级的国家秘密；

2）未经有关部门批准的，涉及国家安全、社会政治和经济稳定等敏感信息；

3）未经制文单位批准，标注有"内部文件（资料）"和"注意保存"（保管、保密）等警示字样的信息；

4）认定不宜公开的内部办公事项。

（7）提供信息发布的科室应履行的职责

1）对拟发布信息（即将向网络发布的信息）是否涉及国家秘密进行审查；

2）对已发布信息进行定期地保密检查，发现涉密信息的，立即采取补救措施，查清泄密渠道和原因，并及时向保密工作领导小组报告；

3）接受上级机关和保密工作部门的监督检查。

（8）保密工作领导小组应履行的职责：

1）定期对网络管理人员进行保密法规、保密纪律、保密常识教育，增强信息保密观念和防范意识，自觉遵守并执行有关保密规定。

2）建立健全上网信息保密管理制度，落实各项安全保密防范措施。

3）发现国家秘密网上发布的，立即采取补救措施，并及时向市保密局报告。

4）定期或不定期向市保密局通报网上发布信息保密管理情况。

（9）违反本规定，对网上发布信息保密审查把关不严，导致严重后果或安全隐患的，按照相关规定严肃查处。

十四、施工资料立卷、归档、验收与移交

（一）施工资料立卷

立卷是指按照一定的原则和方法，将有保存价值的文件分门别类整理成卷，亦称组卷。案卷是指由互相有联系的若干文件组成的档案资料保管单位。

1. 立卷的基本原则

施工文件资料的立卷应遵循工程文件的自然形成规律，保持卷内工程前期文件、施工技术文件和竣工图之间的有机联系，便于档案资料的保管和利用。

（1）一个建设工程由多个单位工程组成时，工程文件按单位工程立卷。

（2）施工文件资料应根据工程资料的分类和"专业工程分类编码参考表"进行立卷。

（3）卷内资料排列顺序要依据卷内的资料构成而定，一般顺序为封面、目录、文件部分、备考表、封底。组成的案卷力求美观、整齐。

（4）卷内资料若有多种资料时，同类资料按日期顺序排列，不同资料之间的排列顺序应按日期的编号顺序排列。

2. 立卷的具体要求

（1）施工文件可按单位工程、分部工程、专业、阶段等组卷，竣工验收文件按单位工程、专业组卷。

（2）竣工图可按单位工程、专业等进行组卷，每一专业根据图纸多少组成一卷或多卷。

（3）立卷过程中宜遵循下列要求：

1）案卷不宜过厚，一般不超过 40mm。

2）案卷内不应有重份文件，不同载体的文件一般应分别组卷。

3. 卷内文件的排列

文字材料按事项、专业顺序排列。同一事项的请示与批复、同一文件的印本与定稿、主件与复件不能分开，并按批复在前、请示在后，印本在前、定稿在后，主件在前、附件在后的顺序排列。图纸按专业排列，同专业图纸按图号顺序排列。既有文字材料又有图纸的案卷，文字材料排前，图纸排后。

4. 案卷的编目

（1）编制卷内文件页号应符合下列规定：

1）卷内文件均按有书写内容的页面编号。每卷单独编号，页号从"1"开始。

2）页号编写位置：单面书写的文件在右下角；双面书写的文件，正面在右下角，背面在左下角。折叠后的图纸一律写在右下角。

3）成套图纸或印刷成册的科技文件材料，自成一卷的，原目录可代替卷内目录，不必重新编写页号。

4）案卷封面、卷内目录、卷内备考表不编写页号。

（2）卷内目录的编制应符合下列规定：

1）卷内目录式样宜符合《建设工程文件归档整理规范》附录B的要求。

2）序号：以一份文件为单位，用阿拉伯数字从"1"依次标注。

3）责任者：填写文件的直接形成单位和个人。有多个责任者时，选择两个主要责任者，其余用"等"代替。

4）编号：填写工程文件原有的文号或图号。

5）日期：填写文件形成的日期。

6）页次：填写文件在卷内所排的起始页号。最后一份文件填写起止页号。

7）卷内目录排列在卷内文件首页之前。

（3）卷内备考表的编制应符合下列规定：

1）卷内备考表的式样宜符合《建设工程文件归档整理规范》附录C的要求。

2）卷内备考表主要标明卷内文件的总页数、各类文件页数（照片张数），以及立卷单位对案卷情况的说明。

3）卷内备考表排列在卷内文件的尾页之后。

（4）案卷封面的编制应符合下列规定：

1）案卷封面印刷在卷盒、卷夹的正表面，也可采用内封面形式。案卷封面的式样宜符合《建设工程文件归档整理规范》附录D的要求。

2）案卷封面的内容应包括：档号、档案馆代号、案卷题名、编制单位、起止日期、密级、保管期限、共几卷、第几卷。

3）档号应由分类号、项目号和案卷号组成。档号由档案保管单位填写。

4）档案馆代号应填写国家给定的本档案馆的编号。档案馆代号由档案馆填写。

5）案卷题名应简明、准确地揭示卷内文件的内容。案卷题名应包括工程名称、专业名称、卷内文件的内容。

6）编制单位应填写案卷内文件的形成单位或主要责任者。

7）起止日期应填写案卷内全部文件形成的起止日期。

8）保管期限分为永久、长期、短期三种。各类文件的保管期限详见《建设工程文件归档整理规范》附录A的要求。永久是指工程档案需永久保存。长期是指工程档案的保存期限等于该工程的使用寿命。短期是指工程档案保存20年以下。同一案卷内有不同保管期限的文件，该案卷保管期限应从长。

9）密级分为绝密、机密、秘密三种。"绝密、机密、秘密"是按高、中、低依次排序的。同一案卷盒内若有两种以上的密级文件同时存在，则该案卷盒的密级属高的那一级。

（5）卷内目录、卷内备考表、案卷内封面应采用70g以上白色书写纸制作，统一采用

A4 幅面。

5. 案卷装订与图纸折叠

（1）案卷可采用装订与不装订两种形式。文字材料必须装订。既有文字材料，又有图纸的案卷应装订。装订应采用三孔左侧装订法，要整齐、牢固，便于保管和利用。装订时必须剔除金属物。

（2）不同幅面的工程图纸应按《技术制图 复制图的折叠方法》（GB/T 10609.3—2009）统一折叠成 A4 幅面（297mm×210mm），图标栏外露在外面。

6. 卷盒、卷夹、案卷脊背

（1）案卷装具一般采用卷盒、卷夹两种形式。

1）卷盒的外表尺寸为 310mm×220mm，厚度分别为 20mm、30mm、40mm、50mm。

2）卷夹的外表尺寸为 310mm×220mm，厚度一般为 20mm、30mm。

3）卷盒、卷夹应采用无酸纸制作。

（2）案卷脊背的内容包括档号、案卷题名。式样宜符合《建设工程文件归档整理规范》附录 E 的要求。

（二）施工文件资料的归档

归档指文件形成单位完成其工作任务后，将形成的文件整理立卷后，按规定移交相关管理机构。

1. 施工文件的归档范围

对与工程建设有关的重要活动、记载工程建设主要过程和现状、具有保存价值的各种载体文件，均应收集齐全，整理立卷后归档。具体的归档范围详见《建设工程文件归档整理规范》的要求。

2. 归档文件的质量要求

（1）归档的文件应为原件。

（2）工程文件的内容及其深度必须符合国家有关工程勘察、设计、施工、监理等方面的技术规范、标准和规程。

（3）工程文件的内容必须真实、准确，与工程实际相符合。

（4）工程文件应采用耐久性强的书写材料，如碳素墨水、蓝黑墨水，不得使用易褪色的书写材料，如：红色墨水、纯蓝墨水、圆珠笔、复写纸、铅笔等。

（5）工程文件应字迹清楚，图样清晰，图表整洁，签字盖章手续完备。

（6）工程文件文字材料幅面尺寸规格宜为 A4 幅面（297mm×210mm），图纸宜采用国家标准图幅。

（7）工程文件的纸张应采用能够长期保存的韧力大、耐久性强的纸张。图纸一般采用蓝晒图，竣工图是新蓝图。计算机出图必须清晰，不得使用计算机出图的复印件。

（8）所有竣工图均应加盖竣工图章。

1）竣工图章的基本内容应包括："竣工图"字样、施工单位、编制人、审核人、技术负责人、编制日期、监理单位、现场监理、总监理工程师。

2）竣工图章尺寸为：50mm×80mm。具体详见《建设工程文件归档整理规范》的竣工图章示例。

3）竣工图章应使用不易褪色的红印泥，应盖在图标栏上方空白处。

（9）利用施工图改绘竣工图，必须标明变更修改依据；凡施工图结构、工艺、平面布置等有重大改变，或变更的部分超过图面1/3的，应当重新绘制竣工图。

3. 施工文件归档的时间和相关要求

（1）根据建设程序和工程特点，归档可以分阶段分期进行，也可以在单位或分部工程通过竣工验收后进行。

（2）施工单位应当在工程竣工验收前，将形成的有关工程档案向建设单位归档。

（3）施工单位在收齐工程文件整理立卷后，建设单位、监理单位应根据城建档案管理机构的要求对档案文件完整、准确、系统情况和案卷质量进行审查。审查合格后向建设单位移交。

（4）工程档案一般不少于两套，一套由建设单位保管，一套（原件）移交当地城建档案馆（室）。

（5）施工单位向建设单位移交档案时，应编制移交清单，双方签字、盖章后方可生效。

（三）施工资料验收、移交

1. 施工资料的验收

施工资料的验收是工程竣工验收的重要内容。在工程竣工验收前要求对工程资料进行预验收。工程资料预验收程序：建设工程竣工验收前，建设单位应将项目工程竣工资料报送城建档案馆或城建档案机构，进行预验收。

申报条件：建设工程全部完工，具有完整的技术档案和施工管理资料。

办理程序：建设工程资料预验收前，建设、监理和施工单位应按照《建设工程资料管理规程》中的工程资料归档内容进行收集、整理、绘制竣工图，并按组卷要求进行立卷。各参建单位应对本单位形成的工程资料自行验收，并由建设单位将各方自行验收的工程资料进行汇总。建设单位按要求填写《工程资料预验收表》，签章后，提请城建档案馆或城建档案机构对工程档案进行预验收，预验收合格后，由城建档案馆或城建档案机构出具《工程资料预验收意见》。

验收组织：由建设单位组织，监理单位、施工单位项目负责人及档案员参加，城建档案馆或城建档案机构负责审验。

验收地点：城建档案馆、城建档案机构或建设工程现场。

验收标准：归档内容真实、完整、有效。组卷符合要求。

为确保工程资料的质量，各编制单位、施工单位、监理单位、建设单位、地方城建档案部门、档案行政管理部门等要严格进行检查、验收。编制单位、制图人、审核人、技术负责人必须进行签字或盖章。对不符合技术要求的，一律退回编制单位进行改正、补齐，问题严重者可令其重做。不符合要求者，不能交工验收。

凡报送的工程资料，如验收不合格将其退回建设单位，由建设单位责成责任者重新进行编制，待达到要求后重新报送。检查验收人员应对接收的档案负责。

地方城建档案部门负责工程档案的最后验收。并对编制报送工程资料进行业务指导、督促和检查。

2. 施工资料的移交

施工资料的移交是施工单位、监理单位等有关单位应在工程竣工验收前将工程档案按合同或协议规定的时间、套数移交给建设单位，办理移交手续。工程资料移交归档应符合国家现行有关法规和标准的规定。

工程资料移交应符合下列规定：

（1）施工单位应向建设单位移交施工资料。

（2）实行施工总承包的，各专业承包单位应向施工总承包单位移交施工资料。

（3）监理单位应向建设单位移交监理资料。

（4）工程资料移交时应及时办理相关移交手续，填写工程资料移交书、移交目录。

（5）建设单位应按国家有关法规和标准的规定向城建档案管理部门移交工程档案，并办理相关手续。有条件时，向城建档案管理部门移交的工程档案应为原件。

十五、建立项目施工资料计算机辅助管理平台

建设工程施工资料是工程施工中的一项重要组成部分，是有关各方面在建设管理、质量控制以及技术措施等方面的原始记录，是工程竣工验收的重要依据之一，也是对工程进行检查、维护、管理、使用、改建和扩建的原始依据。任何一项工程如果技术资料不符合标准规定，则可判定该工程不合格，对工程质量具有否决权。因此，建筑施工资料的收集、整理和管理工作直接反映了工程项目的施工管理的水平。

应运而生的施工企业资料管理软件以国家现行的规范、标准及强制性条文为基础，结合国家与各省、市地区的有关法律、法规和行政规章等，参照行政主管部门对工程资料管理的具体要求，在应用过程中规范了施工资料的收集和整理，确保了施工资料的完整性，有助于各施工企业实现工程项目管理目标水平。用信息化的手段实现施工资料管理的规范化和标准化，加快了建设行业信息化发展进程。

（一）建立硬件平台

1. 计算机

在计算机的选型上要考虑到采购成本等因素，以"适用为主、够用为度"的原则，根据资料管理岗位的计算机辅助管理平台的实际需要，来确定计算机的各项参数和配置。使其能够完全满足工程资料管理软件、绘图软件、办公软件等软件的运行。

2. 项目部局域网搭建

整个项目的实施期间，各个部门、各个岗位会有很多的协同工作，并且有大量的数据及文件需要相互调用。越来越多的项目部管理软件实现了网络化，这些都需要项目部建立一个局域网来提供承载平台。为了简化网络的日常维护及项目部局域网应用较为简单的特点，通常都选择对等网络结构，以100M交换为核心，搭建局域网。

3. 其他硬件设施

对于项目工程资料管理而言，要合理选择需要的外部设备，如打印机、扫描仪等。计算机与外部设备共同构成整个硬件系统。考虑到工作效率，在打印机的选型上大多选择激光打印机。

（二）建立软件平台

工程资料管理软件平台主要包括计算机操作系统、杀毒软件、办公软件、绘图软件、

项目管理软件（包括工程资料管理软件）等。

国内工程资料管理软件产品很多，基本都是以国家现行的规范、标准及强制性条文为基础，结合国家与各省、市地区的有关法律、法规和行政规章等，参照行政主管部门对工程资料管理的具体要求而开发的。施工企业都是依据各级建设行政主管部门上报资料的格式要求选择软件产品。

（三）局域网设置

1. 设置计算机名称和工作组

同一个局域网中不能有相同的计算机名称，将项目部的工作组设为一样，也可以使用默认的 WORKGROUP 设置。在桌面"我的电脑"图标上单击右键，选择"属性"。在"系统属性"窗口单击"计算机名"→"更改"。在"计算机名称更改"窗口中可以改写计算机名称和工作组，如图 15-1 所示。

图 15-1　设置计算机名称和工作组

2. 设置 TCP/IP 协议

为了使网络上的计算机能够相互通信，必须制定统一的通信规则。这种通信规则是网络设备之间相互通信的语言和规则。TCP/IP 协议是 Internet 信息交换规则、规范的集合，是 Internet 的标准通信协议，要访问 Internet，必须在网络协议添加 TCP/IP 协议。

在桌面"网上邻居"图标上单击右键，选择"属性"。在"网络连接"窗口中右键单击"本地连接"图标，选择"属性"。出现"本地连接属性"窗口，"此连接使用下列项目"中"Microsoft 网络的文件和打印共享"和"Internet 协议（TCP/IP）"选项前要打钩，双击"Internet 协议（TCP/IP）"。在"Internet 协议（TCP/IP）属性"窗口中可以改写计算机 IP 地址、子网掩码、默认网关和 DNS 服务器等，如图 15-2 所示。

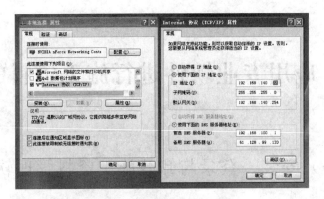

图 15-2 设置 TCP/IP 协议

十六、应用专业软件进行施工资料的处理

（一）安装、登录与卸载施工资料管理软件

施工资料管理软件种类很多，在这以 PKPM 建筑工程资料管理软件为例进行说明。

1. 安装

（1）将光盘放入光驱后，安装程序自动运行或以手动方式运行光盘根目录下的 CMIS.exe 应用程序，进入安装界面。选择安装，用鼠标点击"施工系列软件安装"后进入安装欢迎界面，点击"下一步"（图 16-1）。

 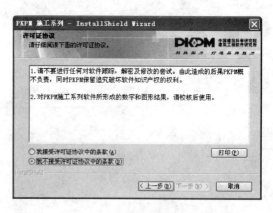

图 16-1 许可协议界面

（2）必须选择"我接受许可证协议中的条款"才能点击"下一步"继续安装（图 16-2、图 16-3）。

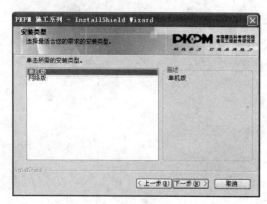 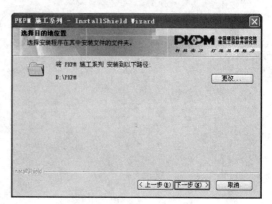

图 16-2 选择安装的类型　　　　　　　　　　图 16-3 选择安装目录

十六、应用专业软件进行施工资料的处理　199

（3）根据用户购买的软件类型来选择是单机版或网络版的安装类型，点击"下一步"。
（4）指定软件的安装路径，点击"下一步"（图16-4）。
（5）进入软件模块选择安装界面，勾选需要安装的软件模块（程序默认是全部安装），如果用户不需要安装资料以外的其他程序，可以将其他软件前的"√"点击去掉，点击"下一步"（图16-5）。

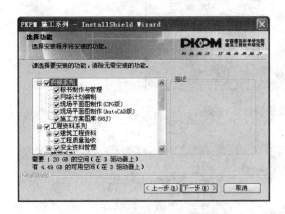

图16-4　选择要安装的模块　　　　　图16-5　选择要安装的库

（6）进入资料库的选择安装界面，勾选所购买资料软件对应的资料库，以保证软件的正常使用（程序默认是全部安装），点击"下一步"。
（7）点击"安装"，开始进行软件的安装（图16-6、图16-7）。

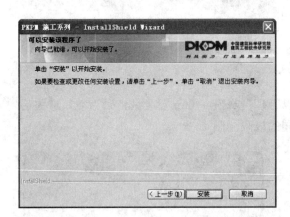
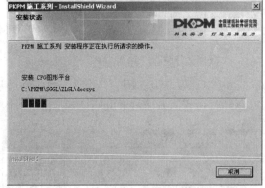

图16-6　安装准备完成　　　　　图16-7　软件安装进度

（8）安装结束后提示重启计算机，用户必须重新启动计算机才能保证软件的正常运行（图16-8）。

2. 登录

软件安装完成后，桌面上自动生成一个"PKPM施工"的快捷图标，双击图标，在弹出的主界面菜单中点取"工程资料系列"，点击"建筑工程资料"，进入建筑工程资料软件使用界面。建立自己的工作路径，然后双击"建筑工程资料V5.0"模块（图16-9）。

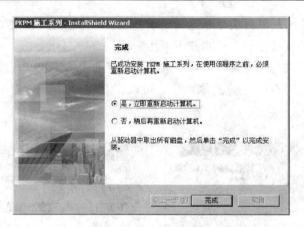

图 16-8　安装完成重启计算机提示

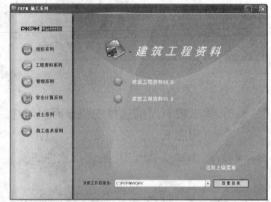

图 16-9　PKPM 软件系统主界面

选择所在地区，并确认（图 16-10）。

系统自动进入开始向导界面。系统默认以管理员身份 admin 登录，密码为空，进去后可以修改密码，建立不同的用户，并赋予不同的权限（图 16-11）。

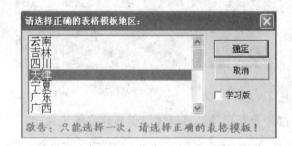
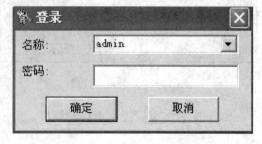

图 16-10　选择地区模板　　　　　　　　图 16-11　用户登录选择界面

3. 卸载

方法一：点"开始"—"程序"找到 PKPM 施工系列文件夹，选择"卸载"，确认弹出的卸载对话框。

方法二：打开"控制面板"双击"添加或删除程序"，找到PKPM施工系列软件，点击右边的"更改/删除"按钮，确认弹出的卸载对话框。

（二）处理施工资料管理软件使用中的常见问题

（1）软件运行速度较慢，或运行中死机。

答：在安装软件时，要注意在选择安装目录时不能指定为根目录，如C:\ 或 D:\ 等。这样安装的过程会将文件安装在根目录，从而引起软件运行速度慢或死机。要指定目录名称，如C:\ PKPM。

（2）在进入软件后，部分软件功能打不开，软件变为学习版。

答：看软件锁是否插好。

（3）使用软件时，开始都很正常，突然软件能编辑但不能保存。

答：看软件锁是否插好。

十七、建筑工程资料管理专业技能案例

建筑工程资料管理专业技能实务是以××市某中学教学楼施工图作为实例，按照施工程序把地基与基础、主体结构、建筑屋面、建筑装饰装修、建筑给水排水及采暖、建筑电气、智能建筑、通风与空调、电梯、节能建筑这十项分部工程，划为十个编制项目，每个项目均按照《建筑工程资料管理规程》的分类要求将建筑工程资料按八类收集、填写并进行整理、组卷。

掌握施工资料管理专业技能，在实务中采用编制资料管理计划、依据资料管理计划编制资料收集汇总目录，按照资料收集汇总目录制定资料技术交底方案，最终完成从事先计划到实施过程中，依据资料的技术交底收集资料到按照目录进行分类组卷的资料全过程的管理和有效控制。能够完成从编制计划、资料交底到完整的资料目录的编制的全过程工作，也就基本具备资料员岗位的专业技能。

（一）××市第××中学教学楼施工资料管理实训背景资料

××市第××中学教学楼工程位于××路××市第某中学校区内，地下一层，地上四层，局部五层，建筑高度 21.00m。总建筑面积 6763.18m²，其中地下建筑面积 1313.64m²，地上建筑面积 5449.54m²，建筑基底面积 1329.51m²。

建筑结构形式为框架结构，建筑结构的类别为乙类，合理使用年限为 50 年，抗震设防烈度为 9 度（计算 8 度）。建筑耐火等级地上为二级，地下为一级。屋面防水等级为Ⅱ级，地下防水等级为Ⅰ级。

1. 建筑设计概况

（1）建筑设计标高

本工程室内外高差为 600mm，±0.000 标高为相对标高 944.16m。基础类型为独立基础加防水筏板。地基基础设计等级为乙类，无人防。

（2）地下室防水

地下室防水等级为Ⅰ级，防水层为合成高分子防水卷材两层，基础防水底板厚 300mm，混凝土强度等级为 C30、P6，其上为 C30、P6 独立基础加条形基础，地下室四周为 C30、P6 混凝土挡土墙，其他构件混凝土强度等级详见表 17-2、表 17-3 所列。

（3）墙体工程

本工程非承重外围护墙采用 250mm 厚 MU2.5 陶粒混凝土空心砌块，M5 砂浆砌筑，外贴 80mm 厚聚苯板保温，内隔墙采用 150mm 厚 MU7.5 陶粒混凝土空心砌块，M5 砂浆砌筑。

(4) 节能设计

1) 总建筑面积：6763.18m^2；建筑层数：地上 5 层，地下 1 层。

2) 该工程项目为教学楼，属于公共建筑。

3) 项目地处气候分区：严寒地区 B 区。

4) 建筑物体形系数（具体计算详见计算书）建筑物外表面积 $F=4850.29m^2$；建筑物体积 $V=22050.83m^3$；建筑物体形系数 $S=F/V=0.22$。

5) 单一朝向外窗（包括透明幕墙）墙面积比（具体计算详见计算书）西南向 0.31；东北向 0.32；东南向 0.09；西北向 0.18；总窗墙比 0.27。

6) 屋面：保温层 EPS 板 150mm 厚，K_i 值经查表计算得，传热系数 $K_i=0.29$；满足 $K_i \leqslant K=0.45$。

外墙：保温层 EPS 板 80mm 厚，K_i 值经查表计算得，传热系数 $K_i=0.45$；满足 $K_i \leqslant K=0.50$。

外窗：单框双玻塑钢窗，(4+12+4)mm 空气间隔层；需提供检验报告 K_i 值必须 $\leqslant 2.5$；满足 $K_i \leqslant K$。

外门：采用成品节能外门需提供检验报告，K_i 值必须 $\leqslant 2.5$；满足 $K_i \leqslant K$。

(5) 消防设计

1) 建筑特征：本工程为多层教学楼，其耐火等级为地上二级，地下一级。

2) 消防控制室设在首层，由 200mm 厚陶粒空心砌块墙分隔，设直接对外出口。

3) 楼梯共设有三部楼梯，楼梯总疏散宽度为：6.935m。

本工程由××勘察设计研究院勘察设计；××建筑安装有限公司施工；××监理有限责任公司监理。以上单位均通过招投标方式与建设单位签订了合同。

建设单位与施工单位间签订的合同约定：计划××××年××月××日开工，××××年××月××日完工，施工天数 214 天。

2. 结构设计概况

(1) 工程概况

本项目位于××市第××中学院内。

由五层教学楼和两层办公楼组成。地下为一层，无人防。教学楼与办公楼之间设有防震缝。结构概况见表 17-1。

结构概况表　　　　表 17-1

项目名称	地上层数	地下层数	高度 (m)	宽度 (m)	长度 (m)	结构形式	基础类型
教学楼	5	1	21.00	18.000	72.400	框架	独立基础加防水底板

(2) 地基基础

1) 本工程根据上部结构荷载及工程地基情况采用人工复合地基，CFG 桩法。处理后的复合地基承载力特征值 300kPa（由有资质的岩土工程部门设计处理）。

2) 地基局部超深时采用 C20 素混凝土垫层升台，地基大部分超深时另行处理。

3) 钢筋混凝土基础底面应做强度为 C15 的 100mm 厚混凝土垫层,垫层宜比基础每侧宽出 100mm。

4) 基础施工完毕(有地下室时在地下室顶板施工完毕,基础外侧防水、防腐施工完成后),用不含对基础有侵蚀作用的戈壁土、角砾土或黄土分层回填夯实,工程周围回填应按《地下工程防水技术规范》(GB 50108—2008) 中第 9.0.6 条要求施工。回填土压实系数不小于 0.97。

5) 地下室为主体结构的嵌固层,按建筑保温要求外墙防水层在冻土深度以上可采用厚度不大于 70mm 的挤塑聚苯板兼防护,在冻土深度以下严禁用低密度材料防护(包括挤塑聚苯板)。

(3) 地下结构防水、防腐蚀

1) 地下结构防水等级为二级。

2) 如基底有地下水出现,施工时应采取有效措施降低地下水位,保证正常施工。

3) 地下钢筋混凝土防水结构,应采用防水混凝土。

4) 基础埋置深度≤10m 时基础底板、挡土墙、水箱、水池及地下一层顶与土壤接触的梁板抗渗设计等级为 P6。防水混凝土的施工配合比应通过试验确定,抗渗等级应比设计要求提高一级 (0.2MPa)。

5) 与非腐蚀性水、土壤直接接触的钢筋混凝土挡土墙、柱、梁(不包括有建筑防水做法的一侧)在接触面刷冷底子油一道,涂改性沥青二道。

6) 与弱腐蚀性水、土壤直接接触的钢筋混凝土挡土墙、柱、梁、基础(不包括有建筑防水做法的一侧)在接触面涂冷底子油两遍和沥青胶泥两遍。

(4) 主要结构材料

1) 钢筋:原材料应符合国家有关标准、规程、规范的规定。

2) 混凝土强度等级见表 17-2。

地基与基础混凝土强度等级 表 17-2

项目名称	独立柱基及墙下条基	防水底板	素混凝土垫层
教学楼	C30、P6	C30、P6	C15

3) 主体结构构件混凝土强度等级见表 17-3。

主体结构构件混凝土强度等级 表 17-3

项目名称	部位	挡土墙	框架柱	梁	板	楼梯
教学楼	地下室(基础面~-0.120m)	C30、P6	C40	C30	C30	C30
	一至二层(-0.120~7.680m)		C40	C30	C30	C30
	三层(7.680~11.580m)		C35	C30	C30	C30
	四层至顶层(11.580m 标高以上)		C30	C30	C30	C30

4) 构造柱、填充墙水平系梁、填充墙洞口边框、压顶、现浇过梁混凝土强度等级采用 C20,并须符合使用环境条件下的混凝土耐久性基本要求。女儿墙等外露现浇构件及其

他未注明的现浇混凝土构件均采用 C30 混凝土浇筑。

5）填充墙

填充墙所用材料详见建筑施工图，其材料强度按以下要求施工：

直接置于基础顶面上的填充墙，防潮层以下用 M10 水泥砂浆砌强度等级为 MU10 的烧结普通砖（当用多孔砖时须用 M5 水泥砂浆灌孔）。

6）所有外露铁件应涂刷防锈漆二底二面。

（二）××市第××中学教学楼施工资料管理计划编制

1. 工程概况

××市第××中学教学楼工程概况，见表 17-4。

工程概况表　　　　　　　　　　　　　　表 17-4

		××市第××中学教学楼	编号	00-00-C1-×××
一般情况	建设单位	××市第××中学		
	建设用途	用于教学办公	设计单位	××勘察设计研究院
	建设地点	××市××路×号	勘察单位	××勘察设计研究院
	建筑面积	6763.18m²	监理单位	××监理有限责任公司
	工　期	214 天	施工单位	××建筑安装有限公司
	计划开工日期	××××年××月××日	计划竣工日期	××××年××月××日
	结构类型	框架	基础类型	独立基础加防水底板
	层次	地下 1 层、地上 5 层	建筑檐高	21.00m
	地上面积	5449.54m²	地下面积	1313.64m²
	人防等级		抗震等级	抗震设防烈度 9 度
构造特征	地基与基础	C30P6 防水底板厚 300mm，其上为 C30P6 独立基础加条形基础，地下室为混凝土挡土墙，强度等级 C30P6		
	柱、内外墙	地下室至二层构架柱混凝土强度等级为 C40，地上外墙 M5.0 水泥砂浆砌 250mm 厚 MU2.5 陶粒混凝土空心砌块，外贴 80mm 厚聚苯板保温层，内墙 M5.0 水泥砂浆砌 150mm 厚 MU7.5 陶粒混凝土空心砌块		
	梁、板、楼盖	梁、板、楼盖采用 C30 混凝土现浇，板为现浇空心板		
	外墙装饰	外墙外贴 80mm 厚聚苯板保温层，外墙饰面为防水涂料		
	内墙装饰	室内乳胶漆，过道、卫生间吊顶。详见装饰表		
	楼地面装饰	配电室为水泥砂浆地面，卫生间为防滑地面砖，其余房间地面为现浇水磨石		
	屋面构造	150mm 厚保温层、30mm 厚 CL7.5 轻集料混凝土找坡层，30mm 厚 C20 细石混凝土找平层、两层 1.2mm 厚自带保护层合成高分子防水卷材		
	防火设备	设置火灾报警和消防联动控制系统、消火栓灭火系统、自动喷淋灭火系统、感烟探测器、消防风机、应急照明、疏散指示标志灯、消防广播		
	机电系统名称	10/0.4kV 供配电系统、低压配电系统、照明与应急系统、动力配电系统、防雷接地系统、综合布线系统、有线电视系统、广播系统、火灾报警及联动系统		
	其他			

2. 分部、分项、检验批划分

××市第××中学教学楼地基与基础分部、分项、检验批划分，见表17-5。地基与基础分部工程的主要施工工艺流程为：基坑—层开挖→一层锚杆→二层开挖→二层锚杆→垫层→砖砌保护墙→卷材水平防水层→保护层→防水底板、独立基础、墙下条基（模板、钢筋、混凝土）→房心土方回填→地下室挡土墙、柱（模板、钢筋、混凝土）→地下室外墙立面防水→地下室顶梁板梯（模板、钢筋、混凝土）→室外土方回填。

地基与基础分部、分项、检验批划分表　　　　表17-5

分部工程	子分部工程	分项工程名称	检验批	检验批数量
地基与基础	无支护土方	土方开挖	土方开挖检验批质量验收记录（分两层开挖）	2
		土方回填	室内回填检验批质量验收记录（分两层）	2
			室外回填检验批质量验收记录（按规范分层）	15
	有支护土方	降水与排水	降水与排水检验批质量验收记录	1
		锚杆	锚喷支护检验批质量验收记录（分两层支护）	1
	地基处理	土和灰土挤密桩地基	土和灰土挤密桩（CFG桩）复合地基检验批质量验收记录	1
	地下防水工程	主体结构防水 防水混凝土	防水混凝土工程检验批质量验收记录（防水底板、地下室挡土墙）	2
		主体结构防水 卷材防水层	卷材防水层检验批质量验收记录（垫层上水平防水、地下室挡土墙立面防水）	2
		细部构造防水 变形缝	变形缝检验批质量验收记录	1
		细部构造防水 施工缝	施工缝检验批质量验收记录	1
		细部构造防水 穿墙管	穿墙管检验批质量验收记录	1
		细部构造防水 坑、池	坑、池检验批质量验收记录	
	混凝土基础	模板	基础模板安装、拆除检验批质量验收记录（防水板、独立基础、墙下条基）	2
			模板安装、拆除检验批质量验收记录（地下室挡土墙、柱）	2
			模板安装、拆除检验批质量验收记录（地下室梁板、楼梯）	2
		钢筋	钢筋原材（防水板、独立基础、地梁、地下室挡土墙、柱、地下室梁、板、楼梯）	按批次
			钢筋加工（防水板、独立基础、地梁、地下室挡土墙、柱、地下室梁、板、楼梯）按楼层	1
			钢筋连接、安装（防水板、独立基础、地梁）按楼层	1
			钢筋连接、安装检验批质量验收记录（地下室挡土墙、柱）	1
			钢筋连接、安装检验批质量验收记录（地下室梁、板、楼梯）	1
		混凝土	混凝土原材	按批次
			防水板C30 P6、独立基础C30 P6、墙下条基C30 P6、地下室挡土墙C30 P6、柱C40、垫层C15、配筋砌体C20混凝土原材及配合比设计检验批质量验收记录（配合比设计按强度等级和耐久性及工作性能划分）	4
			垫层；防水层保护层混凝土；独立基础、防水板；独立柱、挡土墙；梁板混凝土施工检验批质量验收记录	5

续表

分部工程	子分部工程	分项工程名称	检验批	检验批数量
地基与基础	混凝土基础	现浇结构	现浇结构外观质量检验批质量验收记录（基础；地下室剪力墙、柱；地下室梁、板、楼梯）	3
			现浇结构尺寸偏差检验批质量验收记录（基础；地下室剪力墙、柱；地下室梁、板、楼梯）	3
	砌体	砖砌体	砖砌体（防水保护层）	1
		配筋砌体	配筋砌体检验批质量验收记录（地下室构造柱、边框柱、水平系梁）	1
		填充墙砌体	填充墙砌体检验批质量验收记录（地下室）	1
		混凝土空心砌块砌体	混凝土空心砌块砌体检验批质量验收记录（地下室）	1

××市第××中学教学楼节能工程分部、分项、检验批划分，见表17-6所列。

节能工程分部、分项、检验批划分表　　　　表17-6

分部工程	子分部工程	分项工程名称	检验批	检验批数量
建筑节能		墙体节能工程	墙体节能工程分项检验批质量验收记录（按四个墙面划分）	4
		幕墙节能工程	幕墙节能工程分项检验批质量验收记录	1
		门窗节能工程	门窗节能工程分项检验批质量验收记录（外窗19个、外门6个）	25
		屋面节能工程	屋面节能工程分项检验批质量验收记录	1
		地面节能工程	地面节能工程分项检验批质量验收记录（按施工段或变形缝，每200m² 可划分为一个检验批，不同构造做法的单独划分检验批）	9
		采暖节能工程	采暖节能工程分项检验批质量验收记录（按系统、楼层划分）	6
		通风与空调节能工程	通风与空调节能工程分项检验批质量验收记录（按系统、楼层划分）	2
		配电与照明节能工程	配电与照明节能工程分项检验批质量验收记录（按照系统、楼层、建筑分区）	6

3. 施工资料管理计划、交底编制导则

为了方便计划的编制工作，特别编制了《建筑工程施工资料计划、交底编制导则》见表17-7。《建筑工程施工资料计划、交底编制导则》是依据建筑工程资料管理规程的分类标准设计成一个资料计划、交底编制模版，依据这个编制模版结合分部分项检验批划分文件，以分部工程为基本组卷单位，每个分部工程按照四级目录设置，并分为总目录（实际发生的工程资料类别数C1~C8类）、子目录（C1~C8各类有多少项）、分目录（每项有多少种）、细目录（每种有多少批次）。编制资料计划、交底文件时本着"确实发生的项目详细列，可能发生的事项简约列，不发生的事项就不列"的基本要求。有些资料的份数事先不好确定均以现场实际发生数量确定，在列目录时均以"数份"简约表示，待实际发生数量确定后，可按实际发生数量填写（安全和功能检验资料、观感资料还是以分部工程组卷）。建筑工程施工资料计划、交底编制时还需标注出资料来源、填表人、审核、审批人，形成一个完整的资料管理计划。

4. 施工资料管理计划、交底编制案例

地基与基础分部工程施工资料管理计划、交底（限于篇幅其余分部工程省略）见表17-8。

表 17-7 建筑工程施工资料计划、交底编制导则

工程资料类别	工程资料名称（子目录）	资料分目录	细目录	工程资料来源单位	填写或编制	审核、审批、签字
施工管理资料 C1	工程概况表（表C.1.1）			施工单位	项目负责人	项目经理
	施工现场质量管理检查记录*（表C.1.2）			施工单位	项目负责人	总监
	企业资质证书及相关专业人员岗位证书			施工单位	项目负责人	专业监理/总监
	分包单位资质报审表*（表C.1.3）	按分包单位列分目录		施工单位	项目经理	专业监理/总监
	建设工程质量事故调查、勘查记录（表C.1.4）	按事故发生次数列分目录		调查单位	调查人	被调查人
	建设工程质量事故报告书	按事故发生次数列分目录		调查单位	报告人	调查负责人
	施工检测计划	按检测项目列分目录		施工单位	项目负责人	专业监理
	见证记录	按检测项目列分目录		监理单位	监理见证人	试验取样人
	见证试验检测汇总表（表C.1.5）			施工单位	试验员	（制表人）技术项目负责人
	施工日志	按专业归类		施工单位	记录人	专业工长项目负责人
	监理工程师通知回复单*（表C.1.6）	按事项列分目录（不单列分目录和细目录）		施工单位	项目经理/责任人	专业监理/总监
	工程技术文件报审表*（表C.1.7）	按专业归类		施工单位	项目经理/责任人	专业监理/总监
施工技术资料 C2	施工组织设计及施工方案	按：施工组织设计、施工方案，重点部位、关键工序施工工艺，四新内容列分目录		施工单位	项目经理/责任人	施工单位技术负责人、专业监理/总监
	危险性较大分部分项工程施工方案专家论证表（表C.2.2）	按专项方案设分目录		施工单位	交底人	组长、专家
	技术交底记录（表C.2.3）	按分项方案设分目录		施工单位	交底人	审核人、接受交底人
	图纸会审记录***（表C.2.4）	按专业或（不单列分目录和细目录）		施工单位	技术、专业负责人	各方技术、专业负责人
	设计变更通知单**（表C.2.5）	按专业列分目录		设计单位	技术、专业负责人	各方技术、专业负责人
	工程洽商记录（技术核定单）**（表C.2.6）	按专业列分目录		提出单位	技术、专业负责人	各方技术、专业负责人

续表

工程资料类别	工程资料名称(子目录)	资料分项目录	细目录	工程资料来源单位	填写或编制	审核、审批、签字
	工程开工报审表*（表C.3.1）			施工单位	项目经理	总监
	工程复工报审表*（表C.3.2）	按工程暂停令设设分目录		施工单位	项目经理/责任人	专业监理/总监
	施工进度计划报审表*（表C.3.3）	按约定设分目录		施工单位	项目经理	专业监理/总监
	施工进度计划	按约定设分目录		施工单位	项目负责人	项目经理/项目负责人
	人、机、料动态表（表C.3.4）	按月列入目录		施工单位	机械员、材料员、劳务员	项目经理
进度造价资料 C3	工程延期申请表（表C.3.5）	按延期申请设分目录		施工单位	项目经理/责任人	总监
	工程款支付申请表*（表C.3.6）	按合同约定设分目录		施工单位	项目经理/责任人	监理工程师/总监
	工程变更费用报审表*（表C.3.7）			施工单位	项目经理/责任人	总监
	费用索赔申请表*（表C.3.8）	按事项设分目录		施工单位	项目经理/责任人	总监
	出厂质量证明文件及检测报告					
	砂、石、砖、水泥、钢筋、轻集料出厂质量证明文件、防腐材料、隔热保温材料	按类别设分目录		供货单位	材料员	专业质量员
	其他物资出厂合格证、质量保证书、检测报告和报关单或商检证等	按类别设分目录		供货单位	材料员	
	材料、设备的相关检验报告、型式检验证书或认证合格证书或3C标志报告、3C强制认证合格证书及安装使用说明书	按类别设分目录		供货单位	材料员	
	主要设备、器具的安装使用说明书	按类别设分目录		供货单位	材料员	
	进口的主要材料设备的商检证明文件	按类别设分目录		供货单位	材料员	
	涉及消防、安全、卫生、环保、节能的材料、设备的检测报告或法定检测机构出具的有效证明文件					
	进场检验通用表格					
施工物质资料 C4	材料、构配件进场检验记录*（表C.4.1）	按类别设分目录		施工单位	专业工长	专业工程师
	设备开箱检验记录*（表C.4.2）	按类别设分目录		施工单位	专业工长	
	设备及管道附件试验记录*（表C.4.3）	按类别设分目录		施工单位	专业工长	

续表

工程资料类别	工程资料名称（子目录）	资料分目录	细目录	工程资料来源单位	填写或编制	审核、审批、签字
施工物质资料 C4	钢材试验报告	按品种设分目录	进场复验报告	检测单位	专业试验员	专业试验师
	水泥试验报告	按品种设分目录		检测单位		
	砂试验报告	按品种设分目录		检测单位		
	碎（卵）石试验报告	按品种设分目录		检测单位		
	外加剂试验报告	按品种设分目录		检测单位		
	防水涂料试验报告	按品种设分目录		检测单位		
	防水卷材复试报告	按品种设分目录		检测单位		
	砖（砌块）试验报告	按品种设分目录		检测单位		
	预应力筋复试报告	按品种设分目录		检测单位		
	预应力锚具、夹具和连接器复试报告	按品种设分目录		检测单位		
	装饰装修用门窗复试报告	按品种设分目录		检测单位		
	装饰装修用人造木板复试报告	按品种设分目录		检测单位		
	装饰装修用花岗石复试报告	按品种设分目录		检测单位		
	装饰装修用安全玻璃复试报告	按品种设分目录		检测单位		
	装饰装修用外墙面砖复试报告	按品种设分目录		检测单位		
	钢结构用钢材复试报告	按品种设分目录		检测单位		
	钢结构用防火涂料复试报告	按品种设分目录		检测单位		
	钢结构用焊接材料复试报告	按品种设分目录		检测单位		
	钢结构用高强度大六角头螺栓连接副复试报告	按品种设分目录		检测单位	专业试验员	
	钢结构用扭剪型高强度螺栓连接副复试报告			检测单位		
	幕墙用铝塑板、石材、玻璃、结构胶复试报告	按品种设分目录		检测单位		
	散热器、采暖系统保温材料、通风与空调工程绝热材料、风机盘管机组、低压配电系统电缆的见证取样复试报告	按品种设分目录		检测单位		
	节能工程材料复试报告	按品种设分目录		检测单位	专业试验员	

续表

工程资料类别	工程资料名称（子目录）	资料分目录	细目录	工程资料来源单位	填写或编制	审核、审批、签字
		通用表格				
	隐蔽工程验收记录*（表C.5.1）	按项目列分目录		施工单位	专业技术负责人/专业质检员	专业监理工程师
	施工检查记录（表C.5.2）	按项目列分目录		施工单位	专业质检员	
	交接检查记录（表C.5.3）	按部位列分目录		施工单位	移交单位	接收单位/见证单位
		专用表格				
	工程定位测量记录*（表C.5.4）	按楼层列分目录		施工单位	施测人	
	基槽验线记录			施工单位	验线人	
	楼层平面放线测量记录	按楼层列分目录		施工单位		
	楼层标高抄测记录	按楼层列分目录		施工单位	施测人/专业技术负责人/专业质检员	
	建筑物垂直度、标高观测记录*（表C.5.5）			施工单位	观测人	专业工程师
施工记录 C5	沉降观测记录	按约定列分目录		建设单位委托测量单位提供施工单位	施测人	测量单位负责人/施工技术负责人/监理工程师
	基坑支护水平位移监测记录			施工单位	施测人	施工技术负责人/监理项目总监
	桩基、支护测量放线记录	按施工段列分目录		施工单位	施测人	施工、设计、勘察、监理、建设单位项目负责人、总监
	地基验槽记录**（表C.5.6）			施工单位	专业质量员	
	地基钎探记录			施工单位，勘察单位	记录人	专业工长/技术负责人/勘察单位技术负责人
	混凝土浇灌申请书	按检验批设分目录		施工单位	质检员	专业技术负责人

续表

工程资料类别	工程资料名称（子目录）	资料分目录	细目录	工程资料来源单位	填写或编制	审核、审批、签字
施工记录 C5	预拌混凝土运输单	按验收批设分目录		施工单位混凝土供应商	供应单位质量员/供应单位签发人	现场验收人
	混凝土开盘鉴定	按混凝土强度等级列分目录		施工单位	混凝土试配单位负责人	施工技术负责人/监理工程师
	混凝土拆模申请单	按验收批设分目录		施工单位	专业工长	
	混凝土预拌测温记录	按验收批设分目录		施工单位	记录人	
	混凝土养护测温记录	按验收批设分目录		施工单位	测温员	专业工长/质量员/技术负责人
	大体积混凝土养护测温记录	按验收批设分目录		施工单位	测温员	
	大型构件吊装记录	按验收批设分目录		施工单位	专业质检员	
	焊接材料烘焙记录	按验收批设分目录		施工单位	专业质检员	
	地下工程防水效果检查记录*（表C.5.7）	按验收批设分目录		施工单位	专业工长/专业技术负责人/专业质检员	专业工程师
	防水工程试水检查记录*（表C.5.8）	按验收批设分目录		施工单位	专业工长/专业技术负责人/专业质检员	专业工程师
	通风（烟）道、垃圾道检查记录*（表C.5.9）	按类设分目		施工单位		
	预应力筋张拉记录	按验收批设分目录		施工单位		
	有粘结预应力结构灌浆记录	按验收批设分目录		施工单位		
	钢结构施工记录	按验收批设分目录		施工单位		
	网架（索膜）施工记录	按验收批设分目录		施工单位		专业技术负责人
	木结构施工记录	按验收批设分目录		施工单位		
	幕墙注胶检查记录	按验收批设分目录		施工单位	专业质检员	
	自动扶梯、自动人行道的相邻区域检查记录	按部设分目录		施工单位		
	电梯电气装置安装检查记录	按部设分目录		施工单位		专业技术负责人/专业监理工程师
	自动扶梯、自动人行道电气装置检查记录	按部设分目录		施工单位		
	自动扶梯、自动人行道整机安装质量检查记录	按部设分目录		施工单位		

续表

工程资料类别	工程资料名称（子目录）	资料分目录	细目录	工程资料单位来源	填写或编制	审核、审批、签字
			通用表格			
	设备单机试运转记录*（表C.6.1）	按设备设分目录		施工单位	专业质检员	专业工长/专业技术负责人/专业工程师
	系统试运转调试记录*（表C.6.2）	按系统类别设分目录		施工单位	专业质检员	
	接地电阻测试记录*（表C.6.3）	按接地类别设分目录		施工单位	专业质检员/专业测试人	
	绝缘电阻测试记录*（表C.6.4）	按干线或支线设分目录		施工单位	专业质检员/专业测试人	
			专用表格			
			建筑与结构工程			
	锚杆试验报告	按检验批列分目录		检测单位		
	地基承载力检验报告	按检验批列分目录		检测单位		
	桩基检测报告	按检验批列分目录		检测单位		
	土工击实试验报告	按检验批列分目录		检测单位	专业检测员	
	回填土试验报告（应附图）	按检验批列分目录		检测单位		
施工试验记录及检测报告 C6	钢筋机械连接试验报告	按检验批设分目录		检测单位		
	钢筋焊接连接试验报告	按检验批设分目录		施工单位		专业检测负责人
	砂浆配合比申请单、通知单	按砂浆强度等级设分目录		检测单位	专业检测员	专业检测负责人
	砂浆抗压强度试块强度统计、评定记录	按砂浆强度等级设分目录		施工单位	现场试验员统计	专业工长/专业技术负责人
	砌筑砂浆试块强度统计、评定记录（表C.6.5）	按砂浆强度等级设分目录		施工单位	专业试验员	专业检测负责人
	混凝土配合比申请单、通知单	按混凝土强度等级设分目录		检测单位	专业检测员	专业检测负责人
	混凝土抗压强度试验报告	按混凝土强度等级设分目录		检测单位	现场试验员统计	专业工长/专业技术负责人
	混凝土试块强度统计、评定记录（表C.6.6）	按混凝土强度等级设分目录		施工单位		
	混凝土抗渗试验报告	按类别设分目录		施工单位、检测单位	专业检测员	专业检测负责人
	砂、石、水泥放射性指标报告			检测单位		
	混凝土碱总量计算书	按混凝土强度等级设分目录		施工单位		专业检测负责人

续表

工程资料类别	工程资料名称（子目录）	资料分目录	细目录	工程资料单位来源	填写或编制	审核、审批、签字
施工试验记录及检测报告 C6	外墙饰面砖面砖粘结强度试验报告	按检验批列分目录		检测单位		
	后置埋件抗拔试验报告	按检验批列分目录		检测单位		
	超声波探伤报告、探伤记录	按检验批列分目录		检测单位		
	钢构件射线探伤报告	按检验批列分目录		检测单位		
	磁粉探伤报告	按检验批列分目录		检测单位		
	高强度螺栓抗滑移系数检测报告	按检验批列分目录		检测单位		
	钢结构焊接工艺评定	按检验批列分目录		检测单位		
	网架节点承载力试验报告	按检验批列分目录		检测单位		
	钢结构防腐、防火涂料厚度检测报告	按检验批列分目录		检测单位		
	木结构胶缝试验报告	按检验批列分目录		检测单位	专业检测员	专业检测负责人
	木结构构件力学性能试验报告	按检验批列分目录		检测单位		
	木结构防护剂防腐剂试验报告	按检验批列分目录		检测单位		
	幕墙双组分硅酮结构密封胶；混匀性及拉断试验报告	按检验批列分目录		检测单位		
	幕墙的抗风压性能、空气渗透性能、水渗透性能及平面内变形性能检测报告	按检验批列分目录		检测单位		
	外门窗的抗风压性能、空气渗透性能和雨水渗透性能检测报告	按品种规格设分目录		检测单位		
	墙体节能工程保温板材与基层粘结强度现场拉拔试验	按检验批列分目录		检测单位		
	外墙保温浆料同条件养护混凝土强度检验试验记录*（表C.6.7）	按检验批列分目录		施工单位	质量员	项目技术负责人/专业监理工程师
	结构实体混凝土强度检验试验记录*（表C.6.8）	按检验批列分目录		施工单位	质量员	
	结构实体钢筋保护层厚度检验	按检验批列分目录		检测单位	专业检测员	专业检测负责人
	围护结构现场实体检验	按检验批列分目录		检测单位		
	室内环境检测报告	按检验批列分目录		检测单位		
	节能性能检测报告	按检验批列分目录		检测单位		

续表

工程资料类别	工程资料名称（子目录）	资料分目录	细目录	工程资料单位来源	填写或编制	审核、审批、签字
	\multicolumn{3}{l	}{给水排水及采暖工程}			
	灌（满）水试验记录*（表C.6.9）	按非承压系统工程设分目录		施工单位		
	强度严密性试验记录*（表C.6.10）	按承压系统工程设分目录	按系统列细目录	施工单位		
	通水试验记录	按系统工程设分目录	按分项列细目录	施工单位	专业质检员	专业工长/专业技术负责人/专业监理工程师
	冲（吹）洗试验记录*（表C.6.12）	按系统分项工程设分目录		施工单位		
	通球试验记录			施工单位		
	补偿器安装记录			施工单位		
	消火栓试射记录			施工单位		
	安全附件安装检查记录			施工单位		
	锅炉烘炉试验记录			施工单位		
	锅炉煮炉试验记录			施工单位		
	锅炉试运行记录			施工单位	专业技术负责人	建设、监理管理施工单位项目负责人
	安全阀定压合格证书			检测单位	专业检测员	专业监理负责人
	自动喷水灭火系统联动试验记录			施工单位	专业技术负责人	建设、监理、施工单位项目负责人
	\multicolumn{3}{l	}{建筑电气工程}			
施工试验记录及检测报告 C6	电气接地装置平面示意图表			施工单位	专业质检员	
	电气器具通电安全检查记录	按接地类别设分目录	按检验批列细目录	施工单位	专业质检员/专业测试人	
	电气设备空载试运行记录*（表C.6.13）	按系统工程设分目录		施工单位	专业质检员	
	建筑物照明通电试运行记录	按设备类型设分目录		施工单位		专业工长/专业技术负责人/专业工程师
	大型照明灯具承载试验记录*（表C.6.14）			施工单位		
	漏电开关模拟试验记录			施工单位		
	大容量电气线路结点测温记录			施工单位	专业质检员	
	低压配电电源质量测试记录			施工单位		
	建筑物照明系统照度测试记录			施工单位		

续表

工程资料类别	工程资料名称（子目录）	资料分目录	细目录	工程资料来源单位	填写或编制	审核、审批、签字
			智能建筑工程			
	综合布线测试记录*	按分项工程设分目录	按检验批列细目录	施工单位	专业质检员	专业工长/专业技术负责人
	光纤损耗测试记录*	按用途设分目录		施工单位		
	视频系统末端测试记录*			施工单位		
	子系统检测记录*（表C.6.15）	按子系统工程设分目录		施工单位		检测负责人/专业工程师
	系统试运行记录*			施工单位		
			通风与空调工程			
	风管漏光检测记录*（表C.6.16）	按系统工程设分目录		施工单位		
	风管漏风检测记录*（表C.6.17）	按系统工程设分目录		施工单位		
施工试验记录及检测报告C6	现场组装除尘器、空调机漏风检测记录			施工单位	专业质检员	专业工长/专业技术负责人
	各房间室内风量测量记录			施工单位		
	管网风量平衡记录			施工单位		
	空调系统试运转调试记录			施工单位		
	空调水系统试运转调试记录			施工单位		
	制冷系统气密性试验记录			施工单位		
	净化空调系统检测记录			施工单位		
	防排烟系统联合试运行记录			施工单位		
			电梯工程			
	轿厢平层准确度测量记录	按道设分目录		施工单位		
	电梯层门安全装置检测记录			施工单位		
	电梯电气安全装置检测记录			施工单位		
	电梯整机功能检测记录			施工单位	专业质检员	专业工长/专业技术负责人/专业工程师
	电梯主要功能检测记录			施工单位		
	电梯负荷运行试验记录			施工单位		
	电梯负荷运行试验曲线图表			施工单位		
	电梯噪声测试记录			施工单位		
	自动扶梯、自动人行道安全装置检测记录			施工单位		
	自动扶梯、自动人行道整机性能、运行试验记录	按道设分目录		施工单位		

续表

工程资料类别	工程资料名称（子目录）	资料分目录	细目录	工程资料来源单位	填写或编制	审核、审批、签字
施工质量验收记录 C7	检验批质量验收记录*（表C.7.1）	按分项工程设分目录	按检验批列细目录	施工单位		专业技术负责人
	分项工程质量验收记录*（表C.7.2）	按子分部工程设分目录	按分项设细目录	施工单位	专业质检员	专业技术负责人/专业监理工程师
	分部（子分部）工程质量验收记录**（表C.7.3）			施工单位		施工项目经理、设计单位项目负责人/总监察项目负责人/监理
	建筑节能分部工程验收记录**（表C.7.4）			施工单位		施工项目负责人/建设单位项目负责人、专业监理工程师
	自动喷水系统验收缺陷项目划分记录			施工单位	专业质检员	
	程控电话交换系统分项工程质量验收记录			施工单位	专业质检员	专业技术负责人/专业监理工程师
	会议电视系统分项工程质量验收记录	按检验批列分目录		施工单位	专业质检员	
	卫星数字电视系统分项工程质量验收记录			施工单位	专业质检员	
	有线电视系统分项工程质量验收记录			施工单位	专业质检员	
	公共广播与紧急广播系统分项工程质量验收记录			施工单位	专业质检员	
	计算机网络系统分项工程质量验收记录			施工单位	专业质检员	
	应用软件系统分项工程质量验收记录			施工单位	专业质检员	专业技术负责人/专业监理工程师
	网络安全系统分项工程质量验收记录			施工单位	专业质检员	
	空调与通风系统分项工程质量验收记录			施工单位	专业质检员	
	变配电系统分项工程质量验收记录			施工单位	专业质检员	
	公共照明系统分项工程质量验收记录			施工单位	专业质检员	
	给水排水系统分项工程质量验收记录	按检验批列分目录		施工单位	专业质检员	

续表

工程资料类别	工程资料名称（子目录）	资料分目录	细目录	工程资料来源单位	填写或编制	审核、审批、签字
施工质量验收记录 C7	热源和热交换系统分项工程质量验收记录			施工单位	专业质检员	专业技术负责人/专业监理工程师
	冷冻和冷却水系统分项工程质量验收记录			施工单位	专业质检员	
	电梯和自动扶梯系统分项工程质量验收记录			施工单位	专业质检员	
	数据通信接口分项工程质量验收记录			施工单位	专业质检员	
	中央管理工作站及操作分站分项工程质量验收记录	按检验批分目录		施工单位	专业质检员	
	系统实时性、可维护性、可靠性检测分项工程质量验收记录			施工单位	专业质检员	
	现场设备安装及检测分项工程质量验收记录			施工单位	专业质检员	
	火灾自动报警及消防联动系统分项工程质量验收记录			施工单位	专业质检员	专业技术负责人/专业监理工程师
	综合防范功能分项工程质量验收记录			施工单位	专业质检员	
	视频安防监控系统分项工程质量验收记录	按检验批分目录		施工单位	专业质检员	
	入侵报警系统分项工程质量验收记录			施工单位	专业质检员	
	出入口控制（门禁）系统分项工程质量验收记录			施工单位	专业质检员	
	巡更管理系统分项工程质量验收记录			施工单位	专业质检员	
	停车场（库）管理系统分项工程质量验收记录			施工单位	专业质检员	
	综合布线系统安装分项工程质量验收记录			施工单位	专业质检员	
	综合布线系统性能检测分项工程质量验收记录			施工单位	专业质检员	
	系统集成网络连接分项工程质量验收记录			施工单位	专业质检员	

续表

工程资料类别	工程资料名称（子目录）	资料分目录	细目录	工程资料来源单位	填写或编制	审核、审批、签字
施工质量验收记录 C7	系统数据集成分项工程质量验收记录			施工单位	专业质检员	
	系统集成整体协调分项工程质量验收记录			施工单位	专业质检员	专业技术负责人/专业监理工程师
	系统集成综合管理及冗余功能分项工程质量验收记录	按检验批列分目录		施工单位	专业质检员	
	系统集成可维护性和安全性分项工程质量验收记录			施工单位	专业质检员	
	电源系统分项工程验收记录			施工单位	专业质检员	
	工程竣工报告			施工单位	项目负责人	总监
竣工验收资料 C8	单位（子单位）工程竣工预验收报验表*（表 C.8.1）			施工单位	项目经理	总监
	单位（子单位）工程竣工验收记录**（表 C.8.2-1）			施工单位	项目经理/施工单位技术负责人	建设单位（项目）负责人、总监、施工单位（项目）负责人、设计单位（项目）负责人签字并盖公章
	单位（子单位）工程质量控制资料核查记录*（表 C.8.2-2）			施工单位	核查人	项目经理/总监
	单位（子单位）工程安全和功能检验资料核查及主要功能抽查记录*（表 C.8.2-3）			施工单位	核查人	
	单位（子单位）工程观感质量检查记录*（表 C.8.2-4）			施工单位	核查人	
	施工决算（结算）资料			施工单位	造价负责人	
	施工资料移交书			施工单位	移交单位技术负责人	移交单位技术负责人/接受单位技术负责人
	房屋建筑工程质量保修书			施工单位	承包人	发包人/承包人

C 类其他资料

注：资料按子目、分目、细目分层标注，空项则为没有分目或细目。

表 17-8 地基与基础分部工程施工资料管理计划（交底）一览表

工程资料类别	工程资料名称（子目录）	资料分目录	细目录	工程资料单位来源	填写或编制	审核、审批、签字
施工管理资料 C1	工程概况表（表C.1.2）			施工单位	项目负责人	项目经理
	施工现场质量管理检查记录*（表C.1.2）				项目经理	总监
	企业资质证书及相关专业人员岗位证书					
	分包单位资质报审表*（表C.1.3）	按分包单位列分目录		施工单位	项目负责人	专业监理/总监
	建设工程质量事故调查、勘查记录（表C.1.4）	按事故发生次数列分目录		调查单位	调查人	专业监理/总监
	建设工程质量事故报告书	按事故发生次数列分目录		调查单位	报告人	被调查人
	施工检测计划	钢筋原材送检	按检验批次列细目录			调查负责人
		水泥送检（强度等级为32.5级、42.5级）	按检验批次列细目录			
		水洗砂、普通用砂送检	按检验批次列细目录	施工单位	项目负责人	专业监理
		$\phi 5 \sim \phi 20$、$\phi 20 \sim \phi 40$ 石子送检（卵石）	按检验批次列细目录			
		地下防水卷材送检	按检验批次列细目录			
		基础钢筋焊接（闪光对焊）送检	按检验批次列细目录			
		地下室柱钢筋焊接（电渣压力焊）送检	按检验批次列细目录			
		外加剂送检	按检验批次列细目录			
		普通烧结砖（MU10）送检	按检验批次列细目录			

续表

工程资料类别	工程资料名称（子目录）	资料分目录	细目录	工程资料来源单位	填写或编制	审核、审批、签字
施工管理资料 C1	施工检测计划	MU2.5、MU7.5陶粒空心砌块送检	按检验批次列细目录	施工单位	项目负责人	专业监理
		砂浆试块（不同强度等级）送检	按检验批次列细目录			
		混凝土试块（不同强度等级）送检	按检验批次列细目录			
		砂浆、混凝土配合比送检	按检验批次列细目录			
	见证记录*				监理见证	试验取样人
	见证试验检测汇总表（表C.1.5)		同检测计划	监理单位	试验员	（制表人）技术负责人
	施工日志（表C.1.6)	土建专业施工日志			记录人	专业工长项目负责人
		水电设备专业施工日志				
	监理工程师通知回复单*（表C.1.7)	按事项列分目录			项目经理/责任人	专业监理/总监
施工技术资料 C2	工程技术文件报审*（表C.2.1)	施工组织设计报审表		施工单位	项目经理/责任人	专业监理/总监
		安全施工组织设计方案报审表				
		临时用电施工方案报审表				
		基坑支护工程施工方案报审表				
		降排水工程施工方案报审表				
		脚手架工程施工方案报审表				
		模板工程施工方案报审表				
		地下防水工程施工方案报审表				
		塔吊安装、拆除施工方案报审表				
	施工组织设计及施工方案	按专项方案设分目录（名称同上）		施工单位	项目经理/项目责任人	施工单位技术负责人、专业监理/总监
	技术交底记录（表C.2.3)	土方开挖工程技术交底		施工单位	交底人	审核人、接受交底人
		锚杆支护工程技术交底				
		降排水工程技术交底				
		土方回填工程技术交底				

续表

工程资料类别	工程资料名称（子目录）	资料分目录	细目录	工程资料来源单位类别	填写或编制	审核、审批、签字
施工技术资料 C2	技术交底记录（表 C.2.3）	基础模板工程技术交底		施工单位	交底人	审核人、接受交底人
		基础钢筋工程技术交底				
		地基处理土工程技术交底				
		地下防水工程技术交底				
		基础砌体工程技术交底				
	图纸会审记录**（表 C.2.4）	建筑专业		施工单位	技术、专业负责人	各方技术、专业负责人
		结构专业				
		水、暖、电气专业				
		设备专业				
	设计变更通知单**（表 C.2.5）	建筑专业		设计单位	技术、专业负责人	各方技术、专业负责人
		结构专业				
		水、暖、电气专业				
		设备专业				
	工程洽商记录（技术核定单）**（表 C.2.6）	按事项设分目录		提出单位	技术、专业负责人	各方技术、专业负责人
	工程开工报审表*（表 C.3.1）	按工程暂停令设分目录		施工单位	项目负责人	总监
	工程复工报审表*（表 C.3.2）	按约定设分目录		施工单位	项目经理/项目责任人	专业监理/总监
进度造价资料 C3	施工进度计划报审表*（表 C.3.3）	按约定设分目录		施工单位	项目经理	专业监理/总监
	施工进度计划			施工单位	项目负责人	项目经理/项目责任人
	人、机、料动态表（表 C.3.4）	按月列分目录		施工单位	机械员、材料员、劳务员	项目经理
	工程延期申请表（表 C.3.5）	按延期事项设分目录		施工单位	项目负责人	总监
	工程款支付申请表（表 C.3.6）	按合同约定设分目录		施工单位	项目经理	总监

续表

工程资料类别	工程资料名称（子目录）	资料分目录	细目录	工程资料单位来源	填写或编制	审核、审批、签字
进度造价资料C3	工程变更费用报审表*（表C.3.7）	按事项设分目录		施工单位	项目经理/项目责任人	监理工程师/总监
	费用索赔申请表*（表C.3.8）	按事项设分目录		施工单位	项目经理/项目责任人	总监
	砂、石、砖、水泥、钢筋、隔热保温、防腐材料、轻集料出厂质量证明文件	按类别设分目录	出厂质量证明文件及检测报告	供货单位	材料员	
	其他物资出厂合格证、质量保证书、检测报告和报关单或商检证等	按类别设分目录		供货单位	材料员	专业质量员
	材料、设备的相关检验报告、型式检测报告、3C强制认证合格证书或3C标志	按类别设分目录		供货单位	材料员	
	进口的主要材料设备的商检证明文件	按类别设分目录		供货单位	材料员	
施工物资资料C4	材料、构配件进场检验记录*（表C.4.1）	按类别设分目录	进场检验通用表格	施工单位	专业工长	专业工程师
	钢材试验报告	HPB235级钢筋原材	进场复验报告	检测单位	专业试验员	
		HRB335级钢筋原材	按规格、型号列细目录	检测单位	专业试验员	
		HRB400级钢筋原材				专业试验师
		CCR550级钢筋原材				
	水泥试验报告	按品种设分目录		检测单位	专业试验员	
	砂试验报告	按品种设分目录		检测单位	专业试验员	
	碎（卵）石试验报告	按品种设分目录		检测单位	专业试验员	

续表

工程资料类别	工程资料名称（子目录）	资料分目录	细目录	工程资料来源单位	填写或编制	审核、审批、签字
施工物质资料 C4	外加剂试验报告	按品种设分目录		检测单位	专业试验员	专业试验师
	防水涂料试验报告	按品种设分目录		检测单位	专业试验员	
	防水卷材试验报告	按品种设分目录		检测单位	专业试验员	
	砖（砌块）试验报告	普通烧结砖		检测单位	专业试验员	
		空心陶粒混凝土砌块				
	通用表格					
施工记录 C5	隐蔽工程验收记录*（表C.5.1）	土方工程隐蔽验收记录		施工单位	专业技术负责人、专业质检员、专业工长	专业监理工程师
		基础CFG桩隐蔽工程验收记录				
		地下防水隐蔽工程验收记录				
		基础钢筋隐蔽工程验收记录				
		地下室挡土墙、柱钢筋隐蔽工程验收记录				
		地下室梁、板、楼梯钢筋隐蔽工程验收记录				
		土方回填隐蔽工程验收记录				
		地下室配筋砌体隐蔽工程验收记录				
	施工检查记录（表C.5.2）	土方开挖工程施工检查记录		施工单位	专业质检员	专业技术负责人、专业工长
		基坑锚杆支护工程施工检查记录				
		基坑降水排水工程施工检查记录				
		基础垫层及保护层施工检查记录				
		基础防水层施工检查记录				
		基础钢筋工程施工检查记录				
		基础模板混凝土工程施工检查记录				
		地下室挡土墙、柱钢筋工程施工检查记录				
		地下室挡土墙、柱模板混凝土工程施工检查记录				

续表

工程资料类别	工程资料名称（子目录）	资料分目录	细目录	工程资料来源单位	填写或编制	审核、审批、签字
施工记录 C5	施工检查记录（表C.5.2）	地下室挡土墙、柱混凝土工程施工检查记录		施工单位	专业质检员	专业技术负责人、专业工长
		地下室防水层及保护层施工检查记录				
		房心及室外回填施工检查记录				
		地下室梁、板、楼梯模板工程施工检查记录				
		地下室梁、板、楼梯钢筋工程施工检查记录				
		地下室梁、板、楼梯混凝土工程施工检查记录				
		地下室砌体工程施工检查记录				
		地下室配筋砌体工程施工检查记录				
	交接检查记录（表C.5.3）	土方开挖班组-锚杆支护班组交接检查记录	土方开挖-锚杆支护交接检查记录	施工单位	移交单位	接收单位、见证单位
		锚杆支护班组-土建班组交接检查记录	锚杆支护-地基处理、基础垫层交接检查记录			
		土建班组-防水班组交接检查记录	基础垫层-基础水平防水层交接检查记录			
		防水班组-土建班组交接检查记录	基础水平防水层-防水混凝土保护层交接检查记录			
		土建班组-钢筋班组交接检查记录	防水混凝土保护层-筏板、地梁、独立基础模板安装交接检查记录			
		钢筋班组-木工班组交接检查记录	基础钢筋-基础模板交接检查记录			
		钢筋工、木工班组-土建班组交接检查记录	基础模板-基础混凝土交接检查记录			

续表

工程资料类别	工程资料名称（子目录）	资料分目录	细目录	工程资料来源单位	填写或编制	审核、审批、签字
	交接检查记录（表C.5.3）	钢筋班组-木工班组交接检查记录	地下室挡土墙、柱钢筋-模板交接检查记录	施工单位	移交单位	接收单位、见证单位
		木工班组-钢筋班组交接检查记录	地下室梁、板、楼梯模板-钢筋交接检查记录			
		钢筋、木工班组-土建班组交接检查记录	地下室梁、板、楼梯模板-地下室混凝土交接检查记录			
		土建班组-防水班组交接检查记录	地下室混凝土-地下室立面防水层交接检查记录			
		钢筋班组-土建瓦工班组交接检查记录	地下室构造柱、拉结筋-砌体、配筋砌体交接检查记录			
	专用表格					
施工记录 C5	工程定位测量记录*（表C.5.4）			施工单位	施测人	专业工程师
	基槽验线记录			施工单位	验线人	
	楼层平面放线记录	按楼层列分目录		施工单位	施测人、专业技术负责人、专业质量员	
	楼层标高抄测记录	按楼层列分目录		施工单位		
	建筑物垂直度、标高观测记录*（表C.5.5）	按楼层列分目录		施工单位	施测人	测量单位负责人、施工技术负责人
	基坑支护水平位移监测记录			施工单位	专业质量员	施工、监理、勘察、设计、建设单位项目负责人、总监
	地基验槽记录**（表C.5.6）	按施工段列分目录		施工单位、勘察单位	记录人	专业工长/技术负责人/勘察单位项目负责人
	地基钎探记录					

续表

工程资料类别	工程资料名称（子目录）	资料分目录	细目录	工程资料来源	填写或编制	审核、审批、签字
施工记录 C5	混凝土浇灌申请书	按检验批设分目录		施工单位	专业工长、质检员	专业技术负责人
	预拌混凝土运输单	按检验批设分目录		施工单位、混凝土供应商	供应单位质量员、供应单位签发人	现场验收人
	混凝土开盘鉴定	按混凝土强度等级列分目录		施工单位	混凝土试配单位负责人	施工技术负责人、监理工程师
	混凝土拆模申请单	按检验批设分目录		施工单位	专业工长	专业技术负责人
	混凝土预拌测温记录	按检验批设分目录		施工单位	记录人	专业工长、质量员、技术负责人
	混凝土养护测温记录	按检验批设分目录		施工单位	测温员	
	大型构件吊装记录	按检验批设分目录		施工单位	专业质检员	
	焊接材料烘焙记录	按检验批设分目录		施工单位	专业质检员	
	地下工程防水效果检查记录*（表 C.5.7）	按检验批设分目录		施工单位	专业工长、专业技术负责人、专业质检员	专业工程师
	防水工程试水检查记录*（表 C.5.8）	按检验批设分目录		施工单位	专业工长、专业技术负责人、专业质检员	专业工程师
专用表格
建筑与结构工程
施工试验记录及检测报告 C6	锚杆试验报告	按检验批（次）设分目录		检测单位	专业检测员	专业检测负责人
	地基承载力检验报告	按检验批（次）设分目录				专业检测负责人
	桩基检测报告	按检验批（次）设分目录				专业检测负责人
	土工击实试验报告	按检验批（次）设分目录				专业检测负责人
	回填土试验报告（应附图）	按检验批（次）设分目录				专业检测负责人
	钢筋机械连接试验报告	按检验批（次）设分目录				专业检测负责人
	钢筋焊接连接试验报告	按检验批（次）设分目录				专业检测负责人
	砂浆配合比申请单、通知单	按砂浆强度设分目录		施工单位	专业试验员	专业技术负责人

续表

工程资料类别	工程资料名称（子目录）	资料分目录	细目录	工程资料来源单位	填写或编制	审核、审批、签字
施工试验记录及检测报告 C6	砂浆抗压强度试验报告	按砂浆强度设分目录		检测单位	专业检测员	专业检测负责人
	砌筑砂浆试块强度统计、评定记录（表C.6.5）	按砂浆强度设分目录		施工单位	现场试验员统计	专业工长、专业技术负责人
	混凝土配合比申请单、通知单	C15混凝土配合比申请单、通知单		施工单位	专业试验员	专业技术负责人
		C30P6混凝土配合比申请单、通知单				
		C40混凝土配合比申请单、通知单				
		C30混凝土配合比申请单、通知单				
	混凝土抗压强度试验报告	按混凝土强度等级设分目录		检测单位	专业检测员	专业检测负责人
	混凝土试块强度统计、评定记录（表C.6.6）	按混凝土强度等级、混凝土强度等级设分目录		施工单位	现场试验员统计	专业工长、专业技术负责人
	混凝土抗渗试验报告	按混凝土抗渗等级、混凝土强度等级设分目录		检测单位	专业检测员	专业检测负责人
	砂、石、水泥放射性指标报告	按类别设分目录		施工单位、检测单位	专业检测员	专业检测负责人
	混凝土碱总量计算书	按混凝土强度等级设分目录		施工单位	专业试验员	专业检测负责人
	超声波探伤报告、探伤记录	按检验批设分目录		检测单位	专业检测员	专业检测负责人
	磁粉探伤报告	按检验批设分目录		检测单位	专业检测员	专业检测负责人
	结构实体混凝土强度检验记录*（表C.6.7）	C15结构实体混凝土强度检验记录		施工单位	质量员	
		C30P6结构实体混凝土强度检验记录				
		C40结构实体混凝土强度检验记录				
		C30结构实体混凝土强度检验记录				
	结构实体钢筋保护层厚度检验记录*（表C.6.8）	结构实体钢筋保护层厚度检验记录（基础钢筋）		施工单位	质量员	项目技术负责人、专业监理工程师
		结构实体钢筋保护层厚度检验记录（地下至土端）				
		结构实体钢筋保护层厚度检验记录（地下至柱）				
		结构实体钢筋保护层厚度检验记录（地下至梁、板、楼梯）				

续表

工程资料类别	工程资料名称（子目录）	资料分目录	细目录	工程资料单位来源	填写或编制	审核、审批、签字
施工质量验收记录 C7	检验批质量验收记录* （表C.7.1）	土方开挖（分项）	土方开挖检验批工程质量验收记录（-3.0~-0.6m）	施工单位	专业质检员	专业监理工程师
			土方开挖检验批工程质量验收记录（-5.2~-3.0m）			
			室内土方回填检验批质量验收记录（-4.8~-4.5m）			
		土方回填（分项）	室内土方回填检验批质量验收记录（-4.5~-4.2m）			
			室外土方回填检验批质量验收记录（-5.2~-4.9m）			
			室外土方回填检验批质量验收记录（-4.9~-4.6m）			
			室外土方回填检验批质量验收记录（-4.6~-4.3m）			
			室外土方回填检验批质量验收记录（-4.3~-4.0m）			
			室外土方回填检验批质量验收记录（-4.0~-3.7m）			
			室外土方回填检验批质量验收记录（-3.7~-3.4m）			
			室外土方回填检验批质量验收记录（-3.4~-3.1m）			

续表

工程资料类别	工程资料名称（子目录）	资料分目录	细目录	工程资料来源单位	填写或编制	审核、审批、签字
施工质量验收记录 C7	检验批质量验收记录*（表C.7.1）	土方回填（分项）	室外土方回填检验批质量验收记录（-3.1~-2.9m）			
			室外土方回填检验批质量验收记录（-2.9~-2.6m）			
			室外土方回填检验批质量验收记录（-2.6~-2.3m）			
			室外土方回填检验批质量验收记录（-2.3~-2.0m）			
			室外土方回填检验批质量验收记录（-2.0~-1.7m）			
			室外土方回填检验批质量验收记录（-1.7~-1.4m）			
			室外土方回填检验批质量验收记录（-1.4~-1.1m）			
			室外土方回填检验批质量验收记录（-1.1~-0.8m）	施工单位	专业质检员	专业监理工程师
		降水与排水（分项）	降水与排水检验批质量验收记录（1份）	施工单位	专业质检员	专业监理工程师
		锚杆（分项）	锚杆支护检验批质量验收记录（-3.0~-0.6m）	施工单位	专业质检员	专业监理工程师
			锚杆支护检验批质量验收记录（-5.2~-3.0m）			
		CFG桩	土和灰土挤密桩复合地基检验批质量验收记录1份	施工单位	专业质检员	专业监理工程师

续表

工程资料类别	工程资料名称（子目录）	资料分目录	细目录	工程资料来源单位	填写或编制	审核、审批、签字
施工质量验收记录 C7	检验批质量验收记录*（表C.7.1）	防水混凝土	防水混凝土工程检验批质量验收记录（防水板、条基、独立基础）	施工单位	专业质检员	专业监理工程师
			防水混凝土工程检验批质量验收记录（地下室挡土墙）			
		卷材防水层	卷材防水层检验批质量验收记录（基础水平防水层）	施工单位	专业质检员	专业监理工程师
			卷材防水层检验批质量验收记录（基础、地下室立面防水层）			
		细部构造防水	变形缝 — 变形缝检验批质量验收记录	施工单位	专业质检员	专业监理工程师
			施工缝 — 施工缝检验批质量验收记录			
			穿墙管 — 穿墙管检验批质量验收记录			
			坑、池 — 坑、池检验批质量验收记录			
		模板	基础模板安装、拆除检验批质量验收记录	施工单位	专业质检员	专业监理工程师
			地下室挡土墙、柱模板安装、拆除检验批质量验收记录（2个）			
			地下室梁、板、楼梯模板安装、拆除检验批质量验收记录（2个）			
			地下室二次构造安装、拆除检验批质量验收记录（2个）			

续表

工程资料类别	工程资料名称（子目录）	资料分目录	细目录	工程资料来源单位	填写或编制	审核、审批、签字
施工质量验收记录 C7	检验批质量验收记录*（表 C.7.1）	钢筋	基础、地下室钢筋原材料钢筋加工检验批质量验收记录（按批次）			
			防水板、独立基础、地梁钢筋加工检验批质量验收记录（1个）			
			地下室挡土墙、柱钢筋加工检验批质量验收记录（2个）			
			地下室梁、板、楼梯钢筋加工检验批质量验收记录（1个）	施工单位	专业质检员	专业监理工程师
			防水板、独立基础、地梁钢筋连接、安装工程检验批质量验收记录（1个）			
			地下室挡土墙、柱钢筋连接、安装工程检验批质量验收记录（2个）			
			地下室梁、板、楼梯钢筋连接、安装工程检验批质量验收记录（1个）			
		混凝土	下条基防水混凝土检验批质量验收记录（C30S6）			
			地下室柱混凝土原材料及配合比检验批质量验收记录（C40）			
			垫层混凝土检验批质量验收记录（C15）	施工单位	专业质检员	专业监理工程师
			地下室梁、板混凝土原材料及配合比检验批质量验收记录（1个——C30）			

续表

工程资料类别	工程资料名称（子目录）	资料分目录	细目录	工程资料单位来源	填写或编制	审核、审批、签字
施工质量验收记录 C7	检验批质量验收记录*（表 C.7.1）	混凝土	混凝土施工检验批质量验收记录（3个——C40、C30、C15）	施工单位	专业质检员	专业监理工程师
			地下室挡土墙防水混凝土检验批质量验收记录（C30P6）	施工单位	专业质检员	专业监理工程师
		现浇结构	基础、地下室梁、柱、地下室剪力墙、板、楼梯现浇结构验收质量验收批质量验收记录（3个）			专业监理工程师
			基础、地下室梁、柱、地下室剪力墙、板、楼梯现浇结构尺寸偏差检验批质量验收记录（3个）	施工单位	专业质检员	专业监理工程师
		砖砌体	防水保护层砌体砖检验批质量验收记录（1个）	施工单位	专业质检员	专业监理工程师
		配筋砌体	地下室构造柱、边框柱、水平系梁配筋砌体检验批质量验收记录（1个）	施工单位	专业质检员	专业监理工程师
		填充墙砌体	地下室填充墙砌体检验批质量验收记录（1个）	施工单位	专业质检员	专业监理工程师
		小型混凝土砌块砌体	地下室空心陶粒混凝土砌块砌体检验批质量验收记录（1个）	施工单位	专业质检员	专业监理工程师
	分项工程质量验收记录*（表 C.7.2）	无支护土方	土方开挖分项工程质量验收记录	施工单位	专业质检员	专业监理工程师
			土方回填分项工程质量验收记录			
		有支护土方	降水、排水分项工程质量验收记录			
			锚杆分项工程质量验收记录			

续表

工程资料类别	工程资料名称（子目录）	资料分目录	细目录	工程资料来源单位	填写或编制	审核、审批、签字
施工质量验收记录 C7	分项工程质量验收记录* （表 C.7.2）	地基处理	CFG 桩土和灰土挤密桩地基分项工程质量验收记录	施工单位	专业质检员	专业监理工程师
		地下防水	防水混凝土分项工程质量验收记录			
			卷材防水层分项工程质量验收记录			
			细部构造分项工程质量验收记录			
		混凝土基础	模板分项工程质量验收记录			
			钢筋分项工程质量验收记录			
			混凝土分项工程质量验收记录			
			现浇结构分项工程质量验收记录			
		砌体基础	砖砌体分项工程质量验收记录			
			配筋砌体分项工程质量验收记录			
			填充墙砌体分项工程质量验收记录			
			空心陶粒混凝土砌块分项工程质量验收记录			
	分部（子分部）工程质量验收记录**（表 C.7.3）			施工单位	专业质检员	施工项目经理，设计勘察项目负责人/总监

（三）施工资料目录汇总表例

（1）地基与基础分部工程资料总目录见表17-9。

地基与基础分部工程资料总目录　　　　　　　　　　表17-9

工程名称		××市第××中学教学楼			
序号	工程资料类别	编制单位	编制日期	页次	备注
1	施工管理资料C1	××建筑工程有限公司××项目部	××××年××月××日	××	
2	施工技术资料C2	××建筑工程有限公司××项目部	××××年××月××日	××	
3	进度造价资料C3	××建筑工程有限公司××项目部	××××年××月××日	××	
4	施工物资资料C4	××建筑工程有限公司××项目部	××××年××月××日	××	
5	施工记录C5	××建筑工程有限公司××项目部	××××年××月××日	××	
6	施工试验记录及检测报告C6	××建筑工程有限公司××项目部	××××年××月××日	××	
7	施工质量验收记录C7	××建筑工程有限公司××项目部	××××年××月××日	××	
8	竣工验收资料C8	××建筑工程有限公司××项目部	××××年××月××日	××	

（2）地基与基础分部工程资料子目录见表17-10。

地基与基础分部工程资料子目录　　　　　　　　　　表17-10

工程名称			××市第××中学教学楼			
序号	工程资料类别	工程资料名称（子目录）	编制单位	编制日期	页次	备注
1	施工管理资料C1	工程概况表（表C.1.1）	施工单位	××××年××月××日	××	
		施工现场质量管理检查记录*（表C.1.2）	施工单位	××××年××月××日	××	
		企业资质证书及相关专业人员岗位证书	施工单位	××××年××月××日	××	
		分包单位资质报审表*（表C.1.3）	施工单位	××××年××月××日	××	按事故发生次数列分目录
		建设工程质量事故调查、勘查记录（表C.1.4）	调查单位	××××年××月××日	××	按事故发生次数列分目录
		建设工程质量事故报告书	调查单位	××××年××月××日	××	按事故发生次数列分目录
		施工检测计划	施工单位	××××年××月××日	××	按检测项目列分目录
		见证记录*	监理单位	××××年××月××日	××	按检测项目列分目录
		见证试验检测汇总表（表C.1.5）	施工单位	××××年××月××日	××	

续表

工程名称:		××市第××中学教学楼				
序号	工程资料类别	工程资料名称（子目录）	编制单位	编制日期	页次	备注
1	施工管理资料 C1	施工日志（表 C.1.6）	施工单位	××××年××月××日	××	按专业归类（不单列分目录和细目录）
		监理工程师通知回复单*（表 C.1.7）	施工单位	××××年××月××日	××	按事项列分目录
2	施工技术资料 C2	工程技术文件报审表*（表 C.2.1）	施工单位	××××年××月××日	××	按施工组织设计、施工方案、重点部位、关键工序施工工艺、四新内容列分目录
		施工组织设计及施工方案	施工单位	××××年××月××日	××	按专项方案设分目录
		危险性较大分部分项工程施工方案专家论证表（表 C.2.2）	施工单位	××××年××月××日	××	按分项工程设细目录
		技术交底记录（表 C.2.3）	施工单位	××××年××月××日	××	按分项工程设分目录
		图纸会审记录**（表 C.2.4）	施工单位	××××年××月××日	××	按专业归类（不单列分目录和细目录）
		设计变更通知单**（表 C.2.5）	设计单位	××××年××月××日	××	
		工程洽商记录（技术核定单）**（表 C.2.6）	施工单位	××××年××月××日	××	按事项列分目录
3	进度造价资料 C3	工程开工报审表*（表 C.3.1）	施工单位	××××年××月××日	××	
		工程复工报审表*（表 C.3.2）	施工单位	××××年××月××日	××	按工程暂停令设分目录
		施工进度计划报审表*（表 C.3.3）	施工单位	××××年××月××日	××	按约定设分目录
		施工进度计划	施工单位	××××年××月××日	××	按约定设分目录
		人、机、料动态表（表 C.3.4）	施工单位	××××年××月××日	××	按月列分目录
		工程延期申请表（表 C.3.5）	施工单位	××××年××月××日	××	按延期事项设分目录
		工程款支付申请表（表 C.3.6）	施工单位	××××年××月××日	××	按合同约定设分目录
		工程变更费用报审表*（表 C.3.7）	施工单位	××××年××月××日	××	按事项设分目录
		费用索赔申请表*（表 C.3.8）	施工单位	××××年××月××日	××	按事项设分目录
4	施工物资资料 C4	出厂质量证明文件及检测报告				
		砂、石、砖、水泥、钢筋、隔热保温、防腐材料、轻集料出厂质量证明文件	施工单位	××××年××月××日	××	按类别设分目录；分批次按品种、规格列细目录
		其他物资出厂合格证、质量保证书、检测报告和报关单或商检证等	施工单位	××××年××月××日	××	

续表

序号	工程名称：		××市第××中学教学楼			
	工程资料类别	工程资料名称（子目录）	编制单位	编制日期	页次	备注
4	施工物资资料 C4	材料、设备的相关检验报告、型式检测报告、3C强制认证合格证书或3C标志	检测单位	××××年××月××日	××	按类别设分目录；分批次按品种、规格列细目录
		进口的主要材料设备的商检证明文件	检测单位	××××年××月××日	××	
		进场检验通用表格				
		材料、构配件进场检验记录*（表C.4.1）	检测单位	××××年××月××日	××	按类别设分目录；分批次按品种、规格列细目录
		进场复试报告				
		钢材试验报告	检测单位	××××年××月××日	××	按品种设分目录；分批次按规格列细目录
		水泥试验报告	检测单位	××××年××月××日	××	
		砂试验报告	检测单位	××××年××月××日	××	按品种设分目录；分批次列细目录
		碎（卵）石试验报告	检测单位	××××年××月××日	××	按品种设分目录；分批次按规格列细目录
		外加剂试验报告	检测单位	××××年××月××日	××	按品种设分目录；分批次列细目录
		防水涂料试验报告	检测单位	××××年××月××日	××	
		防水卷材试验报告	检测单位	××××年××月××日	××	
		砖（砌块）试验报告	检测单位	××××年××月××日	××	按品种设分目录；分批次按强度等级、规格列细目录
5	施工记录 C5	通用表格				
		隐蔽工程验收记录	施工单位	××××年××月××日	××	按项目列分目录；按部位列细目录
		施工检查记录	施工单位	××××年××月××日	××	
		交接检查记录	施工单位	××××年××月××日	××	按项目列分目录；按部位列细目录
		工程定位测量记录	施工单位	××××年××月××日	××	
		专用表格				
		基槽验线记录	施工单位	××××年××月××日	××	
		楼层平面放线记录	施工单位	××××年××月××日	××	按楼层列分目录
		楼层标高抄测记录	施工单位	××××年××月××日	××	
		基坑支护水平位移监测记录	施工单位	××××年××月××日	××	
		地基验槽记录	施工单位	××××年××月××日	××	按施工段列分目录
		地基钎探记录	施工单位	××××年××月××日	××	按检验批列分目录
		混凝土浇灌申请书	施工单位	××××年××月××日	××	按混凝土强度等级列分目录；按检验批设细目录
		预拌混凝土运输单	施工单位	××××年××月××日	××	
		混凝土开盘鉴定	施工单位	××××年××月××日	××	按混凝土强度等级列分目录
		混凝土拆模申请单	施工单位	××××年××月××日	××	按检验批设分目录
		混凝土预拌测温记录	施工单位	××××年××月××日	××	
		焊接材料烘焙记录	施工单位	××××年××月××日	××	

续表

工程名称:			××市第××中学教学楼			
序号	工程资料类别	工程资料名称（子目录）	编制单位	编制日期	页次	备注
5	施工记录 C5	地下工程防水效果检查记录	施工单位	××××年××月××日	××	按检验批设分目录
		防水工程试水检查记录	施工单位	××××年××月××日	××	
6	施工试验记录及检测报告 C6	通用表格				
		建筑与结构工程				
		锚杆试验记录	检测单位	××××年××月××日	××	按检验批（次）列分目录
		地基承载力检验报告	检测单位	××××年××月××日	××	
		桩基检测报告	检测单位	××××年××月××日	××	
		土工击实试验报告	检测单位	××××年××月××日	××	
		回填土试验报告（应附图）	检测单位	××××年××月××日	××	
		钢筋机械连接试验报告	检测单位	××××年××月××日	××	
		钢筋焊接试验报告	检测单位	××××年××月××日	××	
		砂浆配合比申请单、通知单	检测单位	××××年××月××日	××	按强度等级列分目录
		砂浆抗压强度试验报告	检测单位	××××年××月××日	××	按强度列分目录；按检验批（次）列分目录
		砌筑砂浆试块强度统计、评定记录（表C.6.5）	施工单位	××××年××月××日	××	按强度列分目录
		混凝土配合比申请单、通知单	检测单位	××××年××月××日	××	按强度列分目录
		混凝土抗压强度试验报告	检测单位	××××年××月××日	××	按强度等级列分目录；按检验批次列细目录
		混凝土试块强度统计、评定记录（表C.6.6）	施工单位	××××年××月××日	××	按强度等级列分目录
		混凝土抗渗试验报告	检测单位	××××年××月××日	××	按强度等级列分目录；按检验批次列细目录
		砂、石、水泥放射性指标报告	检测单位	××××年××月××日	××	按类别列分目录；按检验批次列细目录
		混凝土碱总量计算书	施工单位	××××年××月××日	××	
		超声波探伤报告、探伤记录	检测单位	××××年××月××日	××	按检验批次列分目录
		磁粉探伤报告	检测单位	××××年××月××日	××	
		结构实体混凝土强度检验记录*（表C.6.7）	施工单位	××××年××月××日	××	按检验批列细目录
		结构实体钢筋保护层厚度检验记录*（表C.6.8）	施工单位	××××年××月××日	××	按检验批列细目录
7	施工质量验收记录 C7	检验批质量验收记录*（表C.7.1）	施工单位	××××年××月××日	××	按分项分目录；按检验批列细目录
		分项工程质量验收记录*（表C.7.2）	施工单位	××××年××月××日	××	按子部列分目录；按分项列细目录
		分部（子分部）工程质量验收记录**（表C.7.3）	施工单位	××××年××月××日	××	
8	竣工验收资料 C8					

(3) 地基与基础分部工程施工技术交底分目录资料表见表17-11。

地基与基础分部工程施工技术交底分目录资料表 表17-11

施工技术交底 C.2.3（分目录）

工程名称		××市第××中学教学楼				
序号	工程资料名称	编制单位	编制日期	份数	填写或编制	审核、审批、签字
1	土方开挖工程技术交底	××建筑工程有限公司××项目部	××××年××月××日	××	施工员或项目技术负责人	机械工、普工
2	锚杆支护工程技术交底	××建筑工程有限公司××项目部	××××年××月××日	××	施工员或项目技术负责人	木工、普工
3	降排水工程技术交底	××建筑工程有限公司××项目部	××××年××月××日	××	施工员或项目技术负责人	混凝土浇筑工、瓦工
4	回填工程技术交底	××建筑工程有限公司××项目部	××××年××月××日	××	施工员或项目技术负责人	普工
5	基础模板工程技术交底	××建筑工程有限公司××项目部	××××年××月××日	××	施工员或项目技术负责人	木工
6	基础钢筋工程技术交底	××建筑工程有限公司××项目部	××××年××月××日	××	施工员或项目技术负责	钢筋工
7	基础混凝土工程技术交底	××建筑工程有限公司××项目部	××××年××月××日	××	施工员或项目技术负责	混凝土工、普工
8	地基处理工程技术交底	××建筑工程有限公司××项目部	××××年××月××日	××	施工员或项目技术负责人	普工
9	地下防水工程技术交底	××建筑工程有限公司××项目部	××××年××月××日	××	施工员或项目技术负责人	防水工
10	基础砌体工程技术交底	××建筑工程有限公司××项目部	××××年××月××日	××	施工员或项目技术负责人	混凝土浇筑工、瓦工
11	基础配筋砌体（填充墙砌体、空心陶粒混凝土砌体）工程技术交底	××建筑工程有限公司××项目部	××××年××月××日	××	施工员或项目技术负责人	混凝土浇筑工、瓦工

(4) 地基与基础分部工程隐蔽工程验收记录分目资料表见表17-12。

地基与基础分部工程隐蔽工程验收记录分目资料表 表17-12

隐蔽工程验收记录 （分目录）

工程名称		××市第××中学教学楼				
序号	工程资料名称	编制单位	编制日期	页次	填写、编制人	审核、审批、签字
1	基础CFG桩隐蔽工程验收记录	××建筑工程有限公司××项目部	××××年××月××日	××	专业工长、质量员、专业技术负责人	专业监理工程师
2	地下防水隐蔽工程验收记录	××建筑工程有限公司××项目部	××××年××月××日	××	专业工长、质量员、专业技术负责人	专业监理工程师
3	基础钢筋隐蔽工程验收记录	××建筑工程有限公司××项目部	××××年××月××日	××	专业工长、质量员、专业技术负责人	专业监理工程师
4	地下室挡土墙、柱钢筋隐蔽工程验收记录	××建筑工程有限公司××项目部	××××年××月××日	××	专业工长、质量员、专业技术负责人	专业监理工程师

续表

隐蔽工程验收记录 （分目录）					
工程名称	××市第××中学教学楼				
序号	工程资料名称	编制单位	编制日期	页次	填写、编制人	审核、审批、签字
5	地下室梁、板、楼梯钢筋隐蔽工程验收记录	××建筑工程有限公司××项目部	××××年××月××日	××	专业工长、质量员、专业技术负责人	专业监理工程师
6	土方回填隐蔽工程验收记录	××建筑工程有限公司××项目部	××××年××月××日	××	专业工长、质量员、专业技术负责人	专业监理工程师
7	基础配筋砌体隐蔽工程验收记录	××建筑工程有限公司××项目部	××××年××月××日	××	专业工长、质量员、专业技术负责人	专业监理工程师

（5）地基与基础分部工程见证记录分目录资料表见表17-13。

地基与基础分部工程见证记录分目录资料表　　　　表17-13

见证记录 （分目录）					
工程名称	××市第××中学教学楼				
序号	工程资料名称	编制单位	编制日期	页次	填写或编制	审核、审批、签字
1	钢筋原材见证记录（按检验批次）	××监理公司××项目部	××××年××月××日	××	监理见证人	取样人
2	不同种类水泥见证记录（32.5级、42.5级）	××监理公司××项目部	××××年××月××日	××	监理见证人	取样人
3	水洗砂、普通用砂见证记录	××监理公司××项目部	××××年××月××日	××	监理见证人	取样人
4	$\phi5\sim\phi20$、$\phi20\sim\phi40$石子见证记录（卵石）	××监理公司××项目部	××××年××月××日	××	监理见证人	取样人
5	地下防水卷材见证记录	××监理公司××项目部	××××年××月××日	××	监理见证人	取样人
6	基础钢筋焊接见证记录（闪光对焊）	××监理公司××项目部	××××年××月××日	××	监理见证人	取样人
7	地下室柱钢筋焊接见证记录（电渣压力焊）	××监理公司××项目部	××××年××月××日	××	监理见证人	取样人
8	外加剂见证记录	××监理公司××项目部	××××年××月××日	××	监理见证人	取样人
9	普通烧结砖见证记录（MU10）	××监理公司××项目部	××××年××月××日	××	监理见证人	取样人
10	MU2.5、MU7.5陶粒空心砌块见证记录	××监理公司××项目部	××××年××月××日	××	监理见证人	取样人
11	砂浆试块见证记录（不同强度等级）	××监理公司××项目部	××××年××月××日	××	监理见证人	取样人
12	混凝土试块见证记录（C30P6、C15、C40、C30不同强度等级）	××监理公司××项目部	××××年××月××日	××	监理见证人	取样人
13	砂浆、混凝土配合比见证记录	××监理公司××项目部	××××年××月××日	××	监理见证人	取样人

(6) 地基与基础分部工程施工检查记录细目录资料表见表17-14。

地基与基础分部工程施工检查记录细目录资料表　　　　表17-14

施工检查记录目录 （细目录）								
工程名称		××市第××中学教学楼						
序号	工程资料名称	施工部位	编制单位	编制日期	页次	填写或编制	审核、审批、签字	
1	土方开挖工程施工检查记录	基坑	××建筑工程有限公司××项目部	××××年××月××日	××	专业质检员	专业技术负责人、专业工长	
2	基坑锚杆支护工程施工检查记录	基础	××建筑工程有限公司××项目部	××××年××月××日	××	专业质检员	专业技术负责人、专业工长	
3	基坑降水排水工程施工检查记录	基础	××建筑工程有限公司××项目部	××××年××月××日	××	专业质检员	专业技术负责人、专业工长	
4	基础垫层及矮挡墙施工检查记录	基础	××建筑工程有限公司××项目部	××××年××月××日	××	专业质检员	专业技术负责人、专业工长	
5	基础防水层及保护层施工检查记录	基坑	××建筑工程有限公司××项目部	××××年××月××日	××	专业质检员	专业技术负责人、专业工长	
6	基础钢筋工程施工检查记录	基础	××建筑工程有限公司××项目部	××××年××月××日	××	专业质检员	专业技术负责人、专业工长	
7	基础模板工程施工检查记录	基础	××建筑工程有限公司××项目部	××××年××月××日	××	专业质检员	专业技术负责人、专业工长	
8	基础混凝土工程施工检查记录	基础	××建筑工程有限公司××项目部	××××年××月××日	××	专业质检员	专业技术负责人、专业工长	
9	地下室挡土墙、柱钢筋工程施工检查记录	地下室竖向结构	××建筑工程有限公司××项目部	××××年××月××日	××	专业质检员	专业技术负责人、专业工长	
10	地下室挡土墙、柱模板工程施工检查记录	地下室竖向结构	××建筑工程有限公司××项目部	××××年××月××日	××	专业质检员	专业技术负责人、专业工长	
11	地下室挡土墙、柱混凝土工程施工检查记录	地下室竖向结构	××建筑工程有限公司××项目部	××××年××月××日	××	专业质检员	专业技术负责人、专业工长	
12	地下室防水层及保护层施工检查记录	地下室竖向结构	××建筑工程有限公司××项目部	××××年××月××日	××	专业质检员	专业技术负责人、专业工长	
13	房心及室外回填施工检查记录	房心及室外	××建筑工程有限公司××项目部	××××年××月××日	××	专业质检员	专业技术负责人、专业工长	
14	地下室梁、板、楼梯模板工程施工检查记录	地下室	××建筑工程有限公司××项目部	××××年××月××日	××	专业质检员	专业技术负责人、专业工长	
15	地下室梁、板、楼梯钢筋工程施工检查记录	地下室	××建筑工程有限公司××项目部	××××年××月××日	××	专业质检员	专业技术负责人、专业工长	
16	地下室梁、板、楼梯混凝土工程施工检查记录	地下室	××建筑工程有限公司××项目部	××××年××月××日	××	专业质检员	专业技术负责人、专业工长	
17	地下室砌体工程施工检查记录	地下室	××建筑工程有限公司××项目部	××××年××月××日	××	专业质检员	专业技术负责人、专业工长	
18	地下室配筋砌体工程施工检查记录	地下室	××建筑工程有限公司××项目部	××××年××月××日	××	专业质检员	专业技术负责人、专业工长	

(7) 地基与基础分部工程交接检查记录细目录资料表见表17-15。

地基与基础分部工程交接检查记录细目录资料表　　　表17-15

交接检查记录　（细目录）

工程名称		××市第××中学教学楼					
序号	工程资料名称	施工工序	编制单位	编制日期	页次	填写、编制人	审核、审批、签字
1	土方开挖班组-锚杆支护班组交接检查记录	土方开挖-锚杆支护	××建筑工程有限公司××项目部	××年××月××日	××	移交单位（土方开挖班组长）	接收单位（锚杆支护班组长）/见证单位（专业工长、质量员）
2	锚杆支护班组-土建班组交接检查记录	锚杆支护-地基处理、基础垫层及挡墙	××建筑工程有限公司××项目部	××年××月××日	××	移交单位（锚杆支护班组长）	接收单位（土建班组长）/见证单位（专业工长、质量员）
3	土建班组-防水班组交接检查记录	基础垫层-基础水平防水层	××建筑工程有限公司××项目部	××年××月××日	××	移交单位（土建班组长）	接收单位（防水班组长）/见证单位（专业工长、质量员）
4	防水班组-土建班组交接检查记录	基础水平防水层-防水混凝土保护层	××建筑工程有限公司××项目部	××年××月××日	××	移交单位（防水班组长）	接收单位（土建班组长）/见证单位（专业工长、质量员）
5	土建班组-钢筋班组交接检查记录	防水混凝土保护层-筏板、地梁、独立基础钢筋连接安装	××建筑工程有限公司××项目部	××年××月××日	××	移交单位（土建班组长）	接收单位（钢筋工班组长）/见证单位（专业工长、质量员）
6	钢筋班组-木工班组交接检查记录	基础钢筋-基础模板	××建筑工程有限公司××项目部	××年××月××日	××	移交单位（钢筋班组长）	接收单位（木工工班组长）/见证单位（专业工长、质量员）
7	钢筋工、木工班组-土建班组交接检查记录	基础模板-基础混凝土	××建筑工程有限公司××项目部	××年××月××日	××	移交单位（钢筋、木工班组长）	接收单位（土建班组长）/见证单位（专业工长、质量员）
8	钢筋班组-木工班组交接检查记录	地下室挡土墙、柱钢筋-模板	××建筑工程有限公司××项目部	××年××月××日	××	移交单位（土建班组长）	接收单位（瓦工班组长）/见证单位（专业工长、质量员）
9	木工班组-钢筋班组交接检查记录	地下室梁、板、楼梯模板-钢筋	××建筑工程有限公司××项目部	××年××月××日	××	移交单位（木工班组长）	接收单位（钢筋班组长）/见证单位（专业工长、质量员）
10	钢筋、木工班组-土建班组交接检查记录	地下室梁、板、楼梯模板、钢筋-地下室混凝土	××建筑工程有限公司××项目部	××年××月××日	××	移交单位（钢筋、木工班组长）	接收单位（土建班组长）/见证单位（专业工长、质量员）
11	土建班组-防水班组交接检查记录	地下室混凝土-地下室立面防水层	××建筑工程有限公司××项目部	××年××月××日	××	移交单位（土建班组长）	接收单位（防水班组长）/见证单位（专业工长、质量员）
12	土建、钢筋班组-瓦工班组交接检查记录	地下室砌体、配筋砌体	××建筑工程有限公司××项目部	××年××月××日	××	移交单位（土建班组长）	接收单位（瓦工班组长）/见证单位（专业工长、质量员）

(8) 地基与基础分部工程检验批工程质量验收记录细目录资料表见表17-16。

地基与基础分部工程检验批工程质量验收记录细目录资料表　　　表17-16

分项、检验批工程质量验收记录目录　（细目录）							
工程名称 || ××市第××中学教学楼						
序号	工程资料名称		编制单位	编制日期	页次	填写或编制	审核、审批、签字
1	土方开挖（分项）	土方开挖检验批工程质量验收记录（2份）	××建筑工程有限公司××项目部	××××年××月××日	××	专业质检员	专业技术负责人、专业监理
2	土方回填（分项）	土方回填检验批质量验收记录（2份）	××建筑工程有限公司××项目部	××××年××月××日	××	专业质检员	专业技术负责人、专业监理
3	降水与排水（分项）	降水与排水检验批质量验收记录（1份）	××建筑工程有限公司××项目部	××××年××月××日	××	专业质检员	专业技术负责人、专业监理
4	锚杆（分项）	锚喷支护检验批质量验收记录（2份）	××建筑工程有限公司××项目部	××××年××月××日	××	专业质检员	专业技术负责人、专业监理
5	CFG桩	土和灰土挤密桩复合地基检验批质量验收记录（1份）	××建筑工程有限公司××项目部	××××年××月××日	××	专业质检员	专业技术负责人、专业监理
6	防水混凝土	防水混凝土工程检验批质量验收记录（1份）	××建筑工程有限公司××项目部	××××年××月××日	××	专业质检员	专业技术负责人、专业监理
7	卷材防水层	卷材防水层检验批质量验收记录（2份）	××建筑工程有限公司××项目部	××××年××月××日	××	专业质检员	专业技术负责人、专业监理
8	变形缝	变形缝检验批质量验收记录（1份）	××建筑工程有限公司××项目部	××××年××月××日	××	专业质检员	专业技术负责人、专业监理
8	施工缝	施工缝检验批质量验收记录	××建筑工程有限公司××项目部	××××年××月××日	××	专业质检员	专业技术负责人、专业监理
8	穿墙管	穿墙管检验批质量验收记录	××建筑工程有限公司××项目部	××××年××月××日	××	专业质检员	专业技术负责人、专业监理
8	坑、池	坑、池检验批质量验收记录	××建筑工程有限公司××项目部	××××年××月××日	××	专业质检员	专业技术负责人、专业监理
9	模板	基础模板安装、拆除检验批质量验收记录（2个）	××建筑工程有限公司××项目部	××××年××月××日	××	专业质检员	专业技术负责人、专业监理
9	模板	地下室挡土墙、柱模板安装、拆除检验批质量验收记录（2个）	××建筑工程有限公司××项目部	××××年××月××日	××	专业质检员	专业技术负责人、专业监理
9	模板	地下室梁、板、楼梯模安装、拆除检验批质量验收记录	××建筑工程有限公司××项目部	××××年××月××日	××	专业质检员	专业技术负责人、专业监理
9	模板	地下室二次构造安装、拆除检验批质量验收记录（2个）	××建筑工程有限公司××项目部	××××年××月××日	××	专业质检员	专业技术负责人、专业监理

续表

分项、检验批工程质量验收记录目录　（细目录）						
工程名称		×× 市第 ×× 中学教学楼				
序号	工程资料名称	编制单位	编制日期	页次	填写或编制	审核、审批、签字
10	钢筋	地下室钢筋原材料检验批质量验收记录（按批次）	×× 建筑工程有限公司××项目部	××××年××月××日	××	专业质检员	专业技术负责人、专业监理
		地下室钢筋加工检验批质量验收记录（1个）	×× 建筑工程有限公司××项目部	××××年××月××日	××	专业质检员	专业技术负责人、专业监理
		防水板、独立基础、地梁钢筋连接、安装工程检验批质量验收记录（1个）	×× 建筑工程有限公司××项目部	××××年××月××日	××	专业质检员	专业技术负责人、专业监理
		地下室挡土墙、柱钢筋连接、安装工程检验批质量验收记录（1个）	×× 建筑工程有限公司××项目部	××××年××月××日	××	专业质检员	专业技术负责人、专业监理
		地下室梁、板、楼梯钢筋连接、安装工程检验批质量验收记录（1个）	×× 建筑工程有限公司××项目部	××××年××月××日	××	专业质检员	专业技术负责人、专业监理
11	混凝土	防水板、独立基础、墙下条基、地下室挡土墙混凝土原材及配合比C30检验批质量验收记录（1个）	×× 建筑工程有限公司××项目部	××××年××月××日	××	专业质检员	专业技术负责人、专业监理
		柱混凝土原材料及配合比C40检验批质量验收记录（1个）	×× 建筑工程有限公司××项目部	××××年××月××日	××	专业质检员	专业技术负责人、专业监理
		垫层混凝土原材料及配合比C15检验批质量验收记录（1个）	×× 建筑工程有限公司××项目部	××××年××月××日	××	专业质检员	专业技术负责人、专业监理
		防水混凝土原材料及配合比C30P6检验批质量验收记录（1个）	×× 建筑工程有限公司××项目部	××××年××月××日	××	专业质检员	专业技术负责人、专业监理
		混凝土施工检验批质量验收记录（5个）	×× 建筑工程有限公司××项目部	××××年××月××日	××	专业质检员	专业技术负责人、专业监理
12	现浇结构	基础，地下室剪力墙、柱，地下室梁、板、楼梯现浇结构外观质量检验批质量验收记录（3个）	×× 建筑工程有限公司××项目部	××××年××月××日	××	专业质检员	专业技术负责人、专业监理
		基础，地下室剪力墙、柱，地下室梁、板、楼梯现浇结构尺寸偏差检验批质量验收记录（3个）	×× 建筑工程有限公司××项目部	××××年××月××日	××	专业质检员	专业技术负责人、专业监理
13	砖砌体	防水保护层砖砌体检验批质量验收记录（1个）	×× 建筑工程有限公司××项目部	××××年××月××日	××	专业质检员	专业技术负责人、专业监理

续表

分项、检验批工程质量验收记录目录 （细目录）

工程名称			××市第××中学教学楼			
序号	工程资料名称		编制单位	编制日期	页次	填写或编制	审核、审批、签字
14	配筋砌体	地下室构造柱、边框柱、水平系梁配筋砌体检验批质量验收记录（1个）	××建筑工程有限公司××项目部	××××年××月××日	××	专业质检员	专业技术负责人、专业监理
15	填充墙砌体	地下室填充墙砌体检验批质量验收记录（1个）	××建筑工程有限公司××项目部	××××年××月××日	××	专业质检员	专业技术负责人、专业监理
16	空心陶粒混凝土砌块砌体	地下室空心陶粒混凝土砌块砌体检验批质量验收记录（1个）	××建筑工程有限公司××项目部	××××年××月××日	××	专业质检员	专业技术负责人、专业监理

（9）地基与基础分部工程施工进度计划报审细目录资料表见表 17-17。

地基与基础分部工程施工进度计划报审细目录资料表　　　表 17-17

施工进度计划报审表 C.3.3（细目录）

工程名称			××市第××中学教学楼			
序号	工程资料名称	编制单位	编制日期	份数	填写或编制	审核、审批、签字
1	××月××日施工进度计划报审表	××建筑工程有限公司××项目部	××××年××月××日	××	项目经理	专业监理工程师
2	……					

附 图

（一）建筑图节选

地下一层平面图

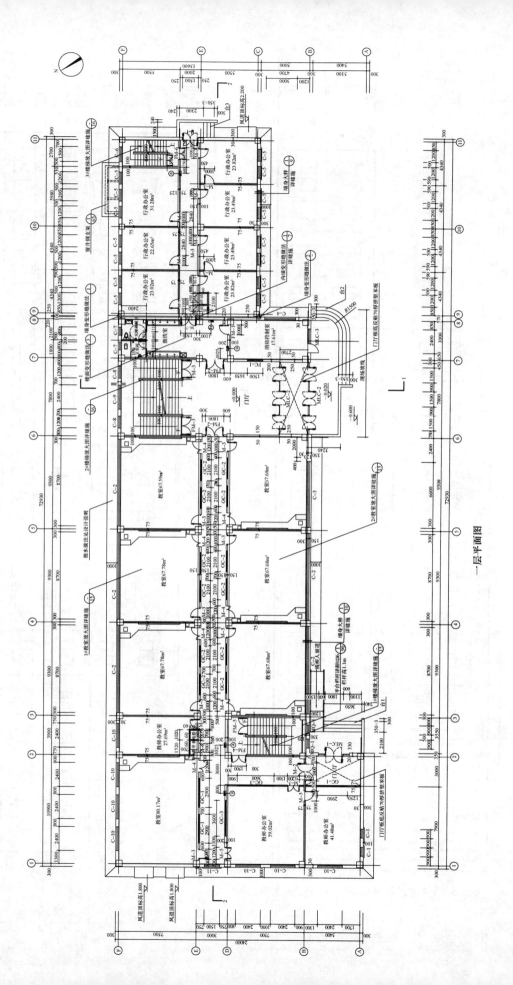

一层平面图

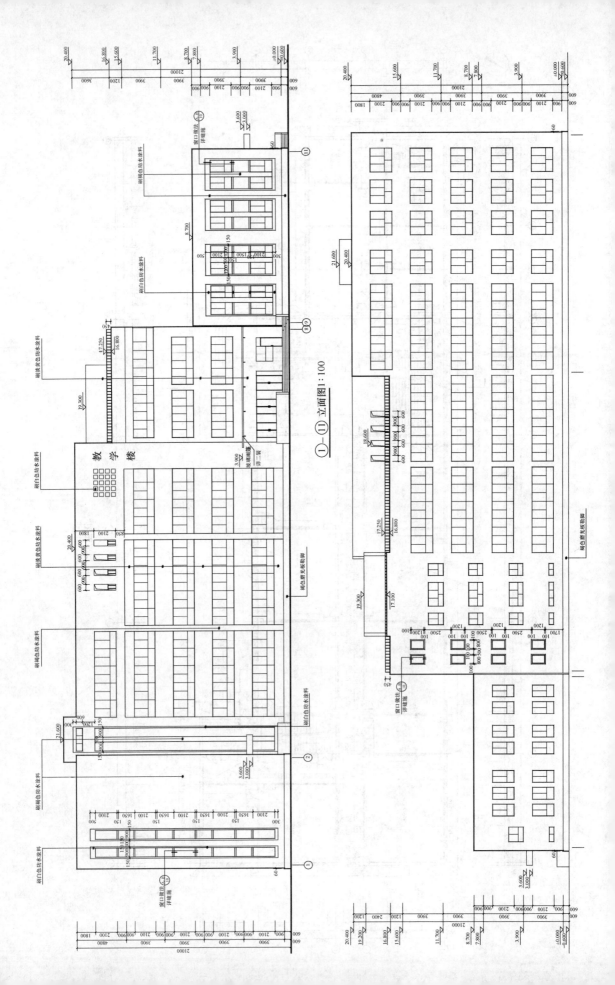

① 墙身大样 1:50

1—1剖面图 1:100

（二）结构图节选

基础平面布置图　1:100(30)

1. 基础低标高为-5.100
2. 防水底板厚为300，配筋为通长双层双向：$\phi 12@150$

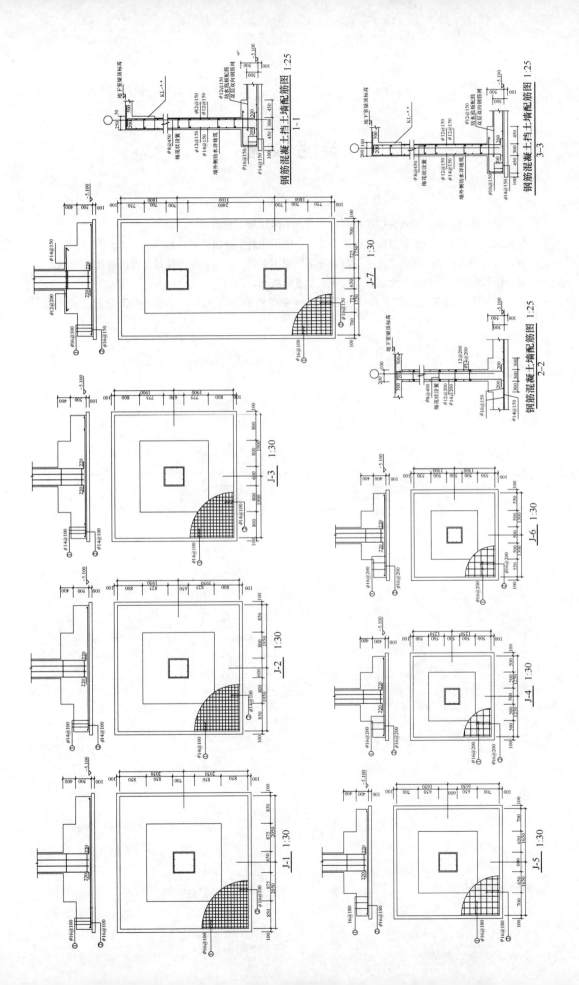

参 考 文 献

[1] 王立信. 建筑工程技术资料应用指南. 北京：中国建筑工业出版社，2003.
[2] 吴松勤. 建筑工程施工质量验收规范. 北京：中国建筑工业出版社，2003.
[3] 蔡高金. 建筑安装工程施工技术资料管理实例应用手册. 北京：中国建筑工业出版社，2003.
[4] 建设工程法律法规选编. 北京：中国建筑工业出版社，2004.
[5] 建筑工程和市政基础设施工程实行见证取样和送检的规定 2000. 北京：中国建筑工业出版社，2000.